الحاسوب في التعليم

تأليف
الأستاذ الدكتور
حـارث عبـــود
أستاذ تكنولوجيا التعليم
جامعة بغداد - جامعة عمان العربية للدراسات العليا

تقديم
الأستاذ الدكتور
عبد الجبار توفيق البياتي
أستاذ القياس والتقويم
جامعة عمان العربية للدراسات العليا

الطبعة الأولى
2007
دار وائل للنشر

بسم الله الرحمن الرحيم

[يا معشر الجن والانس ان استطعتم أن تنفذوا من أقطار السماوات والأرض فانفذوا لا تنفذون الا بسلطان]

صدق الله العظيم

سورة الرحمن
الآية 33

إهـــداء

إلى روح والدي رحمه الله ...

أول من علمني لذة البحث عن المستحيل

شكر وتقدير

لم يكن لهذا الجهد أن يكون لولا مشيئة الله سبحانه، ودعم من:

- من سبقني في الكتابة في هذا الحقل من المؤلفين الأفاضل، وبخاصة من أشرت إليه في قائمة المراجع .
- زملائي د عبد الرحمن الهاشمي و د عاطف مقابلة، و د علي الحلاق، لملاحظاتهم القيمة .
- طالبتي الوفية سهى أبو جبارة ، للجهد الذي بذلته في البحث في الانترنت.
- طلبتي في جامعة بغداد وكلية الدراسات التربوية العليا ، الذين تعلمت منهم الكثير.
- الإخوة في مكتبة جامعة عمان العربية للدراسات العليا ، لتوفير المراجع والدوريات.
- زوجتي وأولادي ، لصبرهم وتسامحهم ، وأخص منهم رنا وليث لجهودهما الكبيرة في طباعة النسخة الأولى ، وتوفير ما تطلبه الكتاب من تخطيطات وصور ورسوم .

لهم مني جميعا كل الشكر والامتنان ....

فهرس الكتاب

تقديم

تحاول المجتمعات لأجل النهوض بقدرات ابنائها اتباع مختلف الطرق والأساليب لتحقيق هذا الهدف السامي ومما لا شك فيه فان تطوير المؤسسات التربوية والعلمية يأتي في مقدمة هذه الطرق والأساليب .

ويتحقق تطور وتقدم المؤسسات التربوية والعلمية بوسائل مختلفة، الا انه يمكن القول بان في مقدمة هذه الوسائل تطوير المناهج والوسائل التعليمية، كونها الاكثر تأثراً بالتقنيات الحديثة التي اصبحت من أهم سمات هذا العصر .

لقد اصبحت التقنيات الحديثة وفي مقدمتها الحاسوب من أهم سمات التميز التي تتصف به مناهج اليوم ووسائلها التعليمية - فبدون المعرفة الأساسية بهذا العلم الجديد لا يمكن لأي مساهم في العملية التربوية ان يعمل على تطوير وتقدم النظام التربوي- فقد أدى بروز وظهور وانتشار الحاسوب الى ظهور وانتشار مفاهيم جديدة في عالم التربية والتعليم لم تكن مألوفة من قبل .

من هنا جاء تأليف هذا الكتاب الذي يعتبر مهماً وضرورياً لكل من يعمل في الحقل التربوي والعلمي فقد وجدت فيه كل الأساسيات التي ينبغي على كل مهتم بالتربية والتعليم معرفته عن هذا العلم الجديد. ففي فصوله العشرية المنسقة والمتتالية يجد القارئ كل ما يحتاجه من معلومات أساسية مقيدة في مجال الحاسوب، بدءاً من تأثيرات الانفجارات السكانية والمعرفية والتكنولوجية ومروراً بالحاسوب التعليمي وخصائصه الأساسية ومفهوم الاتصال مع عناصر ونماذج هذا الاتصال. ولم ينس المؤلف الاشارة بلباقة الى مراحل تطور الحاسوب وأهمية الثقافة الحاسوبية للمعلم والمتعلم مع توضيح لمجالات استخدام الحاسوب والانترنت في التعليم.

لقد تطرق المؤلف بشيء من التفصيل إلى أهم البرامج المستخدمة في التعليم وأنواعها ومراحل انتاجها ومعايير تقويمها. وقد انهى المؤلف كتابه بموضوعات عن ادارة نظم المعلومات التربوية والحاسوب والتحديات التي تواجه التعليم مستقبلاً.

لقد نجح المؤلف الذي تمتد معرفتي به وبامكانياته المتطورة الى سنوات عديدة في عرض هذا الموضوع بيسر وسلاسه، بما يجعل من القارئ متمكنا من هذا الموضوع بشكل فاعل ومفيد .

اني على ثقة بان هذا الكتاب سيكون له صدى واسع في الاوساط التربوية والعلمية، لأنه حسب علمي أول مؤلف يتناول هذا الموضوع المهم من جوانبه كافة.

اتمنى لأخي الأستاذ الدكتور حارث عبود كل الموفقية والنجاح واتمنى ان يتحفنا بمثل هذا المؤلف الفريد .

مع تمنياتي له بالتوفيق والتقدم

عبد الجبار توفيق البياتي

2006/7/31

تمهيد

أربعة عقود تقريبا مرت على استخدام الحاسوب في التعليم ، وما زال الجدل حول آثار هذا المخترع - الذي لم يعد جديدا - يزداد سخونة واحتداما ، ليس بين مؤيديه والمعترضين عليه فحسب ، بل بين مؤيديه أنفسهم ، بشأن تطبيقاته وفوائده وكيفية توظيفه ، والمشكلات التي تعترض ذلك كله .

وفي التعليم يأخذ الجدل بين المتحاورين صيغة المحاججة المدعمة بالدليل، والمبنية على دراسة الواقع بأبعاده كلها . ذلك أن التعليم يتأثر بجميع متغيرات البيئة الحاضنة له دون استثناء ، ويؤثر فيها . وعليه فان دراسة مثل هذه التأثيرات تتطلب غوصا في لجة الغاطس من الحقائق والظاهر منها على حد سواء .

وبذا فان من يتصدى لدراسة استخدامات الحاسوب في التعليم وآثارها المختلفة، لا بد أن يمر بما أفرزته العلوم المعاصرة في مختلف الميادين من نتائج . ومن هذه الميادين تكنولوجيا التعليم ، وتكنولوجيا المعلومات ، وتصميم التدريس ، ونظريات علم النفس وما يتصل منها بالتعليم والتعلم بصورة خاصة ، فضلا عن نظريات الاتصال وعلم الاجتماع وعلم الجمال. وهذا ما سعى مؤلف هذا الكتاب إلى الإحاطة به ، مستعينا بما توفر من أدب نظري حينا ، وموفقا بين آراء عدة حينا ، ومجتهدا حينا آخر.

وإذ تنشغل جل المراجع التي تناولت الحاسوب في التعليم باستخداماته التقنية وكيفيات التعامل مع برمجياته ، وهو ما يسد حاجة قائمة في تطوير مهارات استخدامه ، فان هذا الكتاب يعنى بخواص الحاسوب التعليمية ، وقدراته ، وآثاره ، ومجالات استخدامه ، وأفاق الافادة منه على مستوى الموقف التعليمي التعلمي والإدارة التعليمية ، وكيفيات صياغة الخطاب التعليمي من خلاله ، بما يضمن الارتقاء بمخرجات العملية التعليمية بجميع جوانبها.

لقد روعي في اختيار موضوعات الكتاب وتنظيمه ، أن يكون الكتاب مفيدا لطلبة الدراسات التربوية العليا في الجامعات العربية على وجه الخصوص ، والقراء المهتمين بموضوعه بصورة عامة . لذلك فقد حرصنا على أن تكون لغته علمية وسلسة وواضحة ، لكي يكون محتواه في متناول دارسيه وقرائه على حد سواء . كما حرصنا على دعم ذلك المحتوى بما وجدنا حاجة إليه من الصور والمخططات والأشكال التوضيحية .

والكتاب بعد هذا وذاك محاولة لتحليل منطق اشتغال الحاسوب داخل العملية التعليمية ، وما يتطلبه ذلك من إعادة نظر واسعة في الأنماط السائدة في التعامل معه داخل المؤسسة التعليمية ، سواء على مستوى تصميم برمجياته التعليمية وإنتاجها وتقويمها ، أو على مستوى تطبيقها في المواقف التعليمية التعلمية ، أو على مستوى استخدام الحاسوب في انجاز الأعمال الإدارية العديدة في الحقل التعليمي .

وفي كل الأحوال ... فحسب هذه المحاولة أن تستفز في القارئ قدرا من الرغبة ، يكفي للدخول إلى ساحة الجدل الذي تحدثنا عنه !

الفصل الأول

الحاسوب ... التحول الكبير

- مقدمة
- الانفجارات الثلاثة:
  - الانفجار السكاني
  - الانفجار المعرفي
  - الانفجار التكنولوجي
- تأثيرات الانفجارات الثلاثة في ميدان التعليم والتعلم
- الحاسوب التعليمي
  - خصائص الحاسوب التعليمية

1. الجاذبية
2. الإمتاع
3. تعدد الحواس
4. قدرة التحكم
5. الأمان
6. الخبرة المتراكمة
7. الاختزال
8. الآنية
9. الواقعية والخيال
10. الجمالية
11. تعدد الوسائط
12. مسرحة العرض
13. المناورة
14. تحفيز التفكير الأبتكاري

الفصل الأول

الحاسوب .... التحول الكبير

مقدمة

التربية إشكالية فلسفية أزلية قائمة منذ بدء الخلق . ولاشك في أنها ستظل كذلك حتى قيام الساعة ! ونقول فلسفية لأن التربية ترتبط بجملة الثقافات والأديان والقيم المتوارثة والفلسفات الاجتماعية السائدة ، وتتفاعل معها . فمنذ أن علم سبحانه أبانا آدم عليه السلام الأسماء كلها ، بدأ الانشغال بالتعليم .

وعلى الرغم من أن أمر التعليم والتعلم كان شاغل العلماء والمصلحين الاجتماعيين والمعلمين عبر العصور ، إلا أنه لم يأخذ من تفكيرهم وجهدهم ، حتى القرون المتأخرة من تاريخ البشرية ، بقدر ما استلزمه الانشغال بالإنجاز الذي ينتظرهم، وهو بناء الحياة وصياغة مفرداتها ، دون التوغل في حيثيات عملية التعليم والتعلم وبناها وآليات اشتغالها وتفاعلاتها الداخلية والخارجية ، حتى القرون المتأخرة من عمر البشرية . غير أننا لا نعدم الكثير مما وثقه التاريخ في هذا الشأن ، والذي وردنا في شكل أفكار أو مقولات أو نصائح على السنة الأنبياء والمصلحين والمربين .

الانفجارات الثلاثة

على أن العلماء يكادون يجمعون على أن ما عرف بثورات النمو الثلاث ، أو انفجارات النمو الثلاثة : الانفجار السكاني والانفجار المعرفي والانفجار التكنولوجي، كانت العوامل الأساس في التحولات الحديثة والمعاصرة التي شهدتها الحياة البشرية بكل ميادينها ومنها ميدان التربية والتعليم . وهي عوامل تظافرت وتفاعلت بشكل بالغ التشابك والتعقيد لتلقي بآثارها الكبيرة على هذه الميادين .

*** الانفجار السكاني**

أما الانفجار السكاني فإن النمو الحاصل في أعداد السكان في عموم التجمعات السكانية في العالم يشبه إلى حد كبير النمو القافز والمطرد للمتواليات الهندسية . ويمكن أن نلاحظ ذلك بجلاء من مقارنة القفزات التي حققتها أعداد السكان عبر حقب التاريخ البشري المتعاقبة في الشكل أدناه :

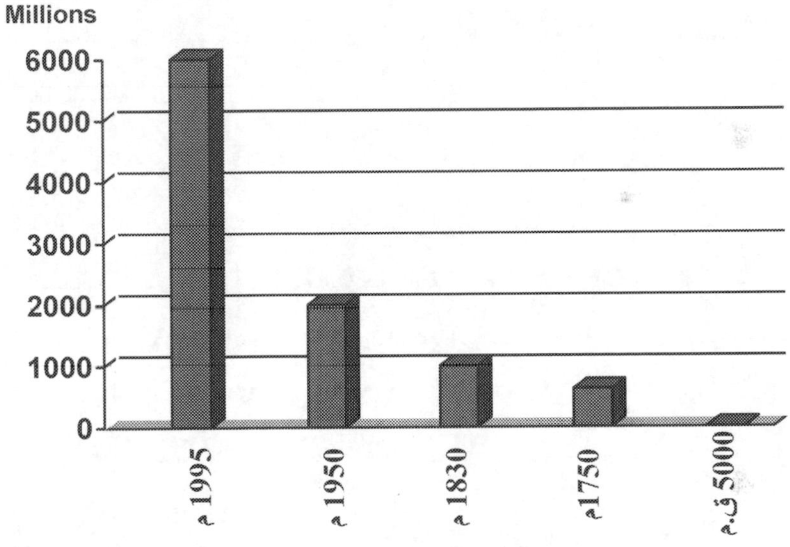

نمو أعداد السكان في العالم

إن النمو السكاني الكبير الذي يعكسه الشكل أعلاه لا تقتصر مدلولاته على نمو عدد السكان بشكل مجرد إنما لهذا النمو انعكاساته على طبيعة حياة البشر عبر التاريخ . وعلى ذلك فإن هذا النمو قد أدى إلى تحولات في طبيعة حياة الناس وطبيعة التحول إلى عصر التكنولوجيا الذي نشهده على نحو قافز كما ذكرنا إذ أن مدد المراحل التاريخية لهذه التحولات تناسبت عكسياً مع زيادة السكان وطبيعة التحولات كما هو موضح في الشكل أدناه :

الصيد وجمع القوت	الزراعة	الثورة الصناعية	ثورة المعلوماتية	تفاعل التكنولوجيات
50.000 سنة	7000 سنة	200 سنة	40 سنة	6 سنوات
	5000 ق.م	1750	1950	1990

التحولات في طبيعة الحياة والتكنولوجيا عبر التاريخ

لقد شكل هذا النمو السريع الأساس الذي استندت إليه العديد من نظريات علم الاجتماع المعاصر، وكذلك النظريات الاقتصادية التي درست مؤشرات هذا النمو وافترقت في اقتراح المعالجات اللازمة لمواجهته بحسب الفلسفات السائدة والمصالح الاقتصادية التي تحكمها . فمنها ما دعا إلى استثمار الزيادات السكانية السريعة في تنمية الموارد المادية التي يتطلبها العيش الأمن على هذه الأرض . ومنها ما دعا إلى تبني برامج تنظيم الأسرة على نطاق واسع للحد من هذه الزيادات ، وآخرون تبنوا أفكار المفكر الاجتماعي مالثوس وأتباعه من بعده من أن الحروب والكوارث الطبيعية ليست غير عوامل "إيجابية" للجم جماح الزيادة المطردة في السكان ، وأن الموارد المادية التي استثمرها الإنسان لإدامة الحياة ليست قادرة على استيعاب هذه الزيادات ، وعليه فإن حق العيش لن يكون متاحاً إلا لمن يسهم في صنع الحياة ، أما الآخرون ، فليسوا غير ضحايا للكوارث الطبيعية ووقود للحروب !

وقد عكست هذه الأفكار والمعالجات المتباينة مؤتمرات دولية عديدة عنيت بمشكلة معالجة زيادة السكان ، غير إن ما يهمنا من التطرق لموضوع زيادة السكان هو ما انطوت عليه هذه الزيادات المطردة والسريعة من آثار على ميدان التربية والتعليم . ويمكن أن نجمل أهم النقاط التي تتعلق بهذا الموضوع على النحو الآتي :

(1) أن زيادة السكان تعني نمواً متزايداً في أعداد الطلبة يتناسب مع طبيعة الزيادة السكانية وحجمها وتوزيعها الجغرافي في أي بلد والتركيبة السكانية، أي هرم الأعمار ، في أي مجتمع . إن الخوض في تفاصيل الطلب المتزايد على التعليم يكشف الكثير من المشكلات الجدية المتعلقة بقدرة النظام التعليمي على استيعاب مثل هذا التغير في أعداد الطلبة، والتي قد تشهدها مناطق جغرافية معينة دون أخرى أو فئة عمرية معينة دون غيرها ، أو نمط تعليمي يزداد الطلب عليه دون غيره .

(2) إن النمو المطرد في أعداد الطلبة يتطلب توفير مستلزمات الدراسة على المستوى المادي أسوة بالجانب البشري. فزيادة أعداد الطلبة تتطلب بالضرورة زيادة المباني المدرسية ، وتطوير قاعاتها الدراسية وتوفير الكتب الدراسية والمكتبات، والوسائل . كما إن التفكير في تنويع القنوات التعليمية لمواجهة متطلبات التطور الحياتي المطرد . وذلك بدوره يتطلب إعادة النظر في توفير المستلزمات الحديثة التي تتطلبها مثل هذه التجديدات التربوية .

(3) إن نجاح الأنظمة التعليمية في مواجهة زيادة الطلب على التعليم منوط إلى حد كبير بإعادة النظر في تأهيل المعلمين ورفع كفاءاتهم وتنويع مهاراتهم وخبراتهم علاوة على زيادة أعدادهم . ذلك أن المعلم هو العنصر الأساس في تحقيق أي نظام تعليمي لأهدافه . وهو ما يتطلب تطوير مناهج الدراسة الجامعية والبرامج التدريسية فيها وتنويع ميادين التخصص لاستيعاب تنامي الطلب المتنوع على التعليم ومتطلبات سوق العمل التي تنحو باتجاه التنويع هي الأخرى .

وفي هذا الصدد تؤكد أدبيات المنظمة الدولية للتربية والثقافة والعلوم التابعة للأمم المتحدة(يونسكو) أن هناك حاجة إلى أكثر من 18 مليون معلم جديد بحلول عام 2015 لتوفير التعليم الأساس لجميع أطفال العالم . وأن بعض الدول الأفريقية الأكثر

فقرا بحاجة إلى أكثر من ضعف عدد المعلمين الموجودين حاليا لتحقيق هذا الهدف . أما البلدان العربية فتحتاج إلى إيجاد 450 ألف فرصة عمل جديدة في مجال التدريس. وبالمقابل فان الحاجة متزايدة أيضا للأطر البشرية الأخرى كالمشرفين والموظفين الإداريين وغيرهم .

*** الانفجار المعرفي**

أما الانفجار المعرفي فهو الآخر مشابه للانفجار السكاني من حيث التنوع في الاكتشافات العلمية والمعرفية ، والسرعة الفائقة التي تحققت فيها منجزات البحث العلمي وطرائقه وتطبيقاته ، وأنماط التفكير والتنظيم المعرفية حتى قيل أن المعرفة البشرية صارت تتجدد كل بضع سنوات ، وأن البشرية أنتجت منذ بداية العقد الرابع من القرن العشرين حتى الآن حوالي 90% من النتاج العلمي الذي عرفه البشر منذ بدء الخليقة ، وأن 90% من الذين أسهموا في هذه المنجزات العلمية ما يزالون أحياء!

إن ما يهمنا في هذا المقام هو جملة النظريات التي عنيت بعملية التعليم والتعلم والعوامل المؤثرة فيها . ونعني بذلك بصورة خاصة النظريات والاكتشافات ونتائج البحث العلمي التي تخص حقول علم الاتصال ، وعلم الاجتماع ، وعلم النفس ونظريات التعليم والتعلم ، وما تحقق في ميدان الثقافة والفنون . وهي الميادين التي تحظى بالأولية من حيث قربها من دائرة التعليم والتعلم كبنى مجاورة تؤثر فيها وتتأثر بها . فنظرية الاتصال التي سنفرد لها فصلاً خاصاً من هذا الكتاب ألقت الضوء على طبيعة التفاعلات التي تنشأ بين المرسل والمستقبل ، أو المعلم والمتعلم ، وطبيعة تصميم الخطاب المتبادل بينهما والأدوات والوسائل التي تتولى حمل الرسائل بينهما . علاوة على بيئة الاتصال ومتغيراتها التي كشفت البحوث مقدار تأثيراتها في عناصر عملية الاتصال الأربعة (المرسل ، الرسالة ، الوسيلة ، المرسل إليه) وطبيعة النشاط الاتصالي والتفاعلات الناتجة عنه . يضاف إلى ذلك ما يرشح من عملية الاتصال من تغذية راجعة تجعل جميع عناصر عملية الاتصال ونماذجها وبيئتها على طاولة التغيير والتطوير بما يضمن بيئة اتصالية تعليمية تفاعلية .

أما علم الاجتماع فقد مد ميدان التعليم والتعلم بالكثير من الحقائق التي لم تكن حتى الوقت القريب غير تكهنات يصعب تصديقها . وهو ما ينعكس على بيئة التعليم والتعلم وكيفية تشكل الصلات الاجتماعية في محيط المدرسة الداخلي وبيئتها الخارجية وطبيعة عمليات التعلم القصدي وغير القصدي في المحيط الاجتماعي المدرسي بشكل خاص، وداخل الأسرة ، وعلى المستوى المجتمع ككل ، وكيف يمكن توظيف طرائق التعليم والتعلم التي تعتمد الصلة بالآخرين لتحقيق أغراض تعليمية محددة .

أما ميادين الثقافة والفنون وعلم الجمال فان الصلة بينها وبين ميدان التعليم والتعلم كما يبدو ليست بحاجة إلى تأكيد .. فالمفهوم الواسع للثقافة والفنون والجمال يشمل فيما يشمل الخبرات والمعارف والاتجاهات والمهارات المتراكمة حضاريا بما ينعكس إيجاباً على طبيعة حياة المجتمع والأمة وشخصيتها ، وقدرتها على صنع الحياة وتطوير صيغها .وهي بهذا المعنى تدخل في صلب العملية التعليمية التعلمية.

على أن أقرب الميادين العلمية للتعليم والتعلم هو علم النفس الذي اهتم جل علمائه بما يتعلق بالشخصية وتشكلها ، ودوافعها وحاجاتها وتطلعاتها وآليات اشتغال العقل وعملياته الإدراكية ، وصلة كل ذلك بعملية التعليم والتعلم . لقد تحقق الكثير في هذا الميدان ، وأغلب ما أنجز على هذا الطريق كان في النصف الثاني من القرن العشرين على يد علماء عديدين. فقد شهدت خمسينيات ذلك القرن تطبيق أفكار المدرسة السلوكية التي أكدت على أهمية استخدام المثير (Stimuli) في استدراج استجابة سلوكية مقصودة من قبل المتلقي ليتم بعدها تعزيز التعلم الذي يشكل بدوره مثيراً جديداً يسهم في رفع دافعية المتعلم وزيادة قدراته التعلمية .. وكان من نتائج ظهور أفكار ونظريات المدرسة السلوكية أن وضع التعليم على أسس أكثر وضوحاً استندت إلى نتائج علمية في هذا الميدان أكد جميعها على ضرورة هندسة المتغيرات التي تضمها البيئة التعليمية وتنظيمها بما يساعد في ضمان تحقيق الأهداف التعليمية . وقد شكلت المحاولات المتكررة للتعليم المبرمج واستخدام الآلات التعليمية ثم ظهور نماذج تدريسية

تعتمد الأسس النظرية للمدرسة السلوكية بدايات تنظيم عملية التعليم والتعلم وتنظيمها بموجب أسس علمية تربط بين النظرية والتطبيق . وهو ما سبق أن نادى به علماء من أمثال جون ديوي .

أما المدرسة المعرفية فقد أكدت على ضرورة فهم كيفية تطور التفكير وتسلسل العمليات الإدراكية ونمو المتعلم . لذلك سعت إلى الاهتمام بهندسة المحتوى التعليمي وتنظيمه بموجب الخصائص الإدراكية للمتعلم عند القيام بتصميم التعليم ونماذجه .

وقد أضافت النظرية البنائية لهاتين النظريتين ما يعزز الفهم المتنامي لتكامل عمليات التعلم وترابطها وتسلسلها والتأكيد على تشابك التفاعلات بين عناصرها على نحو يقتضي إحكام العلم ونتائج البحث العلمي وعمليات التنظيم المستمرة في إقرار ما ينبغي إصلاحه أو تطويره ، على أن تبقى عملية التعليم والتعلم دائمة التطوير، بما يؤكد أن مراحل عملية التعليم والتعلم تدور في سلسلة لا نهاية لها تبدأ بالتخطيط وتمر بالتنفيذ والتنظيم وتنتهي نظرياً بالتطوير لتبدأ العملية دورتها من جديد كما تدور حبات المسبحة.

وفي المحصلة فإنه يمكن إجمال أهم ما ميز الانفجار المعرفي ورافقه بالآتي :

(1) اعتماد مناهج البحث العلمي في الوصول إلى الحقائق .

(2) غزارة النتاج المعرفي في مختلف الميادين العلمية والتطبيقية والثقافية والفنية.

(3) التداول الواسع لنواتج البحث العلمي والإنتاج المعرفي على مستوى العالم.

(4) تحول النتاج المعرفي إلى سلعة لها أسواقها الخاصة بها . بل إن هذه الأسواق توسعت لتتفوق في حجم تداول رؤوس الأموال المستثمرة فيها على حجم تداول رؤوس الأموال المستثمرة في أسواق بيع السلاح .

(5) تنوع طرائق عرض المعلومات بصورة تتناسب مع احتياجات المستخدمين من حيث فئاتهم وأغراضهم ورغباتهم .

*** الانفجار التكنولوجي**

إن مقارنة بسيطة بين طبيعة الحياة التي عرفتها المجتمعات حتى عقود قريبة ، وطبيعة الحياة التي نحياها اليوم تكشف مدى ما أضافته التكنولوجيا لأنماط العيش وطبيعة التفكير ، وأسلوب تنظيم الحياة اليومية للناس . لقد استطاعت التكنولوجيا أن تؤثث حياة المجتمعات حتى في البلدان غير المتقدمة صناعياً ، بمفردات لا تحصى من نواتجها بشكل أسهم في اختصار الزمن والمسافات ، واختصار مراحل التفكير والإنجاز ، حتى أصبح بالإمكان تداول المعلومات حول العالم في أجزاء من الثانية، وفتح الأبواب على مصا ريعها لعوالم فسيحة تكون فيها التكنولوجيا في خدمة البشر على نحو واسع في ميادين الطب والزراعة والاقتصاد والصناعة ، والتعليم كذلك . بل لم يعد مصطلح التكنولوجيا معنياً بالمنجز الصناعي المتقدم حسب ، أو بالآلة وما يتعلق بها ، بل صار يشمل الآليات وطرائق الاشتغال والتفكير والتنظيم . ومن هنا برز مفهوم تكنولوجيا التعليم الذي تجاوز المعاني المجتزأة للتقنيات التعليمية أو المعينات أو وسائل الإيضاح أو الوسائل التعليمية وما إليها ، إلى آليات العملية التعليمية التعلمية وتفاعلاتها تخطيطاً وتنفيذاً وتقويماً وتطويراً . فتكنولوجيا التعليم ، وتكنولوجيا المحاكاة ، وتكنولوجيا الفعل أصبحت مفاهيم متداولة يقصد بها سعي الإنسان إلى حل المشكلات عن طريق اكتشاف القوانين التي تحكمها وفك أسرارها للوصول إلى تحقيق أغراضه . ومن هنا فإن تكنولوجيا التعليم ، وهو المفهوم الأكثر تداولاً عند الحديث عن الحاسوب واستخداماته التعليمية ، يقصد به حيثما ورد في هذا الكتاب، هندسة عملية التعليم والتعلم وتنظيم آليات اشتغال عناصرها ومكوناتها بما يحقق الأهداف المحددة لها .

لقد قلنا أن الانفجارات الثلاثة ، المعرفي والسكاني والتكنولوجي ، التي شهدها التاريخ البشري في العصر الحديث لم تؤثر في طبيعة الحياة اليومية للمجتمعات على أساس منفرد ، إنما كانت متفاعلة في تأثيراتها سلباً أو إيجاباً ، مما جعل قوة تأثيرها وسعة انتشارها وعمقها في حياة الشعوب أكبر وأشمل . بمعنى آخر فإن

التحولات التي أحدثها التأثير المركب للانفجارات الثلاثة قد استطاع إحداث تحول في التراكم الحضاري النوعي بصورته المعقدة فكراً وفلسفة وممارسة . ولم يقتصر على إحداث تغييرات درجية في هذا القطاع الحياتي أو ذاك أو هذا الجزء من العالم دون ذاك، رغم الإقرار بأن المجتمعات الفقيرة اقتصادياً ما تزال خارج هذا الوصف بدرجة أو بأخرى .

من جانب آخر فإن هذه الثورات أو الانفجارات كانت تتبادل أحياناً الأدوار في علاج ما يحدثه كل منها على حدة . فالثورة السكانية مثلاً فرضت أن تبحث لها في الثورة المعرفية عن حلول لمعالجة الأزمات التي أحدثتها زيادة السكان كالبحث عن وسائل لتخفيض الإنجاب أو رفع إنتاجية الأرض الزراعية ، والبحث عن موارد طبيعية إضافية لعيش عدد متزايد من السكان . كما أن التكنولوجيا من جانبها أنتجت ما يسهل الاتصال الجماهيري ووسائل النقل السريعة ، وساعدت على تطوير إمكانات الإنتاج الصناعي للأغذية والأدوية والمعدات التي تسهم في زيادة الإنتاج وسد النقص الحاصل في هذه المنتجات أو غيرها بسبب زيادة السكان . والعكس صحيح أيضاً مع الاختناقات الأخرى التي تحدثها كل من الثورات الثلاث .. إن الأمر يبدو كسطح البحر حين يرتفع فيه الموج من جانب ، فيفسح الموج في الجانب الآخر أمامه الطريق .. قد يرتطم الموج بالموج ، لكن سطح البحر لا يلبث أن يعود إلى مستواه المعتاد بعد حين، ليبدأ الموج حركته من جديد !

إذن ما الذي حصل في ميدان التعليم والتعلم .. نتيجة هذه الانفجارات ؟ وكيف يفيدنا ذلك في فهم ما أحدثه اختراع الحاسوب من تغيرات مهمة في الحياة العامة ، وفي التعليم والتعلم بخاصة ؟

تأثيرات الانفجارات الثلاثة في ميدان التعليم والتعلم :

إن نظرة فاحصة لما شهدته بيئة التعليم والتعلم نتيجة الانفجارات الثلاثة وما أحدثه الحاسوب في هذه البيئة الجديدة تكشف أن هذه التأثيرات من العمق بحيث

يصعب الإحاطة بها إحاطة شاملة . غير أنه يمكن رصد بعض المظاهر التي طبعت هذه البيئة. وفي ذلك يمكن ذكر النقاط الآتية :

(1) نمو الطلب على التعليم بشكل متزايد، واعتبار التعليم حقاً للشعوب على الحكومات توفير الفرص الكافية لتأمينه كما ونوعا.

(2) ظهور مؤشرات واضحة على عدم كفاية النظام المدرسي التقليدي على الاستجابة لحاجات المجتمع التعليمية ، وضرورة البحث عن أنظمة وآليات جديدة لمواجهة هذه الحاجات .

(3) الاقتناع المتزايد بضرورة بناء البيئة التعليمية التعلمية على أسس من التخطيط والتنظيم طبقاً لما كشفه البحث العلمي والنظريات الحديثة ذات الصلة بالتعليم والتعلم .

(4) التوسع الأفقي في تخصصات التعليم بحسب حاجات المجتمع ، مما يتطلب الاستجابة لرغبات السوق والمتعلمين .

(5) الاقتناع المتزايد بضرورة تطوير إستراتيجيات التدريس وطرائقه ووسائله. فالتقليدي منها لم يعد يفي بمتطلبات عملية التعليم والتعلم كما ينبغي .

(6) شمول التعليم ذوي الاحتياجات الخاصة كذلك من المتعلمين كالمعاقين و الموهوبين و بطيئي التعلم ، بعد أن كان مقتصراً على المتعلمين الاعتياديين.

(7) الشعور المتزايد بضرورة الاهتمام بالفروق الفردية للمتعلمين ، والاستجابة لمتطلبات هذا الاهتمام من حيث تصميم المناهج ونوعية التعليم وطرائقه واستراتيجياته ووسائله.

(8) التغير في دور كل من المعلم والطالب ، والشعور بضرورة تحول العلاقة بينهما من علاقة ملقن ومتلق سلبي إلى علاقة تفاعل إيجابي ، يكون فيه

المعلم مرشداً وموجهاً ومقوماً وباحثاً ، ودور الطالب فيه مكتشفاً ومنتجا وباحثا عن المعرفة.

(9) إتساع مفهوم المنهاج باكتسابه طابع الشمول والمرونة لكل ما نخطط لتحقيقه من أهداف في ميدان التعليم والتعلم سواء داخل الصف أو خارجه، وإمكانية مشاركة المعلم والطالب في صنع المنهاج وتحقيق أهدافه .

(10) الاهتمام المتزايد بأنماط جديدة من التعليم الخاص بالكبار كمحو الأمية، والتعليم المهني بمختلف صنوفه ، والمدارس الشاملة ، علاوة على التعليم الجماهيري والذاتي والتعليم عن بعد والتعليم المصغر وغيرها.

(11) ظهور مؤسسات تعليمية مساندة للمدرسة التقليدية كالمعاهد والمراكز الثقافية والتعليمية ذات الأهداف المحددة أو المتعددة ، ودخول القطاع الخاص ميدان تقديم الخدمات التعليمية في مختلف مراحل التعليم.

(12) اعتماد وسائل الاتصال الجماهيري كالمطبوعات والإذاعة والتلفزيون والسينما على نطاق واسع في عملية التعليم والتعلم سواء في دعم التعليم التقليدي أو في تعليم الكبار ، وبخاصة في حملات محو الأمية .

(13) الاهتمام المتزايد بالوسائل التعليمية والسعي إلى الإفادة القصوى من منتجات التكنولوجيا الحديثة وفي مقدمتها الحاسوب الذي باتت تطبيقاته تشمل مختلف مفاصل العمل التعليمي سواء الإداري منها أو المرتبط بالموقف التعليمي التعلمي على حد سواء.

<u>الحاسوب التعليمي</u>

إن ما أحدثته التحولات الكبيرة في حجم السكان وتدفق المعارف وتطور التكنولوجيا قد ألقى بظلال بالغة الحراجة والخطورة على الواقع التعليمي وإمكاناته في تحمل مسؤولياته ، تجاه المتطلبات الاجتماعية والاقتصادية والعلمية ، التي باتت

الحياة الجديدة تطرحها بوصفها حاجات واجبة الحل ، وغير قابلة للتأجيل . وكان لا بد أن تبحث المؤسسة التعليمية عن حل لهذا المأزق الذي بات يهدد بفشل هذه المؤسسة في النهوض بواجباتها والنهوض بأعبائها المتزايدة. فكانت الإجابة عن ذلك في الإفادة من جملة هذه التحولات بما يخدم العملية التعليمية ، عن طريق القبول بما طرحته الانفجارات الثلاثة من تحديات. ومن ذلك الإفادة من التكنولوجيا الجديدة وتوظيفها في خدمة العملية التعليمية ، وآخرها الحاسوب .

إن التحول النوعي الكبير الذي أحدثه ظهور الحاسوب في ميدان التعليم والتعلم تمثل في أنه لم يكن وسيلة تعليمية فقط ، إنما قدرة مبتكرة في الاتصال أيضا، وفرت تفاعلاً مع المتعلم ، وأعادت تشكيل أدوار العناصر الأخرى في عملية التعليم والتعلم ، وأعادت تركيب تفاعلات هذه العناصر في إنجاز مهمتها وتحقيق أهدافها . علاوة على أن شبكات الانترنت ، التي لم تكن ممكنة بدون الحاسوب ، قد أمنت خزيناً معرفياً هائلاً يتسم بالتفرد والتراكم المستمر وبالشمول والتنوع والحداثة والتكيف لحاجات المستخدم (الطالب والمعلم) وتوسيعاً لمفهوم المنهاج .

لقد تمكن الحاسوب من سد معظم الثغرات التي اكتنفت استخدام الوسائل والأجهزة الأخرى التي سبقته ، وإحداث تطور مهم في عمليات تصميم التعليم بوصفه وسيلة اتصال داخل الصف وخارجه وعن بعد ، ووسيلة اتصال فردي وجماعي في آن واحد ، ووسيطاً لتبادل الخزين المعلوماتي المتنوع والمتعدد الأغراض الذي توفر عليه . بل أن قدرته على ضمان تعليم فعال سواء على المستوى الفردي أو التعاوني أو الجماعي أو الذاتي قد جعلت مجرد استخدامه معياراً للحكم على مدى حداثة وجدية عملية التعليم والتعلم برمتها .

إن استثمار خصائص الحاسوب بالشكل الصحيح قد جعل من الممكن الحديث عن قدرته في تحقيق أهداف عمليات التفكير العليا (التحليل والتركيب والتقويم) علاوة على تحقيقه للأهداف الأخرى (الحفظ والفهم والتطبيق) بكفاءة أعلى.

لقد ذهبت بعض الدراسات إلى أن الطالب لا يحصل على أكثر من دقيقتين في اليوم من التفاعل مع معلمه . ذلك أن المعلم ، كما تشير هذه الدراسات ، يقضي حوالي 40 % (20 دقيقة) من وقت الحصة الدراسية للمهام الإدارية ، ومثلها (20 دقيقة) لعرض الدرس ، ولا يبقى بعد ذلك أكثر من 20% (05-10 دقائق) فقط للعمل الضروري مع الطلبة . فإذا قسمنا هذه الدقائق المتبقية للعمل الفردي على عدد الطلبة ، نجد أن حصة التفاعل بين المعلم والطالب المتبقية قصيرة جداً . وما فعله الحاسوب أنه استطاع أن يقدم خزيناً معرفياً ، ووسيلة للاتصال ، ووسيلة تعليمية ، تساعد في تقليل العبء المنوط بالمعلم لإنجاز أعماله الإدارية و التدريسية وتقليص الوقت المخصص للعمل الإداري الفردي مع الطالب بما يعزز التفاعل معه .

على أن الحديث عن الحاسوب التعليمي بوصفه منافسا مقتدرا ، سواء على مستوى وسائل الاتصال أو وسائل التعليم أو وسائل تخزين المعلومات ومعالجتها واسترجاعها ، لا يعني أن استخدامه كان إيجابياً بالمطلق . لقد أشارت الدراسات إلى أن استخدام الحاسوب في التعليم والتعلم قد أظهر بعض النتائج التعليمية السلبية كإهمال بعض المهارات الأولية في الرياضيات والكتابة ، وعجزه حتى الآن عن إكساب العديد من المهارات الحركية ، علاوة على أن تأثيرات التعود على الحاسوب لأوقات طويلة قد يؤدي إلى مشكلات صحية في الجهاز العصبي والهيكل العظمي ، كما إن هناك مشكلات تتعلق بإضعاف روابط الطالب الاجتماعية بالبيئة المحيطة به واستبدالها بصلات اجتماعية من بيئات أخرى قد لا تتناسب مع قيم مجتمعه وبيئته فتنشأ مشكلات الاغتراب الثقافي والاجتماعي والإحباط وما إلى ذلك . وسنعود إلى هذا الموضوع في موضع آخر من الكتاب .

إن ما يمكن استخلاصه من تطبيقات الحاسوب التعليمي والدراسات التي رصدت تأثيراته ، أن ظهوره مكننا من تحقيق مخرجات تعليمية أكثر كفاءة ، ذلك أنه استطاع إنجاز عمل اكبر بدقة أعلى وبكلفة أقل ، وأنه ساعد في تحقيق التعلم في مواقف أكثر تنوعاً وذكاء ، وفي حل مشكلات عملية أكثر أهمية . انه ليس

جهازا أو شبكة من الأجهزة ، أو نظاماً تقنياً أو اتصالياً فقط . كما أنه ليس مجرد ذاكرة لتخزين الخبرات والمعارف واسترجاعها . انه كل ذلك مرة واحدة . فهو بتطبيقاته ، وما يتطلبه التعامل معه من ذهنية وإيقاع حركي خاص ، صار مكوناً أساساً من مكونات التفكير المعاصر لدى الأفراد والمجتمعات ، وأحد المعايير المهمة في الحكم على قدرة التعامل مع معطيات العصر ، وبالتالي مكوناً مهماً من مكونات هويتها وشخصيتها الثقافية بكل ما يعنيه ذلك من نتائج إيجابية أو سلبية .

خصائص الحاسوب التعليمية :

ويمكن إجمال أهم خصائص الحاسوب التي جعلته قادراً على تحقيق الأهداف التعليمية على النحو الذي عرضناه بالنقاط الآتية :

1. **الجاذبية:**

لم يعد من الممكن التسليم بأن عملية التعلم يمكن لها أن تتم بصورتها السليمة دون أن تبدأ بمثير يحرك الشعور لدى المتعلم بالميل إلى مواصلة التلقي ، وربما الرغبة في المشاركة وصولاً إلى التعلم . والحاسوب يمتلك القدرة على توليد المثيرات المدهشة التي تضمن الإثارة والتشويق وصولاً إلى خلق الاهتمام لدى المتعلم، الذي ينتقل بعد ذلك إلى تبني ما يعرض من خبرات تعليمية ، والتصرف طبقاً لما تم من تفاعل بين هذه الخبرات والخبرات السابقة . ولاشك أن تعدد حالات التصرف لدى المتعلم طبقاً لذلك يؤسس لاتجاه يأخذ بالتبلور لديه وصولاً إلى تغيير سلوكه بالاتجاه الذي يخطط له المعلم ، بوصفه مديرا لعملية التعليم والتعلم .

وتشمل عناصر الإثارة في الحاسوب جميع الخصائص التي ينطوي عليها إذا ما استخدمت بكفاءة لتحقيق غرض الإثارة ، كاستخدامات الأصوات على اختلاف أنواعها (الصوت البشري ، الموسيقى ، المؤثرات الصوتية) ، وما يضيفه الحاسوب من أصوات يصنعها تتسم بالغرابة أو الطرافة أو غير ذلك . وكذلك استخدامات الصورة

بما تمتلكه من ألوان وتكوينات وتراكيب وحركة تكسر جمود الصورة الثابتة ورتابتها .

إن هذا النوع من الإثارة علاوة على ما يمكن إحداثه من عناصر التشويق في الخطوط وحركات الحروف أو الكتل والتكوينات الزخرفية أو الأشكال المبتكرة إلى غير ذلك هو الذي يفسر اتفاق معظم الدراسات التي عنيت بتأثيرات الحاسوب في التعليم على أن اتجاهات الطلبة نحو استخدامه في هذا الميدان ايجابيةً .

2. **الإمتاع :**

لا يقصد بالإمتاع هنا ما يتصل به كهدف . ذلك أن الإمتاع ليس هدفاً تعليمياً بحد ذاته ،بالرغم من أن الإمتاع يمنح الدماغ فرصة للراحة والاسترخاء واستعادة النشاط لمواصلة العمل . إنما المقصود هو جعل التعلم عملية ممتعة من خلال توفير مثيرات متنوعة ومتسلسلة تضمن الاستجابة للفروق الفردية للطلبة وتتناسب مع تسلسل تحقق الأهداف السلوكية ، وتسلسل البناء الهرمي للخبرات التعليمية. وهو ما يجعل الحاسوب وسيلة ممتعة لاكتساب التعلم ورفع الدافعية نحوه من خلال طيف واسع من عناصر التشويق التي يستطيع توفيرها عبر خصائصه المختلفة .

3. **تعدد الحواس :**

أن من المعلوم أن مخاطبة أكثر من حاسة في آن لتحقيق هدف تعليمي ما هو أكثر ضماناً لتحقيق الهدف المقصود من مخاطبة حاسة واحدة . كما أن مخاطبة أكثر من حاسة يضمن حصول التعلم لدى شريحة أوسع من الطلبة لمناسبة ذلك للفروق الفردية . علاوة على أن الدراسات تشير إلى أن مخاطبة أكثر من حاسة يساعد على استبقاء الخبرات التعليمية في الذاكرة طويلة الأمد . وهو ما أكدته الدراسات التجريبية في هذا المجال . وسنتناول ذلك في الفصل المتعلق بنظرية الاتصال ونماذجه وتطبيقاته في التعليم والتعلم .

4. **قدرة التحكم :**

يتيح الحاسوب لمستخدميه من الطلبة القدرة على التحكم بجملة من الأمور ، اذ يمكنه من إيقاف المادة المعروضة ، وإعادة عرضها أو تحديد سرعة عرضها ، كما يمكنه من خزن أجزاء منها ، وتعديل ألوانها وأحجام حروفها أو صورها ، أو تحريكها بالاتجاه الذي يرغب ، أو تكبير الصورة وتصغيرها ، والانتقال من جزء إلى جزء آخر دون تسلسل تعاقبي ، إلى غير ذلك من الاستحكامات التي يتيحها الحاسوب لمستخدميه .

إن هذه القدرة في إمكانية الاستخدام تتيح الفرصة للطالب للمشاركة ، وترفع دافعيته للمتابعة والتعلم . يضاف إلى ذلك أن الاستخدام الذاتي للحاسوب يتيح للطالب اختيار الوقت الذي يناسبه لإنجاز عملية التعلم . وهو ما لم نكن تتيحه وسائل اتصال تعليمية أخرى كالإذاعة أو التلفزيون أو السينما التي تفرض على الطالب وقتاً محدداً للتلقي . بل أن توفر حواسيب أصغر حجماً وسهلة الحمل وبأسعار تنخفض باطراد و تعمل بالبطارية دون الحاجة إلى مصدر كهربائي سلكي ، قد مكن المستخدم من تحديد المكان الذي يستخدم فيه جهاز الحاسوب الخاص به أيضا . بمعنى أن الجهاز يتكيف لحاجات مستخدمه ، ويوفر له قدرة استفادة أوسع دون أن يفرض عليه نمطاً محدداً من التلقي من حيث الزمان والمكان .

5. الأمان :

إن مما يساعد الطالب على تحقيق التعلم أن تتوافر له البيئة التعليمية التي يتمكن فيها من إطلاق طاقاته ، والتعبير عن قدراته في التعلم دون خوف من المعلم أو الخجل من أقرانه بسبب احتمال الوقوع في الخطأ . وهو أمر يرتبط بتباين قدرات الطلبة في تحقيق الأهداف التعليمية المرسومة . والحاسوب يوفر مثل تلك البيئة التي يمارس فيها الطالب منهج التجريب المبني على الخطأ والمعالجة ، وصولاً إلى اكتشاف الحقائق أو حل المشكلات ، دون خوف من أن ينتقد من معلمه أو أقرانه . كما أنه يوفر له الفرصة لأن يعرف سبب أخطائه ، فهو يحيله إلى تفسير الخطأ ، وكيفية الوصول إلى غايته بمزيد من التجريب ومزيد من الإتقان ، حتى يجتاز حاجز عدم الثقة بالنفس

وبالتالي يتحقق مفهوم الذات عندما ينجح في تحقيق ما ينبغي تحقيقه من أهداف تعليمية .

6. **الخبرة المتراكمة :**

من الواضح أن البيئة التعليمة التعلمية التقليدية لم يتجاوز فيها الطالب المهارات المحدودة في حفظ المعلومات وتداولها ، معتمداً على الخلاصات التي يستطيع جمعها ، والملاحظات التي يثبتها عما قرأ أو مر به من خبرات . وكذلك المعلم الذي يعتمد الأسلوب نفسه في جمع الخبرات التي يحتاجها في عملية التدريس . أما الحاسوب فقد وفر قدرة بالغة السعة والتشعب لدرجة يصعب الإحاطة بها في حفظ المعلومات وتداولها بأشكال وصيغ مختلفة ومداخل مختلفة ، تتناسب مع قدرات كل منهم وأهدافه . ولا ينحصر ذلك في حدود ما يستطيع الطالب أو المعلم جمعه لوحده من معلومات ، كما كان سابقاً ، بل هما يستفيدان من كل ما سبق جمعه وتراكمه من هذه المعلومات عبر عقود من الزمن ، وعلى امتداد العالم بفضل الحاسوب وشبكة الانترنت.

7. **الاختزال:**

مما لاشك فيه أن الحاسوب يوفر من الجهد والزمن والمسافات ما لا تستطيع أية وسيلة تعليمية أخرى أن تقوم به . إذ أن من الصعب حساب ما يمكن أن يستلزمه الوصول إلى آلاف المواقع على شبكة الانترنت من زمن وجهد ومال، والتي يضم كل منها آلافاً من المواقع الفرعية لمكتبات ومتاحف ومؤسسات وأسواق وبنوك وشركات ومعارض ، ووثائق صورية وصوتية ومكتوبة بالغة التنوع تمتد على مساحة العالم عرضاً، وعلى امتداد التاريخ عمقاً ، وبقدر تعدد الأغراض والأذواق والحاجات تنوعاً.

أما على صعيد إنجاز المهام العديدة والمتشعبة المنوطة بالإدارة المدرسية والمعلم والطالب ، علاوة على واضعي المناهج ومصممي التدريس والوسائل التعليمية والمخططين للتعليم ومتخذي القرار ، فإن صفة الاختصار تمكنهم من إنجاز هذه المهام بفاعلية وسرعة كبيرتين وهم في أماكنهم ، مما يجعلهم قادرين على إنجاز قدر أكبر

بكثير مما يستطيعون إنجازه بالوسائل التقليدية التي كانت متاحة قبل ظهور الحاسوب . ومن شأن ذلك الاختصار أن يوجه في النهاية عناية أكبر للتفاعل الفردي بين المعلم والطالب وهو هدف مركزي من أهداف عملية التعليم والتعلم .

على أننا ينبغي أن نشير هنا إلى أننا عندما نقول إن كلف استخدام الحاسوب في التعليم هي أقل منها عند استخدام الوسائل التعليمية الأخرى ، فان المقصود هو حجم ما يمكن إنجازه باستخدام الحاسوب مقارنة بتلك الوسائل . أما كلفة الوسائل نفسها فان بناء القاعدة التحتية لمنظومات الحاسوب والانترنت تتجاوز من حيث الكلفة وسائل التعليم الأخرى . وهذا ما يفسر بعض أسباب إحجام العديد من البلدان الفقيرة والنامية عن التوسع في استخدام هذا النمط من التكنولوجيا لديها ، وبخاصة في ميدان التعليم.

8. **الآنية :**

يوفر الحاسوب على مستوى التدريس اتصالاً آنياً مباشراً بين المعلم والطالب من ناحية ، و بينهما وبين الأحداث الجارية من ناحية أخرى . وهو ما يجعل الحاسوب مسهلاً لمتابعتها أولاً بأول ، وملاحقة التطورات العلمية ومستحدثاتها في مختلف الأصعدة . كما يمكن من تنفيذ أنشطة التعليم وإجراء الحوارات وتنظيم حلقات النقاش وعقد المؤتمرات عن بعد ، مما يوفر فرصاً تعليمية أوسع بما ينسجم مع ظروف و إمكانات أطراف عملية التعليم والتعلم ، بعد أن تخطى الحاسوب حواجز الزمان والمكان على النحو الذي ذكرناه .

9. **الواقعية والخيال :**

إن الخصائص التي ينطوي عليها الحاسوب بوصفه وسيلة تعليمية ، من قدرة على استخدام الصوت والصورة واللون والحركة ، بما يمكن من تحويل المجرد إلى محسوس وتحريك الجماد ، بل وإنطاقه ومنحه ، إن شئنا ، بعض الصفات الإنسانية ، وتجسيد الخيال في صورة تقترب من الواقع ، وهو ما يعرف بالواقع الموهوم (Virtual Reality) . كل ذلك من شأنه توفير فرص أكبر للطالب لتحقيق الإدراك وتصور

الأشياء بواقعية تقربه من الخبرة المباشرة . ومن جانب آخر تعزز فيه قدرات التخيل وتصور الوقائع وتصور المفاهيم والعلاقات على نحو لا يمكن تحقيقه بغير الحاسوب . ويمكن أن نسوق لذلك مثلاً ما أنتج عن طريق الحاسوب حول حياة الإنسان القديم والحيوانات المنقرضة ، وعمليات انفلاق الذرة ، وتحولات الأرض أثناء الزلازل والبراكين ، وحركة الأفلاك ، وما يدور داخل جسم الإنسان وخلايا الدماغ من عمليات معقدة يعرضها الحاسوب بقدر كبير من الإحساس بالواقعية .

10. **الجمالية :**

لا يقتصر استخدام الحاسوب على استثمار إمكاناته الفنية والتقنية والوسائط المتعددة في إنتاج المواد التعليمية من برمجيات وأنشطة محو سبة ، بل أنه استفاد كثيراً من تطبيقات الفنون الجميلة (Fine Arts) وإبداعاتها في إنجاز مثل تلك المواد . فقواعد الرسم والنحت والتصميم الداخلي والموسيقى وتناسق الأصوات (Harmony) علاوة على قواعد العمل الإذاعي والتلفزيوني والسينمائي ، صارت جزءاً مهماً في إضفاء صفات الجمال وتطبيقات علم الجمال في مثل هذه المواد ، بعد أن أثبتت الدراسات أهميتها في دعم التعليم والتعلم وتوفير أجواء الاستخدام الأكثر جماليةً ، وبخاصة للطالب . وهو ما ينعكس بالإيجاب على تفاعله مع الموقف التعليمي التعلمي . على أن هناك حدوداً دائماً في مقدار ما ينبغي توظيفه من هذه الامكانات بما لا يغلب غرض الإمتاع على الأهداف التعليمية المقصود تحقيقها .

11. **تعدد الوسائط :**

قبل ظهور الحاسوب ، شكلت السينما ثم الإذاعة ثم التلفزيون أهم وسائل الاتصال الجماهيري التي تعتمد الصوت أوالصوت والصورة واللون والحركة . وعد التفاعل بين هذه العناصر جل ما جاءت به هذه الوسائل من إضافة مهمة في ميدان الاتصال ، ومنه الاتصال التعليمي . وعندما ننظر إلى الحاسوب من وجهة النظر الانتاجية نجد أنه استطاع أن يعوض عن هذه الوسائل مجتمعة . بل انه أضاف إليها

إمكانات إنتاجية أكبر وقدرة على صياغة التفاعل بين هذه العناصر على نحو أكثر إبداعا وتطوراً .

وإذا كانت هذه الوسائل الاتصالية الثلاث تعتمد فريق عمل متعدد الاختصاصات قد يصل إلى عشرات الأشخاص كما هو الحال في السينما والتلفزيون ، فإن الحاسوب تمكن من وضع جميع إمكانات هذه الفنون بيد مستخدم الحاسوب ، فهو المصمم والمصور والمتخصص بالصوت والإضاءة وتكوين الصورة وتلوينها وتحريكها مع عددهم وأجهزتهم . إذ لا حاجة لأجهزة الصوت أو الكاميرات المعقدة أو منظومات الإضاءة وما إليها ، فهي جميعاً بعض من إمكانات الحاسوب ووسائله الإنتاجية .

وهكذا استطاع الحاسوب أن ينتج الصورة الناطقة المتحركة التي تعد اليوم أخطر ما تنطوي عليه ثقافة العصر . لقد اهتمت الكثير من الدراسات الحديثة بما يعرف اليوم بثقافة الصورة وخطورتها في تشكيل وأنماط التفكير Stereo Type أو أنماط المخيلة ، وما يتعلق من ذلك بما يترسب في الذاكرة من قناعات وتصورات عن الحياة ، بكل ما تعنيه من مفاهيم وطرائق عيش وصور نمطية .

12. مسرحة العرض :

منذ أن وضع أرسطو أول تصورات عرفناها عن المسرح وعناصره وآليات اشتغاله ، وكتاب الدراما ومخرجوها مهتمون بكيفية تجسيدها في أعمالهم الأدبية والفنية. غير أن وسائل الاتصال قد نقلت هذه الأشكال الأدبية والفنية وآليات اشتغالها إلى الأعمال والنتاجات التي قدمتها السينما والإذاعة والتلفزيون ، ليس في حدود الأدب والفن فقط ، بل امتدت لتستخدم في الأعمال ذات الطبيعة المغايرة كالبرامج الوثائقية والدروس والأفلام التعليمية وما إليها . وهو ما بات يعرف في بعض الأدبيات بمفهوم "الأدرمة" ، أي مسرحة العرض باعتماد عناصر الدراما المعروفة ، وأهمها الصراع ، أي حدة التناقض بين الأضداد : الخير والشر ، الغنى والفقر ، الجمال والقبح ، و ما إلى ذلك .

وهكذا برز عنصر من أهم عناصر التشويق والإمتاع ، وبالتالي الإثارة ، التي نعدها في ميدان التعليم والتعلم المقدمة المهمة لحصول التعلم . لقد امتد مفهوم الأدرمة ليشمل تناقض الأشكال والتكوينات في الصورة المنتجة، وتنافر الألوان أو انسجامها ، وتباين الأصوات وتعددها ... وما يهمنا من هذا الأمر قدرة الحاسوب على استثمار مفهوم الأدرمة في خلق التشويق ، واستثماره من أجل رفع دافعية المتعلم ، والتمهيد لتشغيل العمليات العقلية اللاحقة ، واستدراج الاستجابات المقصودة في الموقف التعليمي التعلمي .

13. **المناورة :**

لم تستطع أية وسيلة تعليمية أن تقدم ما قدمه الحاسوب من قدرة على المناورة في عرض الحقائق والأفكار والخبرات ، بل المشاعر والتخيلات أيضاً . ذلك أن الحاسوب تمكن من عرض الفكرة الواحدة أو الحقيقة الواحدة مثلاً بصور وأشكال لا تحصى ، بحيث أنه حقق أعلى ما يمكن من ملاءمة للأذواق ومستويات التفكير والقدرات العقلية والنفسية ، بما يحقق واحداً من أهم عوامل نجاح عملية التعليم والتعلم، وهو الاستجابة للفروق الفردية .

وبهذا استطاع الحاسوب أن يجمع بين القدرة على مخاطبة جمهور واسع من الطلبة ، يمتد على مساحة غير محددة من هذا العالم ، والقدرة على مخاطبة كل منهم بما ينسجم مع قدراته التعليمية والانفعالية وميوله ورغباته . بل أن ما يحققه الحاسوب اليوم من منجزات على صعيد تعليم ذوي الاحتياجات الخاصة يؤشر تفوقاً للحاسوب على غيره من وسائل التعليم والاتصال التي سبقته .

14. **تحفيز التفكير الأبتكاري :**

أكدت العديد من الدراسات أن الحاسوب لم يقتصر على الأهداف التعليمية التي تعنى بالتذكر والفهم والتطبيق بحسب تقسيم بلوم Bloom ، إنما تعدى ذلك إلى تحقيق ما عرف بأهداف التفكير العليا ، التحليل والتركيب والتقويم ، بجدارة . بل

امتد أيضاً إلى تحقيق الأهداف الوجدانية والمهارية . والتطبيقات الحاسوبية التي تحققها استخداماته الحديثة تكشف أنه قادر بحق على تنمية القدرة على حل المشكلات والتفكير الابتكاري والتعلم التعاوني ، وهو ما يسعى إليه التعليم المعاصر بما يعمق دور الطالب في المشاركة الفاعلة في صياغة الموقف التعليمي التعلمي ، وتوسيع مفهوم المنهاج ومساهمته في تطويره .

وبالرغم من كل ما تقدم ، فإن للحاسوب عيوبه أيضاً ، وهو ما سبقت الإشارة إليه ، سواء على صعيد تعلم المهارات الحسابية أو الأدبية أو اللغوية أو جاهزية الخبرة التعليمية أو الآثار السلبية الصحية والاجتماعية والثقافية . وهو ما سيرد ذكره في موضع آخر من الكتاب.

الفصل الثاني

الاتصال والاتصال التعليمي

- مفهوم الاتصال
- مفهوم الاتصال التعليمي
- تاريخ الاتصال
  - مرحلة الإشارات والعلامات
  - مرحلة ظهور اللغة
  - مرحلة الكتابة
  - مرحلة الطباعة
  - مرحلة الاتصال الآني
  - مرحلة الاتصال التفاعلي عن بعد
- عناصر عملية الاتصال
  - المرسل
  - الرسالة
  - الوسيلة

تصنيفات الوسائل التعليمية بوصفها وسائل اتصالية

  - المرسل إليه (المتلقي)
  - التغذية الراجعة
  - بيئة الاتصال
- نماذج الاتصال
  - نماذج خطية أحادية الاتجاه

    نموذج أرسطو

    نموذج هارولد لازويل

    نموذج جورج جرينز

    نموذج شانون و ويفر

نموذج ديفيد برلو

- نماذج تفاعلية ثنائية الاتجاه

نموذج روس

نموذج ولبر شرام

- نموذج الاتصال متعدد الاتجاهات(نموذج الانتقال)

- البيئة الاتصالية قبل ظهور الحاسوب
  - الصحافة
  - السينما
  - الإذاعة
  - التلفزيون

الحاسوب بوصفه وسيلة اتصال تعليمية

- الاتصال والحواس
- الاتصال ونظريات التعليم والتعلم
  - النظرية السلوكية
  - النظرية المعرفية
  - النظرية البنائية

الفصل الثاني

الاتصال والاتصال التعليمي

مفهوم الاتصال :

الاتصال نشاط يقصد منه انتقال الأفكار والأحاسيس والخبرات والاتجاهات والمعلومات والمهارات بين طرفين أو أكثر. وتقابل مفردة الاتصال العربية كلمة (communication) بالإنكليزية المشتقة من الكلمة اللاتينية (communis) ومعناها مشترك أو شائع أو عام (common) . وربما تكون مفردة الاتصال وما تحمله من مفاهيم ومعان من أكثر المصطلحات التي اجتهد الباحثون في تفسيرها وتحديد معانيها سعياً لإجابة عن واحد أو أكثر من الأسئلة الآتية :

- هل الاتصال نشاط مقصود أم اعتباطي ؟
- هل الاتصال فعل تشاركي أم أحادي الجانب ؟
- هل ينحصر الاتصال في حدود النشاط الواعي ؟

سنحاول هنا أن نحدد مفهوم الاتصال الذي نعتمده في هذا الكتاب بما ينسجم مع أغراضه التعليمية من خلال الإجابة عن هذه الأسئلة مؤكدين أن الاختلاف في تعريف المفهوم ليس مرده قصور بعض من اجتهد في تفسيره في فهم ما يعنيه المصطلح ، إنما اختلاف المقاصد والأغراض هو الذي يفسر اختلاف الاجتهادات. وهو ما يعكس مشكلة قائمة و معروفة في علم المصطلح (Terminology) وليس في تحديد مفهوم الاتصال وحده . فنحن مثلاً لا نتفق على معاني مفاهيم كثيرة نتداولها في حياتنا اليومية على الرغم من أنها تبدو واضحة حد البداهة ، كالثقافة ، والإعلام ، والعنف،

واللغة، والتعليم ، والتربية ، وغيرها كثير . وسنجتهد في النهاية بوضع تعريفنا لمفهوم الاتصال التعليمي الذي نقصده لأغراض هذا الكتاب .

لنطلع أولاً على مجموعة من التعاريف لمفهوم "الاتصال" :

- "الآلية التي توجد فيها العلاقات الإنسانية وتنمو عن طريق استعمال الرموز ووسائل نقلها وحفظها ". (تشارلز كولي)

- "يحدث الاتصال حين يؤثر عقل في عقل آخر ، الأمر الذي يؤدي إلى حدوث خبرة مشابهة في عقل المتلقي لتلك التي حدثت في عقل المرسل ، ونتجت عنها بشكل جزئي ". (ريتشاردز)

- "هو العملية التي يقدم خلالها القائم بالاتصال منبهات تعدل سلوك الأفراد الآخرين" . (كارل هوفلاند)

- "أي ظرف تتوافر فيه مشاركة عدد من الأفراد في أمر معين" . (تشارلس موريس)

- "التفاعل بواسطة الرموز والإشارات التي تعمل كمنبه يؤدي إلى إثارة سلوك معين عند المتلقي" (جورج لندبرغ)

- "عملية نقل فكرة أو مهارة أو حكمة من شخص لآخر" . (فلوريد بروكز)

- "العملية التي من خلالها نفهم الآخرين ويفهموننا ، ولأن الاتصال ديناميكي فإن الاستجابة له دائمة التغيير حسبما يمليه الوضع العام كله . وهو الطريق التي يتم بواسطتها انتقال المعرفة من طرف لآخر حتى تصبح مشاعاً وتؤدي إلى التفاهم بينهما" . (مارتن أندرسون)

- "العملية التي يتفاعل عن طريقها المرسل والمستقبل في إطار وضع اجتماعي معين، وفي هذا التفاعل يتم نقل أفكار ومعلومات بين الأفراد عن موضوع معين أو قضية معينة أو معنى مجرد" . (فرانك دانس)

- "فن نقل المعلومات والأفكار والمواقف عن طريق استعمال مجموعة من الرموز المحملة بالمعلومات" . (أمبري وأدلت وأجي)

- "العملية التي يتفاعل بمقتضاها متلقي ومرسل الرسالة - كائنات حية أو بشر أو آلات - في مضامين اجتماعية معينة ، وفيها يتم نقل أفكار ومعلومات (منبهات) بين الأفراد عن قضية أو معنى أو واقع معين . فالاتصال يقوم على مشاركة المعلومات والصور الذهنية والآراء" . (جيهان رشتي)

- "عملية اجتماعية يتم بمقتضاها تبادل الآراء والأفكار في رموز دالة ، بين الأفراد والجماعات داخل المجتمع ، وبين الثقافات المختلفة ، لتحقيق أهداف معينة" . (محمد عبد الحميد)

يتضح من مراجعة التعاريف أعلاه أن مفهوم الاتصال يمكن أن يعني معاني متباينة بحسب زاوية النظر إليه . فالاتصال يمكن أن يكون مقصوداً أو اعتباطياً ، إذ أن القول بأن هدف الاتصال هو انتقال الأفكار والأحاسيس من مرسل إلى متلق ، يتضمن الفعل إن كان مقصوداً أو غير مقصود . فقد تسمع عبارة قالها شخص لغيرك فتفهم منها أمراً وتتصرف في ضوء ما سمعت ، رغم أن قائل العبارة لم يقصدك بها ، ولم تكن أنت كذلك قاصداً سماعها . إنما الصدفة هي التي هيأت لذلك .

أما الإجابة عما إذا كان النشاط الاتصالي نشاطاً إنسانياً حسب ، وأنه يجري بين طرفين عاقلين ، فإن واقع الحال يشير إلى أن الإنسان منذ القدم تعلم من رصد الظواهر الطبيعية الكثير ، وأنه أفاد من سلوك الحيوان في اكتشاف حقائق كثيرة ، مما يعني أن مصادر الحقائق قد لا تكون على الدوام إنساناً عاقلاً . أي أن شرط وجود طرفين عاقلين ليس ضرورة في النشاط الاتصالي بشكل عام .

أما ما يخص التشارك وتبادل الأفكار والمشاعر والخبرات في الاتصال ، بما يعني تكرر الفعل ورد الفعل ، ورد الفعل المعاكس ، كشرط أساس لانطباق مفهوم الاتصال ، فإن نماذج الاتصال تشير إلى أن الاتصال قد لا تتاح له الفرصة على الدوام

لتعرف رجع الصدى . بل أن من القائمين على بالاتصال من لا يكترث أصلاً برد فعل المتلقين . ومع ذلك فان الموقف الاتصالي يتشكل ، والفعل الاتصالي يتم . بل أن التفاعل يمكن أن يحدث حتى وان لم يلحظه القائم بالاتصال . وعلى هذا الأساس شاعت في أدبيات علم الاتصال مصطلحات من قبيل "الاتصال أحادي الاتجاه" أو" أحادي الجانب" و "اتصال ثنائي الاتجاه" أو" متعدد الاتجاهات". هذا فضلا عن القول بإمكانية حدوث الاتصال بين الفرد وخالقه ، أو بين الفرد وذاته ، وهو ما ينتج عنه ما يعرف بما "وراء المعرفة".

وأما اشتراط الوعي في طرفي عملية الاتصال فالواقع أيضاً يمدنا بحقائق كثيرة عن مجتمعات غير بشرية ، تتفاهم وتتعايش وتتبادل الإشارات والرموز ، مما يعني نشاطاً اتصالياً تتوفر فيه شروط الاتصال وعناصره فيما عدا توفر الوعي بمعناه الإنساني . ولنا في الطريقة المنظمة لانتقال الطيور المهاجرة عبر القارات مثالاً على ذلك، وكذا القتال الذي يجري حتى الموت بين مجموعتين متصارعتين من الحيوانات . فللطير لغته ، وللحيوان إشاراته ، وهي رموز لفظية أو حركية أو غير ذلك تتبادلها بوصفها وسيطا اتصاليا ، على الرغم من كل ما نقوله عن بدائية أو محدودية ذلك الوسيط مقارنة بالوسيط الرمزي واللغوي لبني البشر .

<u>مفهوم الاتصال التعليمي:</u>

بناء على ما تقدم ، كيف يمكن أن نفهم المعنى الاصطلاحي لمفهوم الاتصال في ميدان التعليم والتعلم أو "الاتصال التعليمي"، وكيف نعرفه ؟

إن مفهوم " الاتصال التعليمي" ينبغي أن تتحدد معالمه طبقاً لطبيعة واشتراطات النشاط التعليمي التعلمي نفسه . فالنشاط التعليمي التعلمي ليس نشاطا اعتباطيا ، إنما هو نشاط إنساني له معالم محددة . وهو عملية تخضع للتخطيط ، وتتجه لتحقيق أهداف محددة ، طبقا لمنهاج محدد ، ولجمهور محدد . وتستند في اشتغالها إلى منحى منظم يرى بأن جميع مفردات هذه العملية وعناصرها تتفاعل لتحقيق المخرجات

المقصودة ، وقائمة على مبدأ التقويم الدائم والتغذية الراجعة . وإنها تجري في بيئة متغيرة ومتطورة ينبغي دراستها وضبط متغيراتها قدر الإمكان . وعلى هذا الأساس نجتهد في القول بأن مفهوم "الاتصال التعليمي" أو" الاتصال في التعليم" يقصد به ذلك النشاط الإنساني التفاعلي ، الذي يجري فيه تبادل الأفكار والأحاسيس والخبرات والمهارات ، بين طرفين عاقلين أو أكثر ، بقصد إحداث تغير إيجابي مقصود في المتعلم ، وينشأ عنه تطوير دائم في محتوى وآليات اشتغال عناصر العملية التعليمية ككل . ذلك أن التربية إشكالية فلسفية أزلية ، بمعنى أنها قيد التطوير الدائم ، ولا يتلاءم أي نمط اتصالي أحادي الجانب مع طبيعتها . بمعنى أن الاتصال الذي تتدفق فيه المعارف والخبرات والمشاعر والاتجاهات باتجاه واحد ، من المعلم إلى الطالب، لا يتلاءم مع طبيعة النشاط التعلمي الذي يتطلب التفاعل والاكتشاف والابتكار. وعلى هذا فان علم الاتصال التعليمي معني ، كما يرى بروكم و ليس ، بدراسة متغيرات الاتصال واستراتيجياته ، وعملياته وتكنولوجيته ، وكذلك الأنظمة المتعلقة بالتعليم النظامي للحصول على نتائج تعليمية ، وإحداث تغيير في هذه النتائج.

وهنا يمكن الإشارة إلى أن هناك أدلة كثيرة على أن طلبتنا تعرضوا منذ سنوات طفولتهم الأولى ، ومازالوا يتعرضون ، إلى قدر غير قليل من الرسائل من مصادر الاتصال العامة وهي عديدة ومتنوعة ، إذاعات ، محطات تلفزيون محلية وفضائية ، انترنت وغيرها ، تزاحمت في كسب جمهورها بأساليب تشويق مبتكرة بالصوت والصورة واللون والحركة ، بما يستدرج الجمهور إلى نوع من التفاعل مختلف إلى حد كبير عن محتوى وأساليب المدرسة التقليدية في كسب اهتمام طلبتها . وليس غريباً وصف المتعلمين في العقود المتأخرة بأنهم محصلة أجهزة الاتصال المعاصرة ، بما تمثله من صيغ وأساليب وأدوات في إيصال رسائلها . وعليه يصبح من الضروري اعتماد نمط جديد من التعليم لتحقيق نمط جديد من التعلم الذي تتأسس آليات اشتغاله على تلك التجربة الاتصالية السابقة التي تنطوي عليها خبرات الطلبة ، إذا ما أردنا أن نضمن

اتصالاً تعليمياً يسهم في زيادة فاعلية المؤسسة التعليمية ، وعملية التعليم والمتعلم على وجه التحديد .

تاريخ الاتصال

يعد القرن العشرون أخطر الحقب التاريخية على الإطلاق من حيث ما تحقق على طريق المنجز التقني في ميدان الاتصال الجماهيري . غير أن ما أنجز في ذلك القرن كانت له مقدمات موغلة في القدم . فمنذ أن وجد الإنسان على وجه الأرض كان هناك اتصال ، وكان هناك نوع ما من التفاهم ، ومن القدرة على تبادل الأفكار والخبرات والمشاعر ونقلها عمودياً ، من جيل إلى جيل ، وأفقياً بين البشر ، حيثما أمكن لهم ممارسة النشاط الاتصالي . ولقد قسمت النظرية المسماة نظرية الاتصالات Theory of Transition مراحل تطور النشاط الاتصالي ووسائل الاتصال إلى المراحل الآتية :

(1) **مرحلة الإشارات والعلامات :** وهي المرحلة البدائية التي تحتمل فيها هذه النظرية أن الإنسان تبادل مع الأفراد الآخرين الإيماءات والإشارات والأصوات البدائية ، كالصراخ والهمهمة والهمس ، وربما تقليد أصوات الحيوان والشجر والماء واستخدام الطبول ، للتعبير عما يجول في خواطرهم من فرح وحزن ، أو للتحذير من خطر داهم ، أو التعبير عما يمتلكونه من قوة في مواجهة الخصم . وهي وسائل تعكس محدودية القدرة على التفكير والتعبير ، وبدائيتها . ولم تكن هذه اللغة البدائية للتفاهم في بادئ الأمر ذات بنية متفق عليها . بمعنى أنها لم تكن مفهومة إلا من قبل أفراد المجموعة البشرية الصغيرة التي تعيش في مكان واحد محدد .

(2) **مرحلة ظهور اللغة :** يرى بعض العلماء أن هذه المرحلة تعود إلى حوالي 40 ألف سنة ، مع ظهور تجمعات بشرية أكثر عدداً في بلاد ما بين النهرين والأراضي المحيطة بها ، ابتدأت شيئاً فشيئاً باكتساب المهارات البدائية في الزراعة إلى

جانب الصيد . ثم مرت آلاف السنين قبل أن تظهر القرى المستقرة والزراعة الدائمة وتربية الحيوانات . وهكذا نجد أن البيئة الاتصالية ابتكرت أدوات أكثر تطوراً للتفاهم بين بني البشر، تتناسب مع طبيعة البيئة التي بدأ الإنسان بإعمال تفكيره ومهاراته لتطويرها والإفادة منها .

(3) **مرحلة الكتابة** : يعتقد المؤرخون أن أول ظهور للكتابة المعبرة عن أصوات محددة كان على يد السومريين قبل أكثر من 3500 سنة . وهو تطور توج سلسلة من المراحل ابتدأت بالكتابة التصويرية التي حفرها الإنسان القديم في الكهوف والمغارات ، و التي تقترب من صور الحيوان والإنسان والأشجار ، إلى الكتابة الرمزية بحروف بسيطة (الكتابة المسمارية) . وما تزال آثار العراقيين والمصريين القدماء تحتفظ بأشكال عديدة من هذه الكتابات . ثم الكتابة الألف بائية التي ظهرت في الألف الأول قبل الميلاد والتي استخدمت فيها الحروف للتعبير عن أصوات محددة متعارف عليها .

(4) **مرحلة الطباعة :** لقد ظهرت الكتابة المنسوخة باليد في أنحاء عديدة من العالم قبل ظهور الطباعة بقرون . وقد أشر ظهورها إمكانية هائلة في إنتاج عدد كبير من الكتب والصحف في شكل واحد على الورق بدل الرق ، وتسهيل انتشارها بشكل واسع وأقل ثمناً . وبذلك بدأ عصر نشر المعرفة على نطاق واسع ، بعد أن كان حكراً على من تتاح له فرصة اقتناء ما كتب باليد . ويلاحظ أن قدرة الإنسان على التفكير والتعبير عما يجول في فكره ودواخله كانت تتطور مع تتابع هذه المراحل ، وكذلك قدرة المجتمع على الإفادة من البيئة الاتصالية وأدواتها بشكل مطرد .

(5) **مرحلة الاتصال الآني** : في القرن التاسع عشر كانت الثورة الصناعية قد حققت في أوربا منجزات عديدة ، ألقت بظلالها على طبيعة الحياة الاجتماعية وأدوار الأفراد ومهنهم وتطلعاتهم . وفرضت في المقابل مشكلات جديدة أصبح معها تبادل المعلومات أمراً ضرورياً لضمان سرعة التعامل التجاري ، والتنافس في

البحث عن أسواق جديدة واسعة . وكان الكثير من المخترعات والاكتشافات قد مهد الطريق لذلك بعد اختراع الكهرباء والقاطرة التجارية ، كالموجات الكهرومغناطيسية (1824) والتلغراف (1837) ثم التلفون (1876) والفوتوغراف (1877) والسينما (1895) ، فانفتحت الطريق لاختراع اللاسلكي من قبل العالم الإيطالي ماركو ني (1896) الذي مهد بدوره لاختراع الإذاعة الصوتية التي استخدمت في نهاية الحرب العالمية الأولى .

بعد ذلك ظهر التلفزيون بعد جهود حثيثة مطلع الأربعينيات من القرن العشرين واستمرت أكثر من عشرين عاماً للجمع بين الصوت والصورة المنقولين إلكترونياً عن طريق الشبكات السلكية واللاسلكية إلى مسافات بعيدة ، لتضع الأسس المتينة للاتصال الإلكتروني ، الذي أحدث دوياً هائلاً في البنية الاتصالية ، كما سنرى لاحقاً . ذلك أن البث الإذاعي و التلفزيوني العابر للحدود الإقليمية والقارات قد فتح أجواء الأثير لتبادل الرسائل الصوتية والصورية الآنية ، وغيرها من الأفكار والمشاعر والخبرات بشكل لم يسبق له مثيل ، راسماً خارطة للوعي الإنساني وتطبيقاته المتعددة أكثر تعقيداً وتشعباً وتأثيراً .

(6) **مرحلة الاتصال التفاعلي عن بعد :** إن القفزة الحقيقة لوسائل الاتصال والتي تجاوزت كل ما تحقق في ميدان الاتصال عبر التاريخ البشري ، هي اختراع الكومبيوتر ، وتسخير تقنية الأقمار الصناعية بما تتيحه من إمكانية النقل الآني عبر القارات في تطبيقاته ، وبما يسهل خزن المعلومات ومعالجتها وتداولها بطريقة تفاعلية و بسعات كبيرة جداً وتنوع هائل ، وبصورة يمكن اكتساب مهاراتها على المستوى الشعبي العام .

لقد ابتدأت هذه المرحلة في النصف الثاني من القرن الماضي .وسنأتي على ذكر تفاصيل التطور الذي حصل في هذه المرحلة لاحقاً عندما نتناول مراحل تطور الحاسوب وأجياله.

عناصر عملية الاتصال :

تعد عناصر الاتصال التقليدية : المرسل و الرسالة و الوسيلة والمرسل إليه (المتلقي) هي العناصر الأساسية التي لا يمكن أن تتم عملية الاتصال بدونها . وقد حددت معها عناصر أخرى أضيفت إليها لاحقا في الأدب النظري ، كما سيتبين من خلال عرض نماذج الاتصال ، كالتغذية الراجعة (رجع الصدى) و بيئة الاتصال ، التي تضم العوامل الخارجية المؤثرة في عملية الاتصال بوصفها معوقات أو معرقلات لعملية الاتصال ، و التي تسمى كذلك (عوامل التشويش) . وسنعرض لكل من هذه العناصر مبينين صلة كل منها بالآخر :

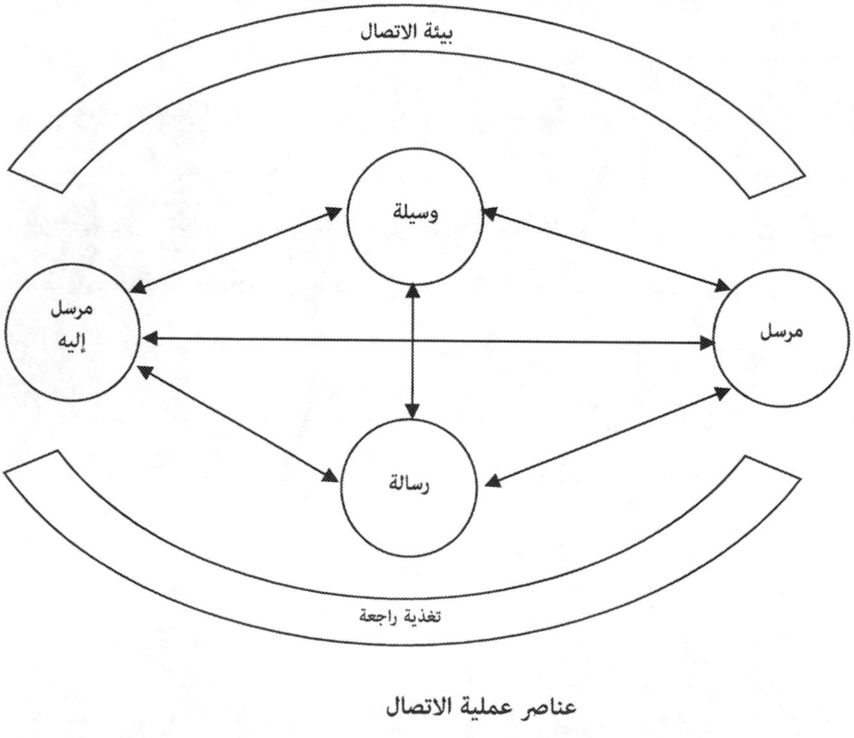

عناصر عملية الاتصال

المرسل : هو مصدر الرسالة الذي خطط لها ووضع أهدافها بطريقة عرض محددة ، عبر وسيلة اختارها بنفسه بما يضمن الأهداف التي خطط لها في ظرف معين وزمن معين، لمتلق أو جمهور معين من المتلقين . إن هذا التعريف أو التوصيف لماهية وظيفة المرسل تضعنا أمام أمرين :

الأول : أن المرسل يعمل ضمن نظام اتصالي مترابط الأجزاء معلوم الأهداف وله مدخلا ته ومخرجاته . ولا يمكن له القيام بوظيفته دون أن يحدد ما يريده من عملية الاتصال بدقة ، ويدرك خصائص الجمهور الذي ينوي الاتصال به ، ويحدد الوسيلة التي سيستخدمها في إيصال رسائله .

الثاني : أن وظائف المرسل طبقاً لهذا الوصف قد لا تجتمع في شخص واحد ، بل هي في الغالب ليست كذلك . ويمكننا أن نتصور مثلاً أن هناك سلسلة من الأفراد والمؤسسات تقف وراء مقدم البرنامج الإذاعي أو التلفزيوني أو الصحفي في أية محطة أو صحيفة . إن المعد لابد أن يستجيب لأهداف القسم المختص في المحطة التي يتبعها ، وهذا القسم ينفذ خطة محددة الأهداف وضعتها المحطة لنفسها طبقاً لأهداف المؤسسة الأوسع التي تتبعها ، وزارة كانت أم شركة أم غير ذلك ، وهكذا وصولاً إلى الأهداف الاجتماعية المستندة إلى الفلسفة الاجتماعية السائدة . ورغم أن صرامة هذا الالتزام بين حلقات الأهداف المتسلسلة متباينة من مجتمع لآخر ، بمقدار ما يحكم العلاقة بين هذه الحلقات من مركزية أو لا مركزية ، فإن أهداف القسم أو المحطة أو ما هو أعلى منهما في سلم المسؤوليات لابد أن تشكل مرجعيات أساسية تلتقي عندها كل الاجتهادات في التطبيق . وعلى هذا الأساس يصعب تحديد من هو المرسل الحقيقي الذي يقف وراء رسالة برنامج ما أو حديث ما أو حتى أغنية أو فلم ما تقدمه أية محطة تلفزيونية .

وهكذا الأمر بالنسبة لمهمة المرسل في الموقف التعليمي التعلمي وهو المعلم . فهو يمثل في واقع الأمر الحلقة الأخيرة من سلسلة مرسلين تعاقبوا في عملية إيصال محتوى تعليمي ما لتحقيق أهداف تعليمية مقصودة ، ليس من قبل المعلم حسب وإنما من قبل

هذه السلسلة من المرسلين . على أن الدور الذي يقوم به المعلم هو المعول عليه في نهاية الأمر . إنه يشبه إلى حد كبير دور اللاعب الأخير الذي يسجل هدفاً في مرمى الفريق المقابل ، فهو الذي يحقق هذا الانجاز بمهارته وذكائه وخبرته ، لكنه إنما يقوم بذلك تتويجاً لسلسلة خطوات مهدت له الطريق وأوصلت له الكرة ليكون في الحال التي يستطيع بها تسجيل الهدف الذي سعى إليه الفريق كله .

ومن هنا فإن المرسل (المعلم) الذي يستخدم الحاسوب في عملية التعليم والتعلم ، لابد أن يحسن أداء وظيفته هذه طبقاً للأدوار التي تحدثنا عنها ، بحيث يستطيع تكييف المحتوى التعليمي طبقاً للأهداف المطلوب تحقيقها ، وبما يتلاءم مع خصائص الطالب وبيئته وإمكانات الوسيلة التي يستخدمها وهي الحاسوب ، وأن يكمل هذا الدور التخطيطي والتنفيذي بمتابعة تقويم الموقف التعليمي التعلمي بجميع أجزائه (التغذية الراجعة) كي يطور من أدواته وطرائق عرضه ، بما يرتقي بهذا الأداء وبمستوى المخرجات .

الرسالة : ونعني بها جملة ما يحتويه الخطاب الذي يوجهه المرسل إلى المرسل إليه من أفكار ومعلومات ومعان ومشاعر وخبرات ومهارات ومواقف ، وهي مصاغة بلغة أو إيماءات أو رموز لفظية أو صورية ثابتة أو متحركة أو إشارات أو شفرات أو جميع ذلك، على وفق طريقة عرض مصممة بصورة تتناسب مع إمكانات المرسل وخصائص المستقبل ، وإمكانات الوسيلة التي نوصل الخطاب عن طريقها ، والبيئة التي تتم فيها عملية الاتصال والأهداف التي يريد المرسل تحقيقها . ومن نافل القول أن الرسالة ينبغي أن تكون واضحة ومتسلسلة وقابلة للإقناع ، وتحتوي على جملة من عناصر التشويق الكفيلة بإثارة اهتمام المتلقي وإدامة اهتمامه بما تتضمنه الرسالة ، وصولاً إلى تحقيق أهدافها . كما أن أية رسالة لا يمكن صياغتها في صورتها النهائية دون الإحاطة الدقيقة بخصائص الوسيلة التي تستخدمها في إيصالها . بمعنى أن الوسيلة التي تخاطب الأذن كالإذاعة مثلاً ، لابد أن تصاغ رسائلها بما يتناسب مع خصائصها والأهداف التي يمكن أن تحققها . وكذا الحال بالنسبة للوسيلة التي تخاطب العين كالصحافة

و الصور والنماذج وما إليها . أما التلفزيون والسينما والمسرح ، وهي وسائل يستند خطابها إلى الصوت والصورة معاً ، فان صياغة الرسائل المرسلة من خلالها تتطلب توظيف خصائص كل منها، وإلا كان استخدام هذه الوسائل ضرباً من الهدر في الوقت والمال ، ومن الأولى الانصراف لاستخدام وسائل أخرى أكثر ملاءمة. وهكذا فان من الضروري التأكيد هنا أنه ينبغي أن نعد رسائلنا التعليمية بعناية عند استخدام الحاسوب ، بوصفه الوسيلة الأكثر تعقيداً حتى الآن من بين وسائل الاتصال التعليمي، والتي يتيح استخدام الصوت والصورة واللون والحركة والتفاعل فيه بشكل يمكننا من توظيف جميع هذه الخصائص ورفع دافعية الطالب للمشاركة والتفاعل وتحقق التعلم المطلوب . وفي ذلك لابد من الأخذ بنظر الاعتبار العوامل الثلاثة الآتية لبناء مادة تعليمية أو درس أو برنامج تعليمي (رسالة) ، وهو ما يعرف في الأدب التربوي بتنظيم المحتوى التعليمي:

- **اللغة :** وهي الرموز اللفظية والصورية والشفرات والإشارات والإيماءات والتراكيب التي يستخدمها في صياغة المحتوى التعليمي وهي مفردات ينبغي اختيارها بعناية بعد تعرف الخبرات السابقة للطلبة من حيث لغة الخطاب الموجه إليهم بحيث تكون لغة الخطاب ورموزها وشفراتها وتراكيبها مما يستطيع الطلبة إدراكه والتفاعل معه . أي أن نخاطب الطلبة بلغة يفهمها طلبتنا ويفهمون أدواتها وتراكيبها .

- **المحتوى :** مجموعة الأفكار والحقائق والمشاعر والخبرات والمهارات التي نريد إيصالها إلى الطلبة أو جعلها موضوع الحوار والتفاعل معهم .

- **طريقة العرض :** وهو التسلسل أو الهرم التنظيمي الذي يجري الموجه عرض المحتوى بتسلسل معين باستخدام أدوات عرض وعناصر تشويق يؤدي كل منها دوره في الوقت المناسب لتحقيق هدف محدد . وللأغراض التعليمية نحدد الاستراتيجيات والطرائق هذا التسلسل كما يحصل في الاستقراء أو الاستنتاج أو حل المشكلات أو الوصف الذهني أو خرائط المفاهيم أو غيرها .

إن هذه النقاط أو الاعتبارات الثلاثة تمثل أساس علم تصميم التدريس الذي لابد من معرفة آليات اشتغاله إذا ما أردنا أن نصمم ونتبع مواد تعليمية محوسبة مبنية على أسس علمية صحيحة .

الوسيلة : إن اختيار الوسيلة المناسبة أمر مهم جداً في تحقيق الأهداف التي يهدف المرسل إلى تحقيقها . ذلك أن الوسائل تتباين في قدراتها على التوصيل ، وقدراتها على إثارة انتباه المتلقي ورفع دافعيته للمشاركة والتفاعل . كما تتباين الحواس الخمس التي يملكها المتلقي الطبيعي في قدرتها هي الأخرى على التقاط الرسائل . ناهيك عن تأثير عناصر عملية الاتصال في الوسيلة وتأثرها بها وتأثرها جميعاً بيئة الاتصال أيضاً . أما موضوع الحواس فستناوله في موضع آخر من هذا الفصل . أما الوسيلة نفسها فنقول أن قدراتها على إيصال الرسائل المعدة تكمن أولاً وقبل كل شيء في خصائصها .

<u>تصنيفات الوسائل التعليمية بوصفها وسائل اتصالية</u>

وما دمنا بصدد الوسيلة فقد صنفت الوسائل التعليمية بوصفها وسائل اتصالية بأشكال عديدة على النحو الآتي :

(1) **بحسب حجم الجمهور :**

أ) **ذاتي** : وهو الاتصال الذي يجري بين الفرد وذاته .

ب) **فردي** :الاتصال بشخص واحد بشكل مباشر أو غير مباشر .

ج) **جماعي** : اتصال مع مجموعة بشكل مباشر أو غير مباشر .

د) **جماهيري** : اتصال مع كتل بشرية كبيرة قد تكون متباينة الأمكنة .

(2) **بحسب طبيعة الاتصال :**

أ) **مباشر** : وهو الاتصال الذي يجري بين المرسل والمتلقي (فرد أو مجموعة أفراد أو جمهور كبير) مواجهة . كما يجري عند إلقاء خطبة أو محاضرة أو محاورة بينية .

ب) **وسطي أو مزدوج** : وهو الاتصال الذي يجري بين المرسل والمتلقي (فرد ، أو مجموعة أفراد أو جمهور كبير) بشكل غير مباشر، ولكن يمكن للمرسل المتابعة الآنية لرد فعل المتلقي ، كما يجري من اتصال بطريقة الهاتف أو الدائرة التلفزيونية المغلقة ، أو البريد الإلكتروني أو الحوار المطبوع المباشر chatting بالانترنت .

ج) **غير مباشر** : وهو اتصال يجري بين المرسل ومتلق (فرد أو جماعة أو جمهور كبير) دون أن يكون هناك قدرة آنية على التواصل ، كما يحدث مثلاً في اتصال الكاتب الصحفي بقرائه ، أو اتصال المعلم بطلبته عن طريق برمجية معدة سلفاً . أو مشاهدة برنامج تلفزيوني سبق تسجيله . ويمكن هنا إدراج عمليات الاتصال التي تجري بين المرسل وجمهور يتسلم رسائله بعد مئات السنين .

وبدمج التصنيفين يمكن أن نخرج بنماذج واسعة من إشكال الاتصال كما في الشكل أدناه :

الجمهور / **الاتصال**	**فردي**	**جماعي**	**جماهيري**
مباشر	الحوار الشخصي بين اثنين	مخاطبة مجموعة حاضرة	مخاطبة جمهور في ملعب كبير بشكل مباشر
مزدوج	الهاتف	حوار مع جمهور محدد عن طريق بث تلفزيوني حي	التعليم باستخدام الحاسوب مع فرصة للتفاعل عبر الانترنت
غير مباشر	الرسائل المكتوبة / البريد الإلكتروني	مخاطبة مجموعة محددة عن بعد كما في الدوائر التلفزيونية المغلقة	مخاطبة جمهور واسع عن بعد عن طريق التلفزيون

يلاحظ هنا أن الاتصال الذاتي يتمتع بخصوصية لا تتيح له التكيف للدمج بين التصنيفين . كما يلاحظ أن الواقع الفعلي لتطور وسائل الاتصال يجعل الحدود بين صيغ الاتصال هذه متداخلة الحدود في أحيان كثيرة يصعب معها الفرز بينها.

(3) **بحسب الحواس التي يجري عن طريقها الاتصال :**

أ) **سمعية** : كالمذياع و مسجل الصوت و الكرامافون و الهاتف .

ب) **بصرية** : كالصور الثابتة والمتحركة والسينما الصامتة.

ج) **سمعية بصرية** : كالتلفزيون والسينما الناطقة والحاسوب.

ويلاحظ هنا أن هذا التصنيف ، كما هو شائع ، يقتصر على حاستين هما السمع والبصر- مهملاً الحواس الثلاث الأخرى .

(4) **بحسب طبيعتها الإنتاجية :**

أ) **وسائل طبيعية** : وهي وسائل جاهزة لا تحتاج إلى النتاج أو تصنيع .وقد تكون من البيئة المحلية) كالنباتات والمواد الطبيعية وما إليها .

ب) **وسائل صناعية** : أي تلك التي جرى تصنيعها لأغراض تعليمية كالنماذج المصنعة والأدوات والأجهزة.

ج) **وسائل نصف مصنعة** :وهي تلك الوسائل التي جرت عليها عمليات تصنيع جزئية.

(5) **بحسب اعتمادها على الطاقة الكهربائية :**

أ) وسائل إلكترونية .

ب) وسائل غير إلكترونية .

(6) **بحسب طبيعتها المميزة :**

أ) نماذج طبيعية .

ب) خرائط .

ج) مصورات .

د) مطبوعات .

هـ) مجسمات .

(7) **بحسب طبيعة الخبرات المكتسبة :** ويوضح مخروط الخبرة الذي وضعه ادكار ديـل Edgar Dale مستويات هذه الخبرات والوسائل المناسبة لها، كما هو موضح في شكل المخروط أدناه :

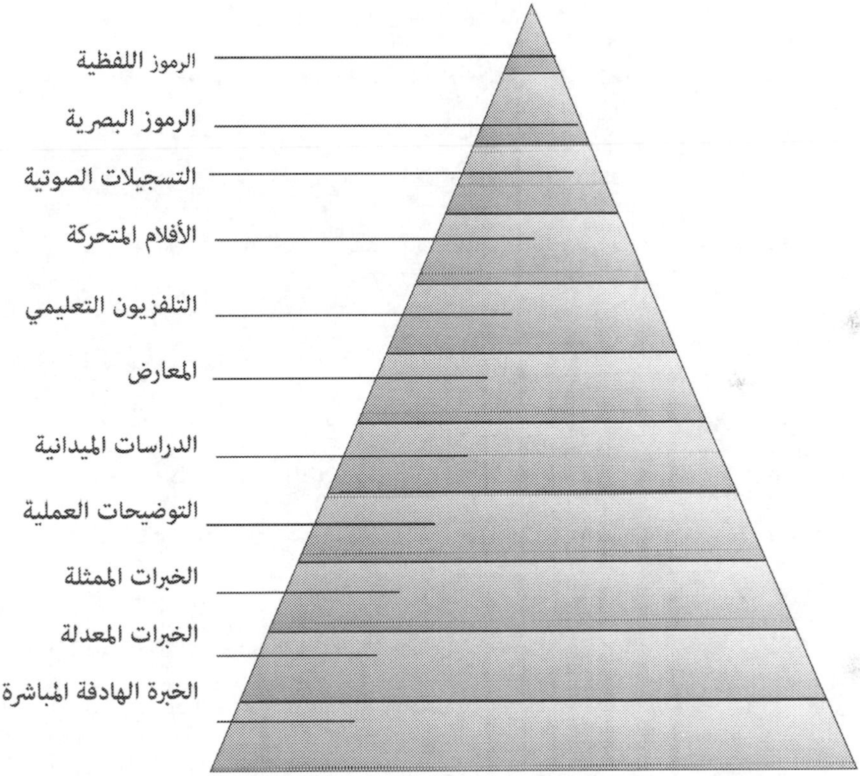

مخروط الخبرة لأدكار ديل

وهناك تصنيفات عديدة أخرى بحسب اجتهادات من تناول هذا الموضوع والغرض من التصنيف الموضوع . فهناك وسائل قديمة وحديثة ، ووسائل تقنية وغير

تقنية ، ووسائل تمثل أجهزة ومعدات ، وأخرى تمثل مستلزمات لعمل هذه الأجهزة ..الخ.

إن ما يهمنا هنا هو أن نميز الحاسوب باستخداماته المختلفة عن غيره من وسائل الاتصال ، وبخاصة في ميدان الاتصال التعليمي ، في أنه وسيلة اجتمعت فيها معظم خواص الوسائل الاتصالية الأخرى على اختلاف تصنيفاتها . وهو ما يجعلها ، في حال شيوعها في أي مجتمع ، وتغلبها من حيث سعة الاستخدام على وسائل الاتصال الجماهيرية الأخرى ، أخطر الوسائل الاتصالية على الإطلاق ، ذلك أن الحاسوب يجمع بين المباشر وغير المباشر في العملية الاتصالية ، وبين الذاتي والفردي والجماعي والجماهيري في آن . كما انه يجمع بين الصوت والصورة واللون والحركة ويضيف إليها بتفوق واضح على الوسائل الأخرى عنصر التفاعل.

4) **المرسل إليه (المتلقي) :** يقصد بالمتلقي الطرف المقصود بعملية الاتصال الذي تصل إليه رسائل القائم بالاتصال (المرسل) الذي يتوقع أن يتغير موقفة أو قناعته أو سلوكه نتيجة لتأثره بالرسالة أو مجموعة الرسائل التي يتعرض لها ، سواء بصيغة التلقي السلبي أو التلقي المتفاعل . وقد يكون المتلقي فرداً أو جماعة أو جمهوراً واسعاً في أكثر من مكان وأكثر من زمان . بل قد يكون المتلقي هو المرسل نفسه ، كما يحدث في عمليات الاتصال الذاتي . ويعد المتلقي مادة عملية الاتصال وهدفها ، وعلى دراسة خصائصه وخصائص بيئته تتوقف آلية عملية الاتصال اللاحقة برمتها. ولذلك يهتم القائم بالاتصال أيما اهتمام بصياغة رسالته بالصورة التي تثير اهتمام المتلقي ، وباختيار الوسيلة الملائمة لذلك .

5) **التغذية الراجعة(رجع الصدى)** : وهي ما يترشح من عملية الاتصال من ردود أفعال ظاهرة يمكن ملاحظتها وربما قياسها من قبل القائم بالاتصال (أو المراقب لعملية الاتصال) أو المتلقي نفسه . إن القول بنجاح عملية الاتصال أو فشلها مرهون بالقدرة على قياس ما يتحقق من تغذية راجعة . وبغير ذلك تبقى عملية الاتصال عائمة وينقصها التخطيط لمواصلة الاتصال وإدامة تأثيره . وهو ما سبق لنا الحديث عنه في

النقطة السابقة . بل أن قياس رجع الصدى يتوقف علية الإبقاء على القائم بالاتصال أو تغييره أو تطوير لغته وأدواته وطريقة الخطاب أو الوسيلة التي اعتمدها .

إن دراسة وقع الرسالة على المتلقي ومدى تفاعل المتلقي معها ورضاه عنها ، باتت من أهم شواغل القائم بالاتصال . ذلك أن تخطيط الرسائل اللاحقة ومدى نجاح التواصل مع المتلقي واستمرار التفاعل معه ، قائم على مثل هذا النوع من الدراسات التي تعرف اليوم بدراسات الجمهور ، أو دراسات الرأي العام ، التي يقاس فيها رجع الصدى الذي يزود القائم بالاتصال بالتغذية الراجعة .

وفي ميدان الاتصال التعليمي فإن عمليات التقويم المستمرة والنهائية ، (التقويم التكويني والتقويم النهائي) علاوة على التقويم القبلي ترتكز عليها بشكل كبير عملية تصميم التدريس ، والموقف التعليمي التعلمي بكامله . ويكون القول الفصل في ذلك لقياس مدى ما تحقق من الأهداف السلوكية التي وضعت ابتداءً ، أي مدى ما اكتسبه الطلبة من معارف وخبرات ومهارات واتجاهات ، نتيجة مرورهم بموقف تعليمي تعلمي محدد، والذي يعد موقفاً اتصالياً بامتياز !

6) **بيئة الاتصال :** تعد بيئة الاتصال المظلة التي يتم فيها النشاط الاتصالي . ونقصد ببيئة الاتصال آمرين :

أ) العوامل الخارجية المؤثرة في العملية الاتصالية كالواقع الاقتصادي والاجتماعي والأفكار والتصورات السائدة ، أو الضوضاء والمثيرات الجانبية التي تؤثر سلباً أو إيجاباً في تحقيق عملية الاتصال لأهدافها . بمعنى آخر هي جميع المؤثرات المحيطة بالموقف الاتصالي والتي تعرقل أو تشوش وصول الرسالة من المرسل إلى المتلقي ، أو تسهل وصولها على النحو الذي خططت من أجله .

وفي الموقف التعليمي التعلمي فان ذلك يشمل بيئة الصف والبيئة الخارجية التي تلقي بظلالها على الطالب أثناء التعلم ، فتزيد دافعيته للتعلم أو تسهم في تشتيت انتباهه وإعاقة تفاعله أو اكتسابه للخبرات التعليمية المطلوبة .

ب) العوامل الداخلية (الذاتية) التي تكمن في ذات المتلقي (أو الطالب) والتي ترتبط بشكل أو بآخر بالبيئة الخارجية وتمثل امتدادات لها في وعي الطالب ووضعه النفسي أثناء التعلم ، كالخوف أو القلق أو الشعور بالضيق أو عدم التركيز بسبب المرض مثلاً أو الانشغال بأمر خارج الموقف التعليمي التعلمي .

نماذج الاتصال :

يمكن تقسيم نماذج الاتصال إلى ثلاثة أنواع أساسية :

أولاً : نماذج خطية أحادية الاتجاه .وهي نماذج تصف عملية الاتصال بقدر تعلق الأمر بالمرسل ، أي عملية الاتصال التي تبدأ بالمرسل ناقلة رسالة إلى المتلقي باتجاه واحد. وهو ما يسميه بعض الباحثين في ميدان الاتصال بالنسخ النازل . وأهمها :

(1) **نموذج (أرسطو)** :

- الخطيب (المرسل)
- الخطبة (الرسالة)
- المستمع (المتلقي)

وقد حدد أرسطو عناصر عملية الاتصال هنا طبقاً لما تقتضيه الخطابة بوصفها الوسيلة الأساسية للاتصال في المدن الإغريقية آنذاك .

(2) **نموذج (هارولد لازويل)** : الذي يقترح خمسة أسئلة للتعبير عن الاتصال :

- من يقول ؟ (المرسل)
- ماذا يقول ؟ (الرسالة)
- بأية وسيلة يقول ؟ (الوسيلة)
- لمن يقول ؟ (المرسل إليه)-
- أي تأثير يقصد ؟ (الهدف)

(3) **نموذج (جورج جرينز) :**

يتضمن هذا النموذج عشرة عناصر لعملية الاتصال

- شخص
- يدرك حدثاً
- ويستجيب
- في موقف ما
- عبر وسائل
- ليصنع مواد مناسبة
- بشكل ما
- وسياق
- ينقل محتوى
- له نتائج

(4) **نموذج شانون و ويفر :**

- مصدر معلومات
- ينقل رسالة
- عبر جهاز إرسال
- يحمل إشارات (رموز)
- يحدث تشويش (التغيرات التي تطرأ على الرسالة في جهاز الإرسال وجهاز الاستقبال أو أي عائق يضعف وصول الرسالة من المرسل إلى المستقبل)
- جهاز استقبال يقلص الإشارات (الرموز)
- الهدف المقصود (المستقبل)

(5) **نموذج ديفيد برلو :**

ويتضمن أربعة عناصر:

- المصدر

- الرسالة
- الوسيلة
- المتلقي

ويحتوي هذا النموذج على عنصرين فرعيين هما :

- العنصر الأول : المرمّز Encoder الذي يصنع الرسالة في شكل رموز Codes مثل الجهاز الصوتي لدى الإنسان في حالة الاتصال الشفوي ، أو الآلة الميكانيكية أو الإلكترونية في حالة الاتصال المطبوع أو المسموع والمرئي .
- والعنصر الثاني : هو جهاز فك الشفرة Decoder الذي يقوم بفك رموز الرسالة ، مثل الأذن في حالة الاتصال الشفوي اللفظي ، أو العين في حالة الاتصال غير اللفظي .

ثانياً : نماذج تفاعلية (ثنائية الاتجاه)

هذه النماذج تنظر إلى عملية الاتصال على أنها عملية Process متصلة ومستمرة ومركبة من مجموعة عمليات تتفاعل في ظرف ديناميكي ليست له بداية أو نهاية . ومن هذه النماذج :

(1) **نموذج (روس)** : يعتمد هذا النموذج التفاعلي على ستة عناصر :

- المرسل
- الرسالة
- الوسيلة
- المتلقي
- رجع الصدى
- السياق

(2) **نموذج (ولبر شرام) :**

أكد ولبر شرام في نموذجه التفاعلي على أمر مهم هو الإطار الدلالي الذي يشترك فيه المرسل والمتلقي ، بمعنى الرموز والمعاني والدلالات والمرجعيات المشتركة التي تسهل تبادل الرسائل بينهما . ذلك أن الرسالة التي تنتقل من المرسل عبر رموز وشفرات معينة ، تحتاج إلى متلق قادر على فك هذه الرموز لتعرف المعنى . ولهذا ينبغي على المرسل أن يحسن اختيار لغة النص وتراكيبه بما يضمن وضوح الهدف والفكرة المراد إيصالها ، ويسهل على المتلقي التقاط الرسائل بصورة صحيحة . إذ ليس المهم هنا ما يقول المرسل ، بل الأهم هو ما يدركه المتلقي من ذلك ، وما سيترتب عليه من تصرف أو سلوك من جانب المتلقي . كما يؤكد على ضرورة الاهتمام برجع الصدى لمعرفة ما تم إيصاله إلى المتلقي ، وما تحقق من أهداف المرسل من إرسال رسالته . كما اهتم بمعالجة ما يمكن أن يؤديه التشويش من عرقلة لوصول الرسائل . وأشار إلى أنه يمكن التقليل من أثر التشويش إذا استطعنا تطوير عناصر التشويق المناسبة أو توفير رسائل يحرص المتلقي على تلقيها من حيث الموضوع وطريقة العرض . كما يمكن معالجة الأثر السلبي للتشويش الذي يحصل عند إيصال رسائلنا عبر الوسائل الالكترونية باستخدام التكرار لمساعدة المتلقي في إدراك المعاني بصورة أدق .

ثالثاً : نموذج الاتصال متعدد الاتجاهات (أو نموذج الانتقال) :

يلاحظ أن هناك نمطاً من النشاط الاتصالي يصعب فيه تحديد الأدوار بين المرسلين والمتلقين ، وتنشأ عنه رسائل متبادلة ومتقاطعة عديدة باتجاهات متعددة . بل قد تقطع رسالة من مرسل ما من هؤلاء برسالة أخرى من مرسل آخر تكملها أو تتعارض معها .. وتكون حاصل عملية الاتصال المعقدة والمركبة هذه مجموعة من المعاني والمشاعر والخبرات التي قد لا تكون مما استهدفه أي من المرسلين أو توقعه أي من المتلقين . ويمكننا أن نتصور ملعباً لكرة القدم يتبادل فيه الجمهور هتافاتهم ويتزامن مع صور ما يجري على أرض الملعب ، حتى إذا غادر الجميع الملعب كانوا محملين بجملة معانٍ وأحاسيس حملتها جملة من الرسائل المقصودة في بيئة اتصالية

يصعب التفريق فيها بين من كان مرسلا ومن كان مستقبلاً . ولذا فان ما يجري داخل ساحة المدرسة أو داخل الصف أثناء نشاط تعاوني صاخب ، أو مهرجان متعدد الأنشطة، هو من هذا القبيل . ويمكن أن نسمي هذا النمط من الاتصال اتصالاً متعدد الاتجاهات .

أنماط الاتصال من حيث طبيعتها :

بعد هذه المقدمة المختصرة عن نماذج الاتصال يمكن أن نلخص أهم الأنماط السائدة من حيث طبيعتها على النحو الآتي :

(1) **اتصال أحادي الاتجاه** One-Way-Communication: وهو اتصال تنتقل فيه الرسائل باتجاه واحد من المرسل إلى المتلقي بقصد التأثير فيه باتجاه معين . وهو بهذا المعنى لا يتضمن اهتماماً برد فعل المتلقي أو مدى رضاه . ولا يكترث بما يستجد لديه من أفكار أو أسئلة أو اعتراضات نتيجة عملية الاتصال .

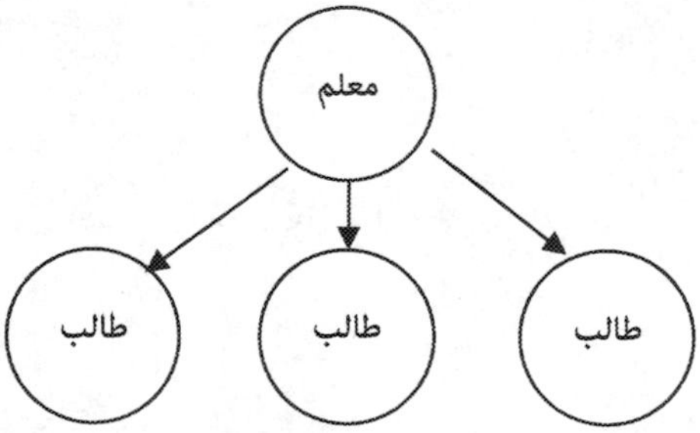

الاتصال باتجاه واحد One- Way- Communication

بمعنى آخر فإن هذا النمط من الاتصال غير معني برجع الصدى ، وقائم على تصور أن أهداف الاتصال متحققة بمجرد حصوله . وعند تطبيق هذا النمط الاتصالي في ميدان التعليم والتعلم نجد أنه ينطبق على طريقة المحاضرة التقليدية ، أو الدرس الإذاعي أو التلفزيوني الذي تنعدم فيها أدوار الطالب ، ويكون فيها المعلم المصدر الوحيد للمعرفة والخبرات التعليمية .

(2) **اتصال ثنائي الاتجاه** Two-Way-Communication وهو اتصال تنتقل فيه الرسائل بالاتجاهين ، من المرسل إلى المتلقي وقياسه ومعرفة ما تحقق نتيجة عملية الاتصال معه وتنظر إلى المتلقي بوصفه شريكاً يؤثر في موقف المرسل كما يؤثر في طبيعة الرسائل اللاحقة ومحتواها . وبذلك يقدم هذا النوع من الاتصال تغذية راجعة دائمة يحرص المرسل على تعديل مواقفه فيها وباستخدام أدواته بموجبها بما يحقق تفاعلاً مستمراً ومتصاعداً مع المتلقي الذي يمارس ما يسميه الباحثون في الاتصال (حق الاتصال) أي حق إبداء ردود الأفعال على ما يتلقاه المرسل من رسائل .

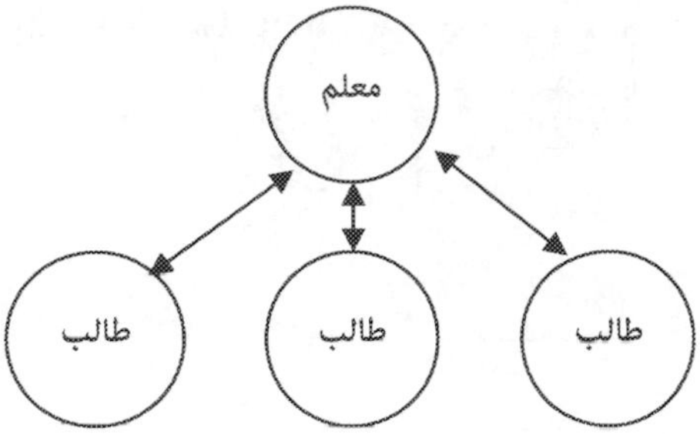

الاتصال باتجاهين Two- Way- Communication

وفي الميدان التعليمي التعلمي نجد أن التعلم التعاوني أو حل المشكلات وتعلم التفكير ألابتكاري والتعلم الذي يمارسه الطالب بالتفاعل مع الحاسوب هي بعض تطبيقات هذا النوع من الاتصال .

(3) **الاتصال متعدد الاتجاهات** Multi-Dimensional- Communication : وهو اتصال يجرى في بيئة اتصالية تتداخل فيها الرسائل ومصادرها ، ومقاصدها . وتتشابك أدوار المتلقين و المرسلين بحيث لا يعرف أيهم مصدر أية رسالة أو أيهم

المقصود بها كمتلق . كما أن الرسائل قد لا تكون مكتملة بذاتها، بمعنى أنها رسائل غالباً ما تقطع وتتشتت أو تكتمل بإضافات من أطراف أخرى بقصد أو بدون قصد بحكم طبيعة عملية الاتصال .

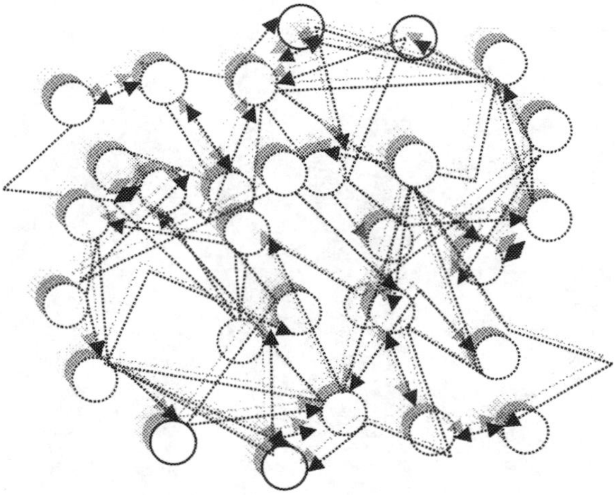

الاتصال متعدد الاتجاهات Multi-Dimensional Communication

وهذا ما تعكسه مواقف تعليمية تعلمية كالعصف الذهني ، أو المجموعات المتحاورة، والمهرجانات التي تقام في المدرسة ، وما تنطوي عليه من عمليات اتصال متعدد الاتجاهات بالوصف الذي ذكرناه .

(4) **الاتصال ذو الخطوتين** Two-Step-Communication : وهو اتصال لاحق يجري بين متلقٍ سبق له أن تسلم رسالة من مرسل ويقوم بدوره في نقلها إلى متلق آخر، فيتحول من متلقٍ للرسالة إلى مرسل لها . ومن المؤكد هنا أن الرسالة في هذه الحالة ستتعرض إلى شيء من التحوير أو التطوير أو التشويه أو النقص أو الإضافة ، بشكل مقصود أو غير مقصود . إذ أن المرسل الثاني حتى في حالة

رغبته في إيصال الرسالة كما هي ، فإن المتغير الشخصي للمرسل نفسه . والتباين بين مواصفاتهما وخصائصهما من حيث طريقة النقل والعرض ومستوى تقبل المتلقي الثاني لهذا المرسل ، تؤثر بشكل أو بآخر بمحتوى الرسالة النهائية وطبيعتها، ومستوى تلقيها من المتلقي النهائي . ويحدث هذا كثيراً عندما ينقل الطلبة لزملائهم ما دار في درس لم يحضروه مثلاً .. أو عندما يستعير الطلبة ملاحظات سبق لزملائهم أن دونوها أثناء الدرس .

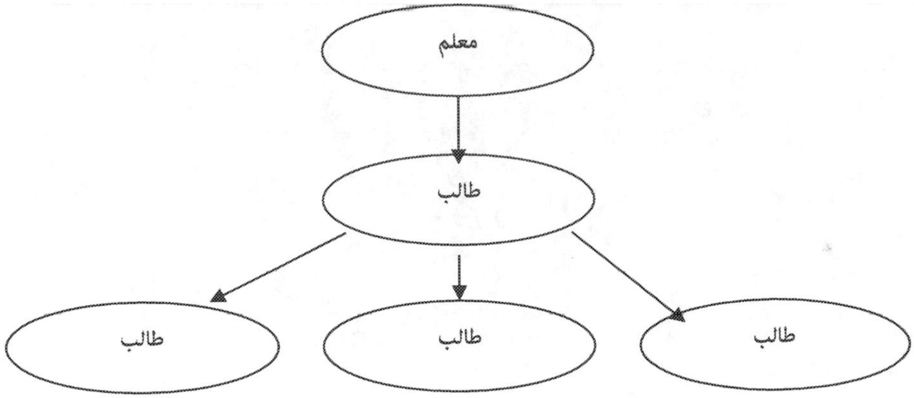

الاتصال ذو الخطوتين Two-Step Communication

(5) **اتصال شخص لشخص** Man- to- Man- Communication وهو اتصال يتحقق بتفاعل المتلقي مع متلقين آخرين تعرضوا لرسائل من مصدر واحد . كأن يقوم بالتحاور حول خطاب يلقيه مسؤول ما عليهم . وفي هذا الاتصال تكون المرجعية واحدة ، وهي التي يحتكم إليها عند التباين بالأداء أو الاختلاف في التفسيرات .

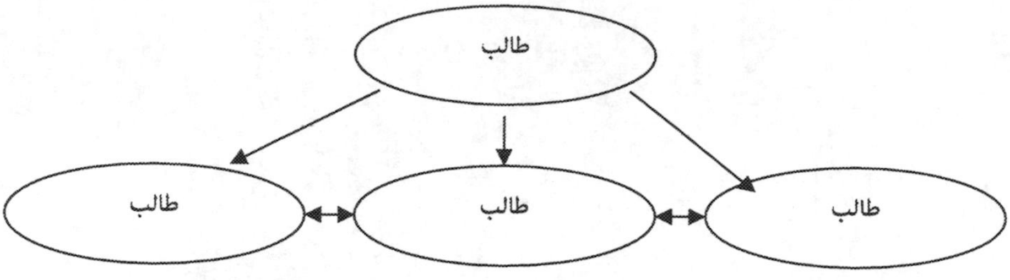

اتصال شخص لشخص Man-to-Man Communication

ومن تطبيقات هذا النمط من الاتصال المناقشات التي تجري بين الطلبة بعد عرض موضوع يقدمه المعلم في موقف تعليمي تعلمي مخطط ، أو مناقشات المجموعات التي تجري بعد عرض لموضوع الدرس . وكذلك تبادل الرسائل الالكترونية بين الطلبة لمراجعة موضوع ما كما يجري أيام الامتحانات مثلاً .

الاتصال والحواس :

تؤكد دراسات عديدة أن الحواس الخمس تتباين من حيث كمية أو حجم ما يصلنا عن طريقها من مدركات .

وتتميز حاسة البصر بفارق كبير عن الحواس الأخرى في حجم ما تلتقطه من تلك المدركات ، وتأتي بعدها حاسة السمع ثم اللمس ، فالتذوق والشم اللتين تتساويان في النسبة في معظم الدراسات . وبالرغم من اختلاف الدراسات في تحديد ما يصلنا عن طريق كل من هذه الحواس ، بسبب اختلاف عينات هذه الدراسات وطبيعة المدركات المفحوصة وظرفها ، إلا أنها تتفق على نفس تسلسل أهميتها في عملية التلقي بشكل عام ، مع تميز واضح لحاسة البصر ـ ثم السمع . وتجدر الإشارة هنا إلى أن ما

ذكرناه يشمل الأفراد الاعتياديين من غير فاقدي إحدى الحواس أو بطيئي التعلم ، إذ أن هؤلاء لا ينطبق عليهم ما سبق ذكره . كما أن الدراسات المشار إليها تشمل أرقاماً لأفراد من مجتمعات مختلفة وفي موضوعات مختلفة وليس لموضوع محدد أو شريحة محددة .

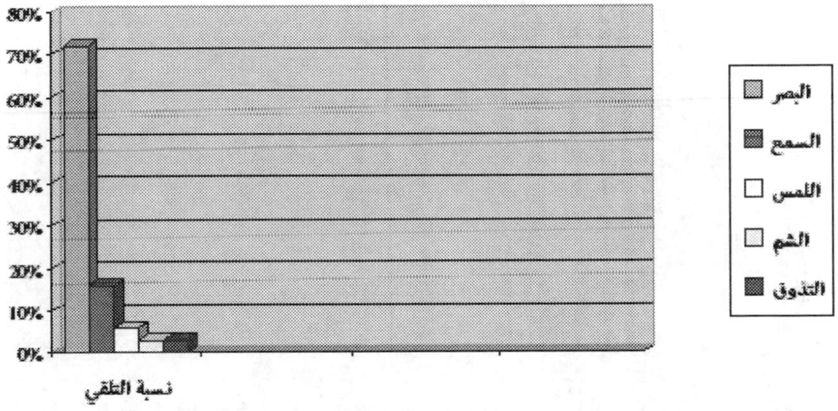

نسب التلقي عن طريق الحواس الخمس

كما تشير الأدبيات المتعلقة بهذا الموضوع إلى أمرين مهمين :

الأول : أن نسبة الاستيعاب ، أو التعلم ، ترتفع كلما استطعنا إيصال رسائلنا إلى المتلقي عن طريق حاستين فأكثر بشرط أن تخدم جميعاً الهدف نفسه .

الثاني : أن نسبة ما يتبقى في الذاكرة مما نتلقاه عن طريق هذه الحواس تكون أعلى كلما استخدمنا أكثر من حاسة في اتجاه واحد في عملية التلقي .

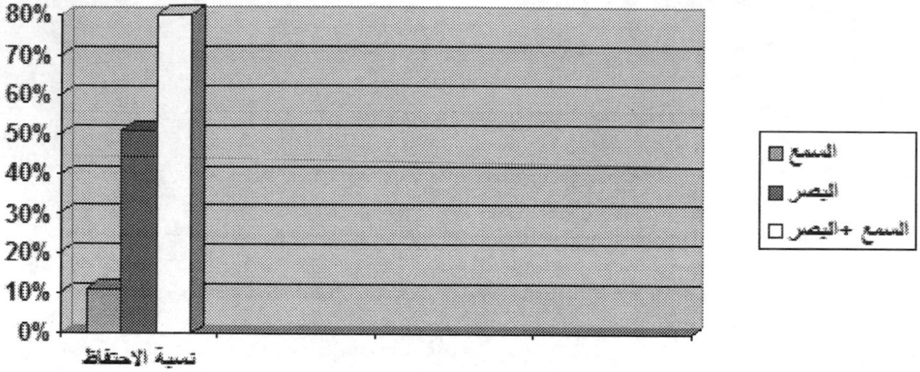

نسبة ما تحتفظ به الذاكرة من عملية التعلم

أن هذه الحقائق تضعنا أمام ضرورة قراءة خططنا الدراسية ومناهجنا وطرائق التدريس والنماذج التصميمية المعتمدة للتدريس في مختلف مراحل السلم الدراسي في بلداننا ، والتي عولت كثيرا على المشافهة والحفظ والاستذكار دون الاهتمام برفد أو تحويل الخطاب السمعي إلى خطاب مرئي قدر الإمكان ، والمزاوجة بينهما بما يخدم تحقيق الأهداف التعليمية الموضوعة . وبقدر تعلق الأمر بموضوع هذا الكتاب فإن الحاسوب قد استطاع استيعاب هذه الحقائق كما سنجد عند الحديث عن خصائصه الاتصالية والتعليمية في أكثر من موضع من هذا الكتاب.

البيئة الاتصالية قبل ظهور الحاسوب

لا تقتصر البيئة الاتصالية على استخدام وسائل الاتصال الجماهيرية ، إنما تشمل جميع أنواع النشاط الاتصالي داخل وخارج الصف الدراسي ، والوسائل المستخدمة لتسهيل هذا الاتصال مهما كان نوعها . سنركز هنا على وسائل الاتصال

الجماهيرية لأنها تعد من طبيعة الحاسوب من حيث الخصائص والقدرة على مخاطبة جمهور واسع عن بعد .

*** الصحافة**

على الرغم من أن ظهور الصحافة المطبوعة في النصف الثاني من القرن السابع عشر شكل حدثاً مهماً في تاريخ الاتصال الجماهيري ، غير أن العقود المتأخرة من القرن التاسع عشر وظهور بدايات السينما لم يسجل أن استخدمت الصحافة المطبوعة وسيلة تعليمية جماهيرية إلا في حدود ضيقة جداً ، واقتصرت على تخصيص صفحات أو ملاحق لبعض الصحف لأغراض تربوية عامة أو إثرائية أو ترفيهية استخدمت بشكل خاص للأطفال . ويعود ذلك لأسباب كثيرة لا مجال للخوض فيها في هذا المقام .

*** السينما**

عندما ظهرت السينما ، أصبح بمقدور الإنسان لأول مرة مشاهدة صور ثابتة تعرض بسرعة تفوق سرعة الحركة الطبيعية لتنشأ عنها حركات قابلة للتفسير، ثم صور متحركة باللونين الأبيض والأسود ، ثم صور مصحوبة بالصوت ، ثم صور ملونة مصحوبة بالصوت تعرض بسرعة 24 صورة (Frame) في الثانية ، وهي سرعة تعادل سرعة الحركة الطبيعية .

لقد استخدمت السينما لأغراض تعليمية عديدة ، فقد أمكن استخدام السينما التسجيلية لتوثيق المواقع التاريخية والتجارب التعليمية ، وإعادة تنظيمها وعرضها كخبرة ممثلة أو شبة مباشرة ، لتحقيق أهداف تعليمية محددة ، أو لتحقيق أهداف إثرائية توسع معارف الطالب وخبراته . هذا علاوة على استخدام السينما التقليدي وسيطا لعرض الأعمال الدرامية التي تستقي مادتها من النتاج الأدبي ، ووضعها في قوالب صارت لها قواعدها ونظرياتها المميزة ، ذلك أن الفن السينمائي فنٌ مستقلٌ قائم بذاته يعرف باسم الفن السابع . وتتطلب البيئة الاتصالية السينمائية في التعليم قاعة عرض مظلمة يتوفر فيها الهدوء . وتساعد سعة حجم شاشة العرض على

إضفاء قدر كبير من الواقعية والتشويق ، ويؤخذ عليها في المقابل أن الطلبة يمارسون نوعاً من التلقي السلبي غير القادر على التحكم بالمادة المعروضة أو التفاعل التشاركي معها ، أو حتى إيقافها أو إعادة النظر فيها في وقت آخر . كما أن دور المعلم يكون غائباً طيلة العرض . غير أنها تقدمت على الصحافة في قدرتها على عرض صورة ناطقة ومتحركة وملونة (بعد عقود من ظهورها) دون الحاجة إلى معرفة المتعلم القراءة والكتابة .

*** الإذاعة**

في بدايات القرن العشرين ظهرت الإذاعة ، وأمكن لأول مرة في تاريخ الإنسان إسماع صوته على بعد مسافات بعيدة ، وعلى امتداد رقعة واسعة ، بحسب طبيعة الموجات المستخدمة الطويلة والقصيرة والمتوسطة . وانضمت الإذاعة إلى وسيلة السينما في قدرتها على مخاطبة غير المتعلمين . ورغم أن الإذاعة تخاطب حاسة السمع فقط ، وهو ما يضيق نطاق الاستفادة منها في الأغراض التعليمية ، ويحد من قدرتها على تحقيق العديد من الأهداف التعليمية التعلمية ، إلا أنها تفوقت على السينما بوصفها وسيلة تعليمية في أنها تتكيف لمستخدميها من حيث المكان والزمان وبيئة التلقي والتحكم بارتفاع الصوت ونقائه ، علاوة على القدرة على التنقل بين المحطات الإذاعية، مما يوفر إمكانية تحكم أعلى باتجاه الإفادة مما يتوفر في هذه المحطات بوصفها مصادر تعلم متعددة ومتنوعة . هذا فضلا عما تتمتع به الإذاعة من قدرة على العرض الآني للأحداث والخبرات التي تزيد من واقعيتها وإثارتها . كما أن رخص أجهزة الراديو المطرد وتنوع حجمها جعلها وسيلة مرنة التكييف لحاجات المستخدمين من المعلمين والطلبة . فبدلاً من أن تكون بيئة المتعلم مفروضة على الطالب والمعلم ، كما هو الحال عند استخدام السينما من حيث الزمان والمكان وبيئة التلقي ، صارت بيئة المتعلم باستخدام الإذاعة أكثر مرونة واستجابة لحاجاته..

لكن قدرة التحكم ظلت في الوسيلتين محدودة إلى حد كبير فالطالب محدود القدرة على التحكم في إيقاف أو إعادة ما تعرضه الوسيلة ، مما يضعف

التفاعل معها، ويفرض عليه حالة التلقي السلبي . ولا شك أن ذلك يضعف في النهاية مخرجات عملية التعليم والتعلم من حيث كم الخبرات المكتسبة من قبل الطالب ونوعها ، ومقدار ما يترسخ منها في ذاكرته .ولمعالجة هذه الظاهرة فقد أسس ما يسمى "نوادي المستمعين" التي أسهمت في نشر التعليم وبخاصة تعليم الكبار في أكثر من دولة من دول العالم .

*** التلفزيون**

بعد الحرب العالمية الثانية ظهر التلفزيون كمنافس مقتدر لكل من الصحافة و السينما والإذاعة . ذلك أن التلفزيون جمع بين الصوت والصورة والحركة ، ثم أضاف إليها اللون ، مثله كمثل السينما ، لكنه أوجد بيئة مختلفة من حيث التلقي عن السينما ، في أنه أوسع انتشارا ، مما يتيح فرصا أكبر للتعليم الجماهيري ، من خلال توجيه خطابه عن بعد في بيئة مضاءة تتكيف لظرف المتلقي (الطالب) . وقد نتج عن ذلك تأسيس محطات تلفزيونية تعليمية Educational Television (ETV) تبث لشبكة واسعة من المدارس ، أو بث حي Life Broadcasting إلى قناة عامة لمن يرغب متابعتها من المشاهدين والمتعلمين . كما نشأت قنوات للبث المغلق Closed Circuit Television (CCTV) داخل عدد من الجامعات والمعاهد والمدارس في دول عديدة ، ونوادي للمشاهدين على غرار نوادي المستمعين . لقد حقق ذلك جملة من الأهداف التعليمية كان من شأنها معالجة النقص الحاد في أعداد المعلمين في كثير من البلدان .

على أن التطورات التي أشرنا إليها بظهور وسائل الاتصال التعليمية الجماهيرية، وانتقال الوسائل التعليمية بظهور هذه الوسائل من مخاطبة جمهور المتلقين بشكل مباشر وبأعداد محدودة داخل صفوف الدراسة أو خارجها إلى مخاطبتهم عن بعد وبأعداد كبيرة ، تعد تحولات درجية في إمكانات المؤسسة التعليمية في سبيل نشر رسالتها ، وتمكنها من توفير فرص تعليمية واسعة في مواجهة التفجر السكاني المطرد ، وتوفير الخبرة التعليمية لأوساط واسعة تتجاوز حدود إمكانات المدرسة التقليدية ، وبصورة فتحت المجال واسعاً لنشر التعليم شبه الرسمي وتنويعه ، وتعليم

الكبار وبخاصة في حملات محو الأمية . وقد دللت على ذلك تجارب دول عديدة سجلت إنجازات مهمة في هذا المضمار .

وبالرغم من أن جميع التطورات التي حصلت في ميدان استخدام وسائل الاتصال الجماهيرية في ميدان التعليم والتعلم قد أسهمت في تمهيد الطريق أمام الحاسوب لكي يكون كما هو عليه اليوم ، بيد أن ظهور الحاسوب لم يكن تطورا درجياً فحسب ، بل كان تحولاً نوعياً مهماً فاق كل ما استطاعت الوسائل الأخرى تحقيقه على صعيد دعم العملية التعليمية التعلمية وتوفير مستلزمات نجاحها ، كما سنرى لاحقا.

الحاسوب بوصفه وسيلة اتصال تعليمية :

لكي نحكم على أية وسيلة اتصال تعليمية لابد من توفر جملة من المعايير في الوسيلة التي نختارها نجمل أهمها بالآتي :

- كفاءتها في تحقيق الأهداف التي تستخدم من أجل تحقيقها .
- قدرتها في إيصال الرسالة بشكل واضح .
- سهولة استخدامها .
- توفرها على عناصر التشويق المتسلسل والمتصاعد بأشكال متعددة .
- مخاطبتها لأكثر من حاسة في وقت واحد للغرض نفسه .
- قدرتها على عرض المعلومات أو الخبرة بأشكال متنوعة .
- توفير الفرصة للطالب لتأمين مبدأ مشاركته الفاعلة في التعلم .
- إمكانيتها في إعطاء التغذية الراجعة للطالب بشكل فوري قدر الإمكان .
- توفيرها الفرصة لتحكم الطالب في عملها ووقت استخدامها .
- استجابتها للفروق الفردية بين المتعلمين .
- قدرتها على تحويل المجرد إلى محسوس .
- استيعابها للنشاط الفردي والذاتي والتعاوني للطالب .

- جماليتها وقدرتها على العرض المثير .
- حداثتها ومواكبتها لروح العصر .
- قدرتها على جعل التعلم عملية ممتعة للطالب .
- إمكانية استخدامها بشكل متكرر بما يبرر كلفتها الاقتصادية .

إن من الواضح أن الحاسوب يتوفر على جميع هذه المعايير دون استثناء . بل إنه يتفوق على جميع الوسائل الأخرى في أنه وسيلة اتصال تسهل تداول المعلومات عن قرب . وعن بعد ، وعلى المستوى الفردي والجماعي في آن ، كما أنها تؤمن أكبر مخزون معلوماتي عرفته أوعية المعلومات في التاريخ البشري بما يسهل العديد من عمليات البحث والتعلم ، كما سنرى ذلك في مواضع أخرى من الكتاب .

الاتصال ونظريات التعليم والتعلم:

إن تطبيق نظرية الاتصال في المواقف التعليمية التعلمية لا يمكن أن يتم بمعزل عن ما أظهرته لنا نتائج البحث العلمي في الميادين المجاورة كعلم الاجتماع ، وعلم النفس والعلوم التطبيقية ، وكذلك التطورات الحاصلة في ميدان الفنون ، وبخاصة عند التفكير في الوسائل التعليمية ، وتوظيف عناصر التشويق فيها وكيفية حصول الإدراك ، وتأثيرات بيئة المواقف التعليمية التعلمية في ذلك . غير أن أهم ما ينبغي أن يشار إليه في هذا المقام هو نظريات التعليم والتعلم ، وكيفية مزاوجة نظرية الاتصال مع هذه النظريات في إطار بناء مواقف تعليمية تعلمية ناجحة قادرة على إكساب الطلبة السلوك المرغوب فيه . ونركز هنا على أهم هذه النظريات :

*** النظرية السلوكية Behavior Theory :**

ترى هذه النظرية أن التعلم يحصل نتيجة تعريض المتعلم إلى مثير (Stimulus) يستدعي استجابة (Response) من طرف المتعلم . وأن هذه الاستجابة يعقبها تعزيز إيجابي يشجع المتعلم على مواصلة عملية التعلم ، أو تعزيز سلبي يساعد المتعلم في تعديل استجابته وتصحيحها .

وبالرغم من أن هذه النظرية أكدت على دور المعلم في إحداث المثير ، وتلقي الاستجابة وتقويمها ، وتقديم التعزيز المناسب بعد ذلك ، إلا أنها تحث على مشاركة المتعلم في عملية التعلم ، وأن يكون له دور إيجابي فيها . كما تؤكد على ضرورة التكرار، وبخاصة في تعلم المهارات ، وتفعيل دور التعزيز بوصفه حافزاً لمواصلة التعلم وتصحيح مساره ، من خلال إشعار الطالب بالرضا عن أدائه ، سواء من خلال رد فعل المعلم على استجابته أو من خلال شعوره بالرضا الداخلي والإحساس بالنجاح في ما قام به . ومن أبرز علماء النظرية السلوكية : سكنر (Skinner) و جلبرت (Gilbert) و جروبر (Groper) و جانيه (Gagne) و بافلوف (Pavlov) و ماركل تاي مان (Markel Tie Mann) و كلاوسمير (Klaus Meier) و هورن (Horn) .

وواضح أن نظرية الاتصال ونماذجها التي تؤكد ضرورة التفاعل بين المرسل والمستقبل تتفق مع النظرية السلوكية في تفعيل دور المتلقي (المتعلم) لضمان التعلم الفعال . كما أن تأكيد النظرية السلوكية على دور المثير يتوافق مع نظرية الاتصال في ضرورة توفير عناصر التشويق اللازمة لإثارة انتباه المتلقي (المتعلم) ، وتنويع هذه العناصر لإدامة التواصل مع المتعلم ، ورفع دافعيته بشكل مستمر .

*** النظرية المعرفية Cognitive Theory**

اتجهت النظرية المعرفية إلى دراسة العمليات العقلية التي تجري داخل المتعلم، استناداً إلى إيمانها بأن التعلم إنما هو حاصل جملة من العمليات العقلية المتعاقبة التي تؤدي في النهاية إلى حصول الإدراك وتغيير السلوك ، وأن المحتوى التعليمي ينبغي أن ينظم بما ينسجم مع تسلسل هذه العمليات في بنية هرمية ترتبط بطبيعة الإدراك نفسه ، وما يتطلبه في كل مرحلة من مراحله . وأكدت على أن التعلم ينبغي أن يكون ناتجاً عن الفهم وليس الحفظ ، وأن ذلك يتطلب تأسيس الخبرات الجديدة على الخبرات السابقة للمتعلم ، وأن ذلك إنما يتم بتوسيع دور المتعلم في عملية التعلم ، وأن يكون دور المعلم توجيهياً . كما أكدت النظرية على ضرورة مراعاة اختلاف المتعلمين في قدراتهم الفعلية وطرائق تفكيرهم ومهاراتهم . وأكدت أهمية حصول المتعلم على

التغذية الراجعة بخصوص ما تعلمه ، ومدى ما هو مطلوب لتحقيق الأهداف المطلوبة منه تحقيقها .

ومن أبرز علماء النظرية المعرفية :

بياجيه (Paige) و برونر (Bruner) و أوزوبل (Ausubel) و سكندورا (Scandora) و نورمان (Norman) و أندرسون (Anderson) و (Rigney) .

*** النظرية البنائية Constructional Theory**

تؤكد هذه النظرية على أن هناك تكاملاً وترابطاً في عمليات التعلم، وعلى أن عناصر عملية التعلم تتشابك في تفاعلاتها، وأن التعلم ليس عملية فردية تتعلق بالمتعلم بمفرده، دون أن يكون المتعلم متفاعلاً مع معلمه وزملائه، ذلك أن عملية التعلم هي مركب معقد ينتج عن شبكة من العلاقات والتفاعلات لعناصر عدة في العملية التعليمية. وهنا يكون الطالب متحملاً لمسؤولية التعلم، باحثاً عن الحقيقة، متفاعلاً مع زملائه ومعلمه وعناصر البيئة التعليمية الاخرى باتجاه بناء الحصيلة المعرفية. وبقدر تعلق الأمر بعملية الاتصال فإن تعدد الوسائل المستخدمة في الموقف التعليمي التعلمي وتفاعل تأثيراتها شكلاً ومضموناً يشكل دعامة أساسية في نظر أصحاب النظرية البنائية لتحقيق التعلم الفعال.

وهنا تبرز أهمية ما دعت إليه نظرية الاتصال من ضرورة الاهتمام ببناء الرسالة، وكذلك بطرائق تقديمها بما يتلاءم وطبيعة المتلقي والفرو قات الفردية بين المتلقين ، والاهتمام برجع الصدى ، والتفاعل مع الجمهور ، بما يضمن تحقيق أهداف القائم بالاتصال (المعلم) .

الفصل الثالث

تطور الحاسوب

- مقدمة
- التسمية
- مراحل التطور
  - الجيل الأول : 1950- 1958
  - الجيل الثاني : 1959- 1964
  - الجيل الثالث : 1965 - 1971
  - الجيل الرابع : 1972 - إلى بدايات الثمانينات
  - الجيل الخامس : من بداية الثمانينات حتى الوقت الحاضر
- مؤشرات التطور التاريخي للحاسوب
- تطور استخدام الحاسوب في التعليم والتعلم
- أنواع الحواسيب
- نظام الحاسوب
- مكونات الحاسوب
  - المكونات المادية
  - البرمجيات
- أنواع البرمجيات
  - برمجيات النظام
  - البرمجيات التطبيقية
  - البرمجيات المنتجة
- ذاكرة الحاسوب
- أهمية الثقافة الحاسوبية للمعلم و المتعلم

الفصل الثالث

تطور الحاسوب

مقدمة

إن دراسة تاريخ تطور الحاسوب ، من حيث كونه منظومة عمل أو جهازا تقنيا استخدم في ميادين متعددة ، ومنها ميدان التعليم والتعلم ، يمكن أن تعطينا صورة عن أجيال الحاسوب أو المراحل التي مر بها الحاسوب والتحولات التي شهدتها استخداماته، والملامح التي يكشفها هذا التطور واتجاهاته المستقبلية . وهو ما سنحاول الإحاطة به بشكل موجز في هذا الفصل . علاوة على ذلك سيعرض هذا الفصل لأهم أجزاء الحاسوب ووظائفها الأساسية ، التي توضح كيفية اشتغال هذه المنظومة وخصائص أجزائها وإمكانات الإفادة منها .

التسمية :

كلمة "كومبيوتر" التي ترجمت إلى الحاسوب والحاسبة في العربية ، هي اللفظ الإنكليزي المشتق من الفعل compute ، ومعناه يحسب أو يعد . ومنه اسم الفاعل computer حاسب أو عداد . ويبدو أن اعتماد هذه التسمية ابتداء كان بسبب طبيعة عمليات التخزين والتسجيل في هذا الجهاز الوليد ،و التي اعتمدت المنطق الحسابي فائق السرعة .

ولتميز هذا النظام وأجهزته عن الأجهزة الميكانيكية ذات الطبيعة المشابهة والتي مهمتها الحساب ، سميت الحواسيب الآلية ، أو الحاسبات الإلكترونية . ولأن حجم ما تقوم به هذه الحواسيب كبير وعملياتها سريعة ، وربما بسبب انبهار المترجم العربي بها ، سميت بالعقل الإلكتروني . لكن واقع الحال يشير إلى أن هذه الحواسيب، رغم أن التسمية أصبحت متداولة، لم تعد دقيقة بعد اتساع مهام هذه المنظومة وتشعب تطبيقاتها وتعقد عملياتها . كما أن تسمية العقل الإلكتروني تمنح

هذه المنظومة صفة لم تعرف لغير البشر . إذ أن العقل يعني التفكير والإبداع والتخيل .. وما إلى ذلك من خصائص العقل . ومهما بلغت هذه المنظومة من تطور وتقدم فإنها لا تشكل إلا جزءا من منجزات الإنسان وإبداعاته.

مراحل التطور

اختلف الباحثون في تاريخ الحاسوب في تحديد مراحل تطوره وتقسيمها . كما اختلفوا أصلاً في البدايات التي أدت إلى ظهوره . بل أن التسميات الأولى التي تداولتها الأوساط العلمية المعنية بالحاسوب تباينت في ما بينها بحسب الوظائف المبكرة لهذه المنظومة التقنية الوليدة .

وتعود المقدمات الأولية لظهور الحاسوب إلى ما قبل انتصاف القرن العشرين بزمن طويل. غير أن منتصف القرن العشرين شهد الولادة الحقيقية للحاسوب الحديث. ويمكن أن نؤشر خمسة أجيال منذ ذلك التاريخ كل منها له خصائصه التي يتميز بها :

الجيل الأول 1950-1958 : شهدت هذه المرحلة قيام مجموعة من العلماء من جامعة هارفرد الأمريكية بدعم من الجيش الأمريكي بتركيب أول جهاز حاسوب سمي (مارك1 Mark1) وذلك لاستخدامه للأغراض العسكرية . ومن أهم خصائص حواسيب هذه المرحلة :

- كبر حجمها واستهلاكها قدرا كبيرا من الطاقة الكهربائية .
- استخدامها الاسطوانات المغناطيسية tubes لحفظ المعلومات في الذاكرة .
- حاجتها لتوفير أجهزة تبريد بسبب ارتفاع حرارة الصمامات التي تستخدمها .
- بطؤها، قياساً بما أصبحت عليه سرعتها لاحقاً .
- كثرة الأعطال فيها .
- ضعف قدرتها الخزينة نسبياً (بين 1000 و 4000) رقم أو حرف .
- اقتصار دورها على إجراء بعض العمليات الحسابية .

الجيل الثاني 1959-1964 : تميزت هذه المرحلة بما يأتي :

◊ ظهور لغات البرمجة مثل (فورتران Fortran) .

◊ اعتماد الترانززسترات transistors والبطاقات المثقبة .

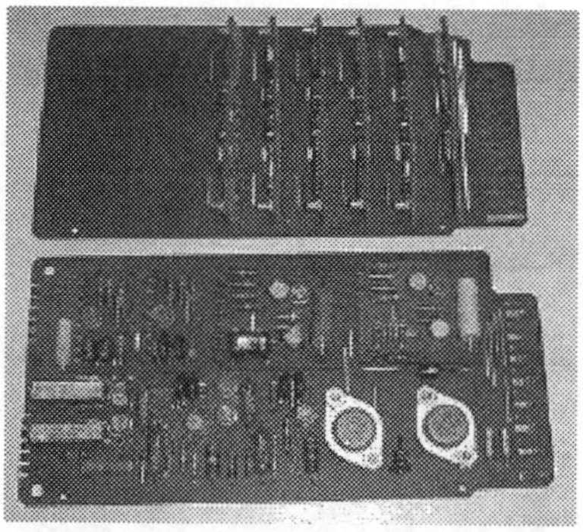

◊ ظهور الأقراص الممغنطة الصلبة Hard Disk لتخزين البيانات . .

◊ صغر حجمها بمقدار 50/1 من حاسبات الجيل الأول .

◊ ازدياد سرعتها قياساً بالجيل الأول .

◊ قلة كلف الصيانة نسبياً .

◊ قلة استخدام الطاقة الكهربائية نسبياً .

◊ سهولة استرجاع المعلومات المخزنة عليها قياساً بالجيل الأول .

◊ ارتفاع طاقتها إلى ما بين 4000 و 32000 رقم أو حرف .

◊ استخدامها في إدارة الأعمال والتجارة ، بعد أنم اقتصرت في الجيل الأول على العمليات العلمية .

الجيل الثالث 1965-1971:

◊ اعتماد تشغيل الحواسيب في هذه المرحلة على الدوائر الكاملة المعتمدة على السليكون integrated circuits بدل الترانزستورات.

◊ صغر حجمها عما سبقها وظهور الحواسيب متوسطة الحجم .

◊ تناقص الطاقة اللازمة لتشغيلها .

◊ زيادة سرعتها في معالجة المعلومات وتعدد عملياتها .

◊ زيادة طاقتها الخز نية لتصل إلى 3 مليون رقم أو حرف .

◊ توسع استخداماتها ، وبخاصة في مجالات العمل الإداري والعلمي .

◊ تطور نظام تشغيلها .

◊ ظهور لغات برمجة جديدة مثل بيسك Basic وباسكال Pascal

الجيل الرابع 1972- إلى بداية الثمانينات : ومن خصائص هذا الجيل :

◊ صغر حجم الحواسيب بشكل ملحوظ .

◊ تناقص أثمانها .

◊ شيوع البرامج الجاهزة .

◊ اتساع استخدامها في المكاتب والمؤسسات العامة والخدمية ، وفي مجالات اقتصادية وإدارية وتربوية وكذلك للتسلية .

◊ زيادة سرعتها ودقتها .

◊ تعقد عملياتها المضطرد .

◊ ظهور الأقراص الممغنطة المرنة . .

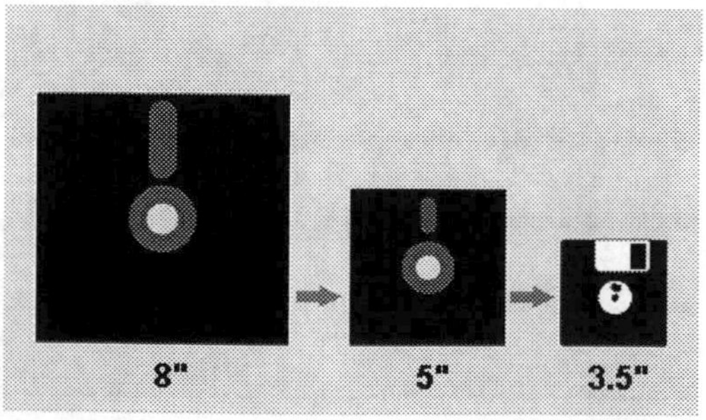

◊ ظهور وتطور البرامج المحو سبة .

◊ سهولة مضافة في استخدام الحاسوب والتعامل معه .

◊ ظهور المعالجات المايكروية التي تحتوي على حوالي ألف نوع من الترانزستورات

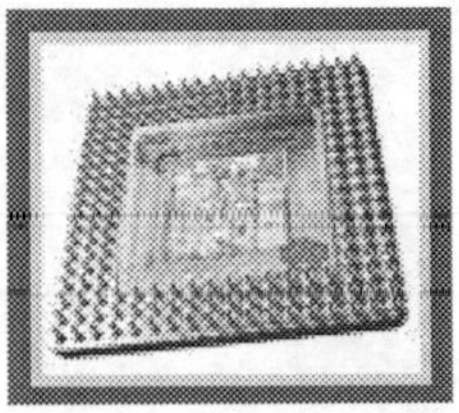

الجيل الخامس من بداية الثمانينات حتى الوقت الحاضر : ومن مميزات حواسيب هذا الجيل :

◊ استخدامها في مجال الذكاء الاصطناعي الذي يحاكي الذكاء الإنساني .

◊ تفعيل قدرتها على الحوار وقدرتها التعبيرية .

◊ اعتمادها في توفر بدائل عديدة تعين في اتخاذ القرار .

◊ قدرتها على تفسير الأوامر المنطوقة والمكتوبة والمرسومة باللمس .

◊ ظهور الحواسيب الصغيرة جداً وحواسيب الجيب .

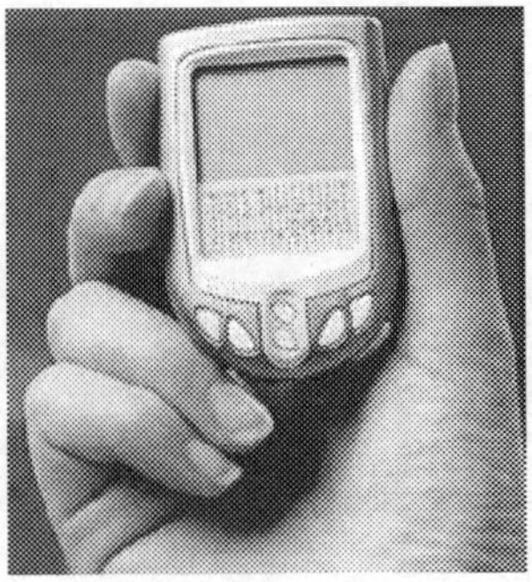

◊ ظهور إمكانات وتسهيلات جديدة للحاسوب مكنت ذوي الاحتياجات الخاصة والمعاقين من استخدامه .

◊ زيادة قدرات التنافذ بين البرامج .

◊ انتشار استخدام الوسائط المتعددة ، وإدماج الحاسوب بوحدات تكميلية متنوعة في الوقت نفسه .

◊ انتشار استخدام الحاسوب ضمن الشبكة الدولية للاتصال (الانترنت) .

◊ توسع استخدامات الحاسوب في مجالات عديدة ومنها التعليم والتعلم .

◊ اشتداد التنافس في ميدان تصنيع الحواسيب وإنتاج البرمجيات للأغراض المختلفة ، مما أسهم في انخفاض أثمانها بشكل مضطرد ، وسرعة ظهور أنماط وأشكال جديدة من الحواسيب الصغيرة .

مؤشرات التطور التاريخي للحاسوب :

مما تقدم يمكننا استخلاص مجموعة من المؤشرات التي يكشفها لنا هذا الاستعراض التاريخي لمراحل تطور الحاسوب وأجياله . وهي مؤشرات يمكن أن تعيننا في تخيل (وليس توقع) ما يمكن أن يكون عليه الحاسوب مستقبلاً :

- **الانخفاض المطرد في الكلف**

إن كلفة أجهزة الحاسوب بوصفها منظومة تقنية وبرامج منتجة تميل إلى انخفاض واضح في أسعارها رغم الإنفاق العالي عليها . وذلك بسبب الاستخدام الواسع لها ، وإتباع أسلوب ما يعرف في علم الاقتصاد بالإنتاج الكبير مما يجعل أسعار الأجهزة ومستلزماتها للمستخدم الواحد أقل كلفة .

- **اتساع الصناعات الحاسوبية**

إن الفقرة أعلاه تفسر اتساع الصناعات المرتبطة بالحاسوب وإقبال الشركات المصنعة له والشركات المنتجة للبرمجيات ، مما يعني خضوع هذا الميدان مستقبلاً لمتطلبات السوق . وهو ما يضعنا أمام احتمالات عديدة تتعلق بطبيعة ما ينتج وطبيعة أغراضه ومستويات إنتاجه ، وتأثيرات ذلك في عملية التعليم والتعلم .

- **نمو طاقة الحواسيب**

إن طاقة الحواسيب الخز نية المتزايدة وقدرتها على معالجة كم متنام من المعلومات وتعدد عملياتها في وقت واحد سيكون سمة بارزة تطبع صورة المستقبل بما يؤمن للمستخدم تسهيلات يصعب توقعها على مستوى السنوات المقبلة .

- **تطور طبيعة العمليات**

تشير التحولات المنظورة حتى الآن إلى أن تطورات كبيرة يمكن أن يشهدها ميدان العمل بالحاسوب على مستوى تطور طبيعة العمليات التي يجريها وتعقد هذه العمليات وتشعبها .

- **تحسن مضطرد بالكفاءة**

وهذا بدوره يشير إلى تطور كبير في تحسين كفاءة الحاسوب في استخدام الصورة والصوت ووسائط الخطاب الأخرى وأدواته بشكل كبير يتسم بالتضافر والدقة المتناهية ، مما يعزز قدرة الخطاب على التأثير ، وبخاصة ما يتعلق بالبرمجيات التعليمية .

- **تناقض مضطرد في الحجم**

إن تناقص حجم الحواسيب المستخدمة وإيفاءها بمتطلبات عمل المستخدم في مختلف الأغراض ستساعد بشكل تدريجي على الاستخدام الفردي ، والإفادة الذاتية من هذه الحواسيب بصورة متزايدة . وليس هناك من شك في مدى فائدة ذلك في تطوير أنماط التعلم السائدة .

- **تنوع الاستخدام**

يضاف إلى ذلك أن تنوع استخدام الحاسوب وانتشاره في مختلف الأنشطة الحياتية سيؤدي إلى دخول الحاسوب إلى الشعيرات الصغيرة في جسد الحياة اليومية

لعامة الناس . مما يشكل متغيراً مهماً في البيئة الاجتماعية التي ينشأ فيها الطالب ويتعلم ، وينسحب بالتالي على مجمل عملية التعليم والتعلم .

- **شعبية الانتشار**

إذا كانت الحواسيب تنتشر الآن في المؤسسات العامة والنخبة من المستخدمين وبعض أوساط المعلمين و الطلبة ، فإن المستقبل يشير إلى أن الحاسوب سيكون أحد المقتنيات الأساسية حتى للطبقات الفقيرة من الناس . ولن يكون التعليم باستخدام الحاسوب ميزة للجامعات والمدارس ذات الشهرة أو الكلفة المادية العالية. وهو ما سيعين على تقليل تأثير الفوارق المادية وبالتالي القدرة على استخدامه .

- **زيادة اعتماد شبكات المعلومات الدولية**

من جانب آخر فإن فردية استخدام الحاسوب سيرافقها مزيد من استخدام الشبكات الدولية للمعلومات (انترنت) بما يعزز قدرة المتعلم على البحث والتقصي وحل المشكلات ، ومزيد من فهم البيئة الأوسع للإنسان .كما يوسع مدارك المعلمين و الطلبة على السواء ، ويسهم في تطوير طبيعة المنهاج ومفهومه. وهنا تنشأ احتمالات عديدة إيجابية وسلبية ستلقي بظلالها بصورة متنامية على الواقع التعليمي ، وأهداف عملية التعليم والتعلم .

- **السرعة المتزايدة في عملية التعليم والتعلم**

إن النمو المضطرد في سرعة إجراء العمليات سيؤدي كما هو متوقع إلى تمكين المستخدم من إنجاز مهام أوسع وأكثر تنوعا . وفيما يخص التعليم والتعلم سيتمكن المعلم من مضاعفة انجاز مهامه الإدارية بجهد أقل ، مما يمكنه من تخصيص وقت أكبر لمتابعة أنشطة طلابه وإرشادهم . كما سيؤدي ذلك إلى توسيع دور الطالب في عملية التعلم ، واعتماده على نفسه في إنجاز جزء كبير من المهام التعلمية الحالية .

- **الربط مع وحدات تكميلية أخرى**

لم يعد الحاسوب مقتصراً في ذاته كجهاز في انجاز المهام التي يقوم بها . فقد استلزم توسع استخداماته وتنوعها توظيف وحدات تكميلية أخرى ، ربما كانت المحطات الطرفية مثالاً مبكراً لها ، مروراً بالطابعات وأجهزة الماسح الضوئي ، وراسم الخرائط إلى الوحدات الميكانيكية التصنيعية والكاميرات والهواتف وغيرها . إن من الممكن الآن مثلاً في مصانع الحديد تزويد الحاسوب برسمة زخرفية صغيرة بالغة الدقة ليقوم ، بالتضافر مع وحدات ميكانيكية ملحقة به ، بحفرها مجسمة على قطعة من الصلب بمساحة عدة أمتار مربعة وبسمك عشرات السنتيمترات . كما يمكنه تقطيع مثل هذه الكتلة الحديدية الكبيرة طبقاً للرسمة أو الزخارف المطلوبة . إن ذلك يعني أن جهاز الحاسوب سيدخل كوحدة أساسة محركة لأجهزة أخرى ضمن منظومة كبيرة من الأجهزة والحواسيب الفرعية .

- **تسهيل الاستخدام**

تشير مراحل تطور الحاسوب أن قلة من المتخصصين كان بإمكانهم استخدام الحواسيب الكبيرة من الجيل الأول وما بعده . ولكن ما لبثت الحواسيب أن أصبحت أجهزة ميسرة الاستخدام لأوساط واسعة من المستخدمين بغض النظر عن طبيعة تخصصهم ، بل حتى بغض النظر عن مستوياتهم العلمية والثقافية . ذلك أن الحاسوب قد أصبح شيئاً فشيئاً جهازاً مطواعاً سهلاً الاستخدام نسبياً ، قياساً بما سبقه في الأجيال المبكرة . كما ابتكرت العديد من البرامج التي تسهل مهمة المستخدم وتقدم له المساعدة في مراحل مختلفة من عمله .

- **التنافذ بين البرامج**

تتمتع البرامج الحديثة بقدرة عالية على التنافذ فيما بينها . بمعنى أن المستخدم أصبح أكثر من قبل قادراً على استخدام برامج متعددة في الوقت نفسةً ، والإفادة من عدة برامج علاوة على مخزون الجهاز نفسه في انجاز مهمة واحدة ، بعد أن كانت

الأجيال المبكرة من الحاسوب محدودة الإمكانية في هذا المجال . وهو ما سينعكس على اطراد تطور المنجز النهائي للمستخدم من حيث الدقة والكفاءة والجمالية ، علاوة على اختصار الزمن والجهد والكلف الإنتاجية .

- **انخفاض استهلاك الطاقة**

بعد أن كانت المنظومات الحاسوبية كبيرة الحجم في بداية الأمر تستهلك قدراً كبيراً من الطاقة الكهربائية ، أصبحت الحواسيب الحديثة قليلة الاستهلاك لها .بل أنها الآن كثيرة الاعتماد على البطاريات متنوعة الحجم دون الحاجة إلى الربط المباشر بمصدر كهربائي ، مما سهل استخدامها ونقلها ومطاوعتها لحاجات المستخدم .

- **قلة الأعطال**

وهي صفة اتضحت عبر تطور أجيال الحاسوب . فبعد أن كانت الأعطال ظاهرة متكررة في الأجيال المبكرة أصبحت الحواسيب أقل تعرضاً لهذه الظاهرة وأكثر متانة في تحمل إجراء أضعاف العمليات التي كانت تجريها الحواسيب القديمة . كما صممت برامج يمكن للمستخدم المهتم أن يستخدمها في إجراء نسبة كبيرة من الأعطال التي يتعرض لها حاسوبه .

- **تطور لغات البرمجة**

إن اللغات التي رافقت الأجيال الأولى لتطور الحاسوب كانت في حالة تطور مستمر حتى تعد اليوم بالمئات مما مكن الحاسوب من تطوير عملياته وتنويعها . وهذا التطور يشير إلى أن لغات أخرى أكثر تطوراً يمكن أن تظهر في الزمن المقبل لتمكن من ولوج أبواب جديدة إلى عالمه الرحب .

- **ظهور أقراص جديدة**

لم تمض سنوات طويلة منذ ظهور القرص الصلب حتى تبعته أنواع أخرى من الأقراص , أكثر قدرة على الخزن ، وأفضل من حيث إمكانيتها على حفظ المعلومات

التي تحملها لأطول فترة , ومقاومة للعوامل الجوية المختلفة , مما جعلها أكثر كفاءة بوصفها أوعية معلومات وأوعية توثيق .

- **ميادين جديدة دائماً**

إن الاستجابة السريعة لمتطلبات الحياة المعاصرة وحاجات المجتمعات المختلفة مكن شركات تصنيع الحاسوب وشركات الإنتاج من تطمين هذه الحاجات التي لم تكن مواجهتها قبل سنوات ضمن تصورنا . فقد دخلت الحواسيب ميادين تعليم المعاقين وتدريبهم ، وبخاصة فاقدي البصر والسمع ، ليفتح أمامهم آفاقاً جديدة للحياة والإبداع .

كما أظهرت البحوث الخاصة باستخدام الحواسيب في الذكاء الاصطناعي ومحاكاة العقل البشري وإمكانية خلق عوالم موهومة virtual reality نتائج مدهشة تؤكد أنه ما يزال أمام الحاسوب مدى واسع ليقطعه في خدمة البشرية في القادم من الزمن ، وأن ما يشهده هذا الميدان ، ميدان الحاسوب ، يتطور بوتائر أسرع بكثير مما يمكن ملاحقته تفصيلاً .

تطور استخدام الحاسوب في التعليم والتعلم :

ربما تكون البدايات الواضحة لاستخدام الحاسوب في ميدان التعليم والتعلم في مطلع القرن الثامن من القرن الماضي ، مع تباشير انتشار الثقافة الحاسوبية التي عنيت بتدريس علم الحاسوب ، وما يستند إليه من أسس رياضية وهندسية ، ما لبثت مع مطلع العقد التاسع أن اهتمت كذلك باستخدام الحاسوب كوسيلة مساعدة في التعليم وفي إدارة عملية التعليم والتعلم . وهكذا ظهرت تسمية التعليم المعزز بالحاسوب (Computer Aided Instruction) CAI وتسمية التعليم المدار بالحاسوب CMI (Computer Managed Instruction) .

لقد شهدت تلك الحقبة التي امتدت سنوات عدة من عقد الثمانينات والتسعينات نقاشات واسعة ، بخاصة في الولايات المتحدة الأمريكية وأوربا ، دارت حول تعريف

المصطلحات ذات الصلة بالحاسوب والتعليم والتي بدأت تنتشر حينها ، وحول مدى ما يمكن أن يحققه الحاسوب من فوائد ، وربما مضار كما يرى البعض ، في عملية التعليم والتعلم . وقبل أن ينتهي عقد التسعينات من القرن العشرين كانت قد بدأت جملة من الانجازات التقنية التي أحدثت تحولات مهمة في ميدان استخدام تكنولوجيا المعلومات في خدمة العملية التعليمية ، وتغيير أدوار المعلم والطالب ، وتطوير مفهوم المنهاج الذي يكون الحاسوب جزءا منه ، بما ينطوي عليه من إمكانات خزن المعلومات ومعالجتها واسترجاعها وتوظيفها في خدمة التعليم والتعلم ، وإعادة صياغة المواقف التعليمة التعلمية في ضوء ما أحدثته التطورات المشار إليها من مستجدات . وسنتناول في فصل خاص وبشيء من التفصيل أنواع البرمجيات التعليمية التي أمكن إنتاجها نتيجة التطورات المذكورة .

أنواع الحواسيب :

أظهر التطور التاريخي للحواسيب تطوراً كبيراً ومتنوعاً في طبيعة الاستخدام والسعة التخزينية ، والسرعة في إجراء العمليات ، والدقة في إنجازها ، تماماً كما هو الحال فيما يتعلق بأثمانها وأحجامها . وفيما يلي استعراض لأنواع الحواسيب من حيث حجمها وأهم خصائصها :

الحواسيب العملاقة Super Computers :

وهي حواسيب كبيرة جداً ، وتعد أكثر الحواسيب ثمناً كونها تكلف ملايين الدولارات ، وتتميز بسرعة هائلة في إنجاز عملياتها تفوق جميع أنواع الحواسيب الأخرى. كما تتميز بذاكرة كبيرة جداً ، وسرعة فائقة في تبادل المعلومات إذ تقاس بالمايكرو ثانية . ويستخدم هذا النوع من الحواسيب في المؤسسات الكبيرة لتنظيم عمليات الطيران ووكالات الفضاء وأبحاثها المعقدة والأبحاث العلمية الضخمة .

الحواسيب الكبيرة Mainframes :

قد يصل حجم هذا النوع من الحواسيب حجم غرفة واسعة ، وتتطلب توفير شروط خاصة للمحافظة عليها في درجات حرارة منخفضة . وهي كذلك حواسيب عالية الأثمان وذوات طاقة عالية ، بحيث يمكن أن تقدم خدماتها لمجموعة كبيرة من المستخدمين . ومع أنها أصغر حجماً من الحواسيب العملاقة إلا أنها تستخدم أيضاً من قبل المؤسسات الكبيرة التي تتطلب توظيف محطات طرفية عديدة في أكثر من موقع، بحيث يمكنها خزن ملايين العمليات وتنفيذها ومعالجة المعلومات الخاصة بها بسرعة كبيرة في وقت واحد .

الحواسيب المتوسطة Mini Computers :

وهي حواسيب تقع في الوسط بين الحواسيب الكبيرة والحواسيب الصغيرة من حيث حجمها وثمنها وإمكاناتها الخز نية والعملياتية. ويبلغ حجمها بين متر ومترين مكعبين وتستخدم في إجراء عمليات واسعة ومعقدة كمراكز الاتصالات ومراكز السيطرة في المصانع والوزارات والجامعات الكبيرة والتي يمكنها الاستعاضة عن الحواسيب الكبيرة بهذا النوع من الحواسيب .

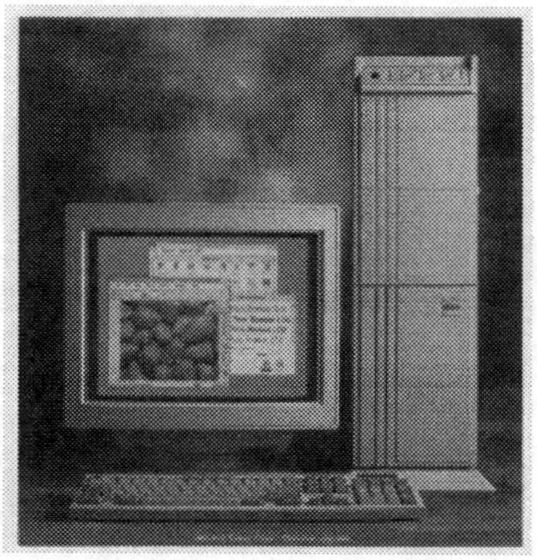

حواسيب الشبكات Network Computers :

كثيراً ما تستدعي الحاجة وجود شبكة من الحواسيب ترتبط ببعضها عن طريق حاسوب يسمى الخادم server . وهذا النوع من الحواسيب مزود بمعالج مايكروي وذاكرة رئيسة ، ويستخدم لأغراض معالجة البيانات وخزنها ، وللدخول إلى الشبكة وتأمين الربط بينها .

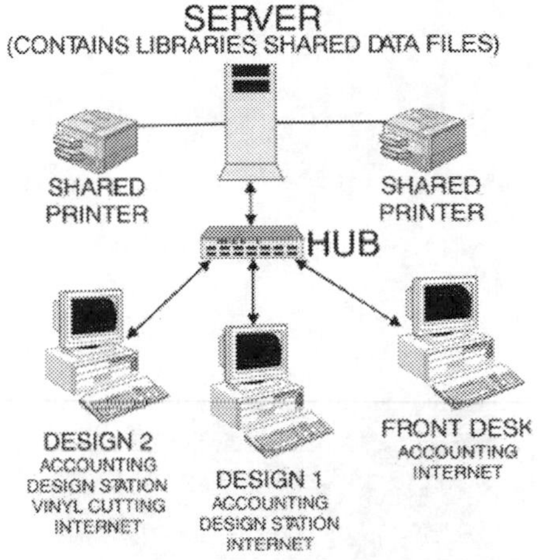

الحواسيب الشخصية Personal Computers :

وهي الحواسيب شائعة الاستخدام التي تعد رخيصة الثمن وصغيرة الحجم قياساً بأنواع الحواسيب الأخرى (العملاقة والكبيرة والمتوسطة) . كما أن ذاكرتها تعد أصغر بكثير من ذاكرة الحواسيب المذكورة ، مع أن الحواسيب الشخصية متباينة في سعة ذاكرتها ، لذلك فإن قدرتها على تحليل البيانات تعد محدودة قياساً بالحواسيب الأنفة الذكر . وقد مرّت الحواسيب بمراحل عدة ، فقد ظهرت الحواسيب الشخصية المبكرة (XT) في مطلع العقد الثامن من القرن الماضي ، ثم ظهرت حواسيب (AT) منتصف العقد التاسع بقدرة أوسع وأسرع في معالجة المعلومات . حتى إذا وصلنا مطلع القرن الحالي ازدادت سرعة الحواسيب الشخصية بشكل كبير، وكذلك قدرتها الخزنية باعتماد وحدات معالجة مركزية ذات قدرات عالية جداً تفي بأغراض الاستخدام الشخصي على تنوعها وسعتها .

الحواسيب المحمولة Labtop Computers :

وهي حواسيب سهلة الحمل وتتمتع بمعظم مواصفات الحواسيب الشخصية . ويمكن للأنواع الحديثة منها تشغيلها على بطارية تكفي لعدة ساعات عمل . انتشر هذا النوع من الحواسيب بين رجال الأعمال وفي المؤتمرات ، رغم أن ثمنه أعلى من الحواسيب الشخصية الاعتيادية ، إذ يمكن حمله بسهولة واستخدامه داخل قاعات الاجتماعات أو غرف العمل ونقله حسب متطلبات المستخدم .

حواسيب الجيب Pocket Computers :

وهي حواسيب صغيرة جداً يمكن حملها في الجيب بدأت بالشيوع مؤخراً وتؤدي أغراض الحواسيب المحمولة ووظائفها. كما أن أسعارها تعد منخفضة قياساً بالحواسيب الأخرى رغم محدودية استخدامها ، لكنها قادرة على حمل ملفات كثيرة

نسبياً يمكن نقلها إلى الحواسيب الشخصية الاعتيادية . وقد تنوعت هذه الحواسيب من حيث استخدام الأقلام للكتابة على شاشاتها بدل الأزرار إلى غير ذلك من التجديدات لجعلها أيسر في الاستخدام وأكثر عملية . كما يمكنها ، كالحواسيب الأخرى ، إرسال البريد الإلكتروني واستقباله ، والإفادة من خدمات الانترنت والقواميس المخزونة وغير ذلك .

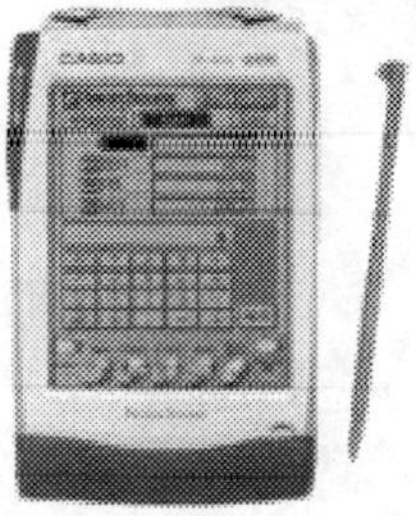

<u>نظام الحاسوب :</u>

من المعلوم أن عمل الحاسوب يجري طبقا لمنطق نظمي . بمعنى أنه نظام system مركب من جملة عناصر . وهو كأي نظام يستند إلى وجود مدخلات وعمليات ومخرجات ، وأنه يخضع إلى تقويم مستمر ليعدل مسارات عمله ويطورها طبقاً لمؤشرات محددة ترشح عن فحص النظام باستمرار ، وتقويم قدراته على تحقيق ما حدد له من أهداف ابتداءً . وكل ذلك يجري في ظل بيئة لها مناخها وظرفها ومتطلباتها. وهو بعد هذا وذاك نظام لا يستقيم إلا بوجود ثلاثة مقومات أساسية هي :

(1) المركب المادي لهذا النظام ، أي المكونات المادية له ، وهي الأجهزة والمعدات والآلات التي يتكون منها الجهاز .

(2) المنطق والآلية التي يعمل بموجبها النظام . وهو ما توفره مجموعة البرمجيات التي تحكم عمل الحاسوب وتسلسل مهامه وآليات التفاعل فيما بين مكوناته ، لتحقيق الأهداف التي وضعت من أجلها .

(3) المستفيد من النظام ، وهو مستخدم الجهاز الذي يوظف المكونات المادية وآليات اشتغالها لتحقيق أغراضه . ومن الواضح أن غياب أي من المكونات الثلاثة أنفة الذكر يعني تعطل النظام وعدم اشتغاله . ولكي نتمكن من استخدام المكونات المادية لهذا النظام (الجهاز) وآليات اشتغاله (البرمجيات) لابد من أن نلقي نظرة على أجزاء جهاز الحاسوب وأهم الوحدات الملحقة به ووظائف كل منها ، علاوة على البرمجيات المستخدمة في توظيف أجزاء الحاسوب ، وخصائصها في إنجاز ما هو مطلوب منها :

مكونات الحاسوب :

يعتمد عمل الحاسوب على تزويده ببيانات على شكل صور أو أصوات أو رموز أو أرقام أو إشارات ، عن طريق وحدات خاصة مصممة لهذا الغرض تسمى وحدات الإدخال . ويقوم الحاسوب بخزن هذه البيانات مما يتطلب وحدات خاصة للخزن . كما يقوم بمعالجة البيانات المخزونة ، أي فرزها وتبويبها وتنظيمها ، بحسب حاجة المستخدم مما يتطلب آلية خاصة ولغات خاصة وبرمجيات مصممة لهذا الغرض ، ووحدات خاصة لتنفيذ هذه المهام . وأخيراً فإن استدعاء البيانات والمعلومات المخزونة ، والتي تمت معالجتها من قبل المستخدم ، يتطلب وجود وحدات خاصة تدعى وحدات الإخراج . وفيما يلي عرض أكثر تفصيلاً لهذه المكونات والوحدات :

(1) **المكونات المادية Hard Ware :**

أ) وحدات الإدخال Input Unit : وتضم لوحة المفاتيح Keyboard والفأرة Mouse والقلم الضوئي Light Pen ومشغلات الأقراص Disk Drive . ويمكن إضافة وحدات أخرى ملحقة مثل : الماسح الضوئي Scanner وكاميرا الفديو Video Camera والجهاز الصوتي Sound Set (راديو ، مسجل ، مايكرفون).

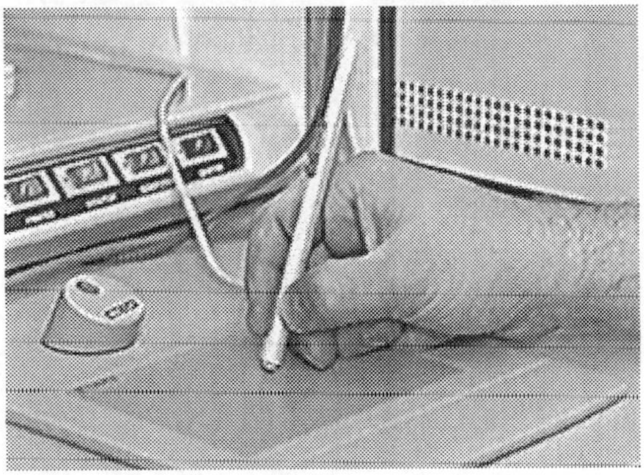

نماذج لوحدات ادخال

ب) وحدة المعالجة المركزية Central Processing Unit (CPU) : وتعد هذه الوحدة عقل الحاسوب ، إذ تتولى مهمة تسلم البيانات المدخلة وتنظيمها ومعالجتها وتحويلها إلى معلومات ونتائج . وتضم هذه الوحدة :

- الذاكرة الثابتة Read Only Memory (ROM) : ومهمتها مراقبة لغة البرمجة والمراقبة الداخلية لعمليات اشتغال الحاسوب .

- الذاكرة المتغيرة Random Access Memory (RAM) : ومهمتها معالجة البيانات المتغيرة بحسب طلب المستخدم وحفظها مؤقتاً ومسحها عند الطلب .

- وحدة الحساب والمنطق Arithmetic & Logical Unit (ALU) : وتتولى مهمة تحليل البيانات الداخلة إليها . وحدة السيطرة Control Unit : وتتولى مهمة ترتيب خطوات العمل وآلياته وتتابعها .

- وحدات الإخراج Output Unit : وتتولى هذه الوحدة تقديم النتائج إلى المستخدم بعد تسلمها من وحدة المعالجة المركزية ، وذلك بعرضها على الشاشة Monitor أو تقديمها مطبوعة من خلال الطابعة Printer الملحقة بجهاز الحاسوب أو مرسومة عن طريق وحدات الرسم Plotters ، أو مشغلات الأقراص التي تعمل كوحدة إدخال وإخراج ، وكذلك شاشات العرض الكبيرة Data Show وسماعات الصوت Loud Speakers .

نماذج لوحدات الاخراج

ج) على أنه يمكن اعتبار الأقراص الصلبة C.D والمرنة Floppy وحدات خزن وإدخال وإخراج في الوقت نفسه ملحقة بالحاسوب ، كما يمكن اعتبار

شاشات اللمس التي تتسلم أوامر المستخدم بالضغط عليها بالإصبع أو بأقلام خاصة، وحدة إدخال وإخراج في الوقت ذاته أيضا .

(2) البرمجيات Soft Ware :

يرتكز عمل الحاسوب كنظام ، كما ذكرنا آنفاً ، على تزويد المستخدم له ببيانات متنوعة الأشكال عن طريق وحدات الإدخال ، ليقوم الحاسوب بتنفيذ أوامر المستخدم لمعالجة هذه البيانات وإعطاء النتائج . وهو ما تتضمنه مرحلة العمليات . ولكي تتم هذه العمليات ، لابد أن تجري على وفق آليات وكيفيات وتعليمات تحكمها ، وتنظم تسلسلها ، تماماً كما هي الحال على أي جهاز إلكتروني أو ميكانيكي آخر نستخدمه في حياتنا اليومية ، مع الفارق في التشعب والتعقيد والسرعة ونوع النتائج . إن تنظيم هذه العملية وتصميم هذه العمليات وخطواتها وارتباطاتها ببعضها تسمى البرمجة Programming . ومن يقوم بوضع هذا التصميم هو المبرمج Programmer . أما ما ينتج عنه فهو البرمجيات Software أو البرامج Programmes ، إذ أن المعاجم والمراجع المتخصصة في ميدان الحاسوب تتحدث عن مجموعة البرامج المستخدمة في تنظيم عمليات الحاسوب على أنها Software ، وتستخدم مفردة "برنامج" programme عند الحديث عن البرنامج الواحد من البرمجيات Software أو مجموعة التعليمات المتسلسلة التي تساعد الحاسوب على إنجاز عمل معين . وبهذا فإن البرامج أو البرمجيات تمثل عقل الحاسوب ، أو القسم الفكري أو البرمجي أو الرياضي للحاسوب وقوانين استخدامه وآليات الاستخدام.

لقد اشرنا في موضع آخر من الكتاب إلى أن ظهور الحاسوب جاء نتيجة جهود كبيرة ، وتراكم خبرات علمية لمئات السنين ، وبخاصة في حقول الرياضيات والفيزياء والكهرباء . وكان للعرب إسهاماتهم المميزة في وضع اللبنات الأساسية في هذه العلوم ، والتي أفادت منها الجهود اللاحقة التي بنيت عليها علوم

الحاسوب . ومن ذلك وضع الصفر والنظام الحسابي العشري الذي يتميز بقدرة كبيرة في الحساب وسهولة الاستعمال .

ويشار هنا إلى أن أول حاسبة بالمعنى الحقيقي صنعها العالم التونسي باسكال Pascal في القرن السادس عشر . وكانت هذه الحاسبة بطيئة جداً وقادرة على تنفيذ عمليات الجمع فقط . بعد ذلك ظهرت حاسبة Napper التي كان بإمكانها إجراء عمليات الضرب . وعند قيام الثورة الصناعية في أوربا في القرن الثامن عشر بدأت أوربا تستعمل الأرقام العربية بما فيها الصفر والنظام الحسابي العشري العربي . وهو ما أفاد منه جورج بول الذي استطاع أن يطور النظام الثنائي للحاسوب ، وليضع أساس الرياضيات المنطقية وأصولها . لقد اعتمد هذا النظام على وجود الأرقام (0) و (1) التي شكلت أسا س البرمجة الحديثة في الحاسوب .

<u>أنواع البرمجيات :</u>

يمكن تقسيم البرمجيات إلى ثلاثة أنواع :

(1) **برمجيات النظام System Software :**

وهي مجموعة البرامج والآليات التي تستخدم لتشغيل الجهاز وتوظيف إمكاناته في تنظيم عمله في إدخال البيانات ومعالجتها وتخزينها والتعامل مع طلبات المستخدم والاستجابة لها . وأهم هذه البرمجيات :

أ) برمجيات التشغيل Operating Systems :

مهمة هذا النوع من البرمجيات تشغيل الجهاز وتهيئته لقبول وتنفيذ التعليمات الخاصة بأداء عمل محدد ، والتعامل مع البرامج ، كإدارة الملفات وحمايتها ، ومساعدة المستخدم على الربط مع البرمجيات الأخرى .

ب) لغات البرمجة Programming Languages :

ويقصد بها مجموعة الرموز والقواعد التي تستخدم في توجيه عمليات الحاسوب . وسميت لغة لأنها تشبه إلى حد كبير اللغة بمفهومها السائد . وتصمم هذه اللغة لأغراض محددة لحل المشكلات أو أداء مهمات محددة . وأهم اللغات المستخدمة في البرمجة : بيسك Basic ، فورتران Fortran ، كوبل Cobol ، باسكال Pascal ، سي C ، جافا Java . لقد تعددت لغات البرمجة في الوقت الحاضر وتنوعت بحسب أغراضها بشكل كبير ، وكلما تطورت هذه اللغات اقتربت من حيث خصائصها ومرونتها مع اللغات التي يستخدمها الإنسان .

ج) برمجيات الترجمة Compilers :

ومهمتها تحويل الرموز التي تتضمنها لغة البرمجة إلى لغة الحاسوب ، وتفسير الأوامر والتعليمات الواردة إلى الجهاز بصيغة هذه الرموز إلى لغته الخاصة .

(2) البرمجيات التطبيقية Application Software :

وهي برمجيات تستخدم إمكانات الحاسوب وخصائصه البرمجية في تنفيذ ما يطلب منه من عمليات . وهناك برامج يتزايد عددها وتتنوع أغراضها باضطرار. وهي برامج يمكن أن تكون جاهزة ويتم شراؤها ، أو يتم إنتاجها باستخدام إحدى لغات البرمجة التي تحدثنا عنها ، وذلك لإجراء عمليات إحصائية أو تنظيم الأجور والمرتبات أو توثيق الموجودات المخزنية وغير ذلك من عمليات . ومن أمثلة هذه البرامج : معالج النصوص Word Processor ، الجداول الإلكترونية Excel ، العرض التقديمي PowerPoint ، الرسم الهندسي AutoCAD ، الناشر Publisher وغيرها.

(3) البرمجيات المنتجة Produced Software :

وهي البرمجيات التي يتم تصميمها وإنتاجها من قبل المؤسسات أو الشركات التجارية أو الأفراد باعتماد النوعين المذكورين (برمجيات النظام والبرمجيات التطبيقية) لغرض الإفادة منها بحسب تخصصها أو الغرض منها . ومن ذلك البرمجيات

التي تصمم في المؤسسات أو المعامل الكبيرة لاطلاع المتعاملين معها على عملها وأقسامها ومنتجاتها . وتدخل ضمن هذا النوع أيضاً البرمجيات التعليمية التي تصمم وتنتج لأغراض تعليمية محددة لأغراض إثرائية أو منهجية محددة . وسنتناول هذه البرمجيات بالتفصيل لاحقاً في هذا الكتاب .

ذاكرة الحاسوب :

يقصد بذاكرة الحاسوب طاقته لخزن كم من البيانات التي تخزن في ذاكرته الرئيسة أو ذاكرته الثانوية .وقد تحدثنا في هذا الفصل عن النظام الثنائي الذي يعد الحجر الأساس في مقياس سعة هذه الذاكرة . والنظام الثنائي يعني استخدام الرقمين (0 ، 1) . ويدعى كل من هذين الرقمين BIT . ويستخدم البايت Byte في تحديد سعة ذاكرة الحاسوب ، إذ أن كل بايت Byte يساوي 8 Bit ، ويبين الجدول التالي وحدات مقياس سعة الذاكرة بالبايت:

بايت Byte = 8 بت Bit

كيلو بايت K. Byte = 1024 بت

ميكابايت M. Byte = حوالي 1 مليون بايت

كيكابايت G. Byte = حوالي 1 مليار بايت

أما قياس طاقة التخزين في الأقراص المستخدمة في الحاسوب مقاسة بالبيانات فيمكن توضيحها في الجدول الأتي :

قرص مرن Floppy Disk (M. Byte 1.44)

قرص ليزري CD (650 - 750 M. Byte)

فلاش Flash (64 M. Byte - 4 G. Byte)

دي في دي DVD (4.7 G. Byte)

أهمية الثقافة الحاسوبية للمعلم والمتعلم

لم تعد الحياة التي نعيشها اليوم كما كانت . فقد أصبحت وسائل الاتصال وتداول المعلومات عصب الحياة المعاصرة . وأحدث الحاسوب بوصفه وسيلة اتصال ووسيلة تداول للمعلومات معاً تغيراً تظهر آثاره الكبيرة يوماً بعد يوم ، وبخاصة في ميدان التعليم والتعلم . وفي واقع كهذا تصبح الثقافة الحاسوبية أمراً متزايد الأهمية للمعلم والمتعلم علاوة على العاملين في هذا الميدان من متخذي القرار والمخططين وواضعي المناهج ومصممي التدريس والوسائل التعليمية والإداريين وغيرهم .

على أننا ونحن نتحدث عن تاريخ الحاسوب وأنواعه ومكوناته ، والبرمجيات المستخدمة في توظيفه ، لابد أن نؤكد أن الثقافة الحاسوبية تمنع المستخدم القدرة على استخدام المستحدثات ومواجهة ما يترتب عليها من مشكلات . كما أن التعامل بمعرفة معمقة ومهارة مع هذه المستجدات ، ومنها مستجدات الحاسوب السريعة والمتشعبة ، تمكن المستخدم ، وبخاصة المعلم والمتعلم من توظيفها والإفادة من خصائصها إلى الحد الأقصى الممكن . وفي ذلك ما يمكنهما من الارتقاء بمستوى التطبيق اليومي لاستخدامات الحاسوب .

إن واقع الحال يشير إلى أن المعلم والمتعلم ما يزالان حتى في البلدان الرائدة في مجال استخدام الحاسوب للأغراض التعليمية ، بحاجة إلى كثير من المعرفة والتدريب كيما يمكنهما استخدام الحاسوب بكفاءة عالية تجمع بين القدرة الفنية والتقنية والعلمية والجمالية في إنتاج البرمجيات التعليمية واستخدامها .و ما تزال نسبة كبيرة منهم يجهلون استخدام الحاسوب و يعتمدون على المكاتب التجارية والمبرمجين غير المتخصصين في ميدان التعليم والتعلم في انجاز مثل هذه البرمجيات . وما تزال الشركات التجارية المنتجة للبرمجيات التعليمية هي المسيطرة على سوق الإنتاج التعليمي المحو سب في بلدان كثيرة وفي مقدمتها البلدان النامية . وهو أمر لا تخفى مشكلاته وسلبياته .

وإذا كانت حاجة المعلم والمتعلم إلى الثقافة الحاسوبية لا تتضمن بالضرورة إجراء عمليات البرمجة عالية التخصص و ذات الصلة ببرمجيات النظام وبناء البرمجيات التطبيقية المعروفة ، فإن الحاجة ملحة إلى مزيد من المعرفة والتدريب في مجال الاستخدام المبدع لهذه الأنواع الأساسية من البرمجيات في إنتاج البرمجيات التعليمية من دروس وحزم تعليمية متعددة الوسائط ومتابعة كل ما هو جديد في هذا المجال مما يخدم ميدان عملهما سواء في مجال استخدم الحاسوب أو في ميدان توظيف شبكة الانترنت في الحقل التعليمي التعلمي.

الفصل الرابع

مجالات استخدام الحاسوب في التعليم

- مقدمة
- أهم التصنيفات المتداولة
- مجالات استخدام الحاسوب في التعليم
  - الحاسوب هدفاً
  - الحاسوب أداةً خدمية
    وسيلة اتصال
    وسيلة إنتاج
    وسيلة تسلية
    وسيلة إثراء
  - الحاسوب في الإدارة التعليمية (التعليم المدار بالحاسوب)
    البحوث
    المهام الإدارية
    إدارة الامتحانات
  - الحاسوب وسيلة تعليمية (التعليم المعزز بالحاسوب)
    التعليم الجماعي المعزز بالحاسوب
    التعليم الفردي المعزز بالحاسوب
    التعليم الذاتي المعزز بالحاسوب
    التعلم التعاوني المعزز بالحاسوب
    التعلم المتمازج أو المدمج
    التعلم عبر الانترنيت
- الحاسوب و التحديات الجديدة
- الحاسوب في مواجهة التحديات الجديدة في الميدان التعليمي
  - توفير المعلومات
  - توفير الاتصال الفعال

- توفير فرص أوسع للتعلم
- تنوع اتجاهات التعليم
- توفير استراتيجيات وطرائق جديدة
- الاستجابة لنتائج البحث العلمي
- السرعة والدقة

• العيوب المرافقة لاستخدام الحاسوب في التعليم

الفصل الرابع

مجالات استخدام الحاسوب في التعليم

مقدمة

تحدثنا في الفصول السابقة بصورة عامة عن خصائص الحاسوب وبعض استخداماته ، وأهميته في التعليم والتعلم . في هذا الفصل سنتناول بشيء من التفصيل مجالات استخدام الحاسوب في التعليم وأنواعها ، والمهام التي يمكن أن يؤديها لدعم العملية التعليمية بمختلف جوانبها الاتصالية ، الإدارية والتخصصية ، وما يتصل منها بالموقف التعليمي والتعلمي .

أهم التصنيفات المتداولة :

إن الباحث في هذا الميدان يجد تصانيف متعددة لمجالات استخدامات الحاسوب في التعليم وسبب التعدد هو اختلاف زوايا النظر إلى كل من هذه التصنيفات . وقد ظهرت مصطلحات كثيرة لوصف مجالات استخدام الحاسوب في التعليم منها :

- Computer Assisted Instruction (CAI)

  ويقصد به التعليم بمساعدة الحاسوب ، أو التعليم المعزز بالحاسوب .

- Computer Managed Instruction (CMI)

  ويقصد به التعليم المدار بالحاسوب .

- Computer Based Instruction (CBI)

  ويقصد به التعلم المعتمد على الحاسوب .

- Computer Based Learning (CBL)

هذه المصطلحات وغيرها تؤطر المجالات التي يستخدم فيها الحاسوب في ميدان التعليم ، سواء أكان ذلك الاستخدام في خدمة العملية الإدارية التعليمية ، أم في دعم الموقف التعليمي التعلمي بصورة مباشرة داخل الصف الدراسي وخارجه.

كما نجد في الأدب التربوي تصنيفا آخر لمجالات استخدام الحاسوب في التعليم على النحو الآتي :

- التعلم عن الحاسوب / للتعبير عن دراسة الحاسوب لذاته .
- التعلم بالحاسوب / للتعبير عن استخدامه كوسيلة تعليمية .
- التعلم من الحاسوب / للتعبير عن استخدامه بديلاً للمعلم .

ومن الجدير بالإشارة هنا أن المصطلحات المتداولة قد تعطي معاني مختلفة من مرجع لآخر من حيث التفاصيل التي يشملها كل نوع منها وتطبيقاته ، ففي تقسيم آخر نجد أن تصنيف مجالات الاستخدام ، يأتي على النحو الآتي :

- استخدام الحاسوب بوصفه مدرسا .
- استخدام الحاسوب أداة للإدارة .
- استخدام الحاسوب بوصفه أداة للتدريس .
- استخدام الحاسوب بوصفه أداة للبحث والتطوير .

كما يقسم أيضاً إلى :

- وظائف إدارية .
- وظائف تدريسية .
- خدمات انتاجية.

وهكذا نجد أن كل تقسيم من هذه التقسيمات يجتهد في تصنيف مجالات استخدامات الحاسوب في التعليم بحسب النظر إلى المهام التي يؤديها في عملية التعليم والتعلم . وقد اجتهدنا هنا في وضع تقسيم رباعي لمجالات الاستخدام التعليمية للحاسوب بحسب طبيعة كل منها ، بوصفه هدفاً ، أو أداة إنتاج ، أو عاملاً مساعداً في التعليم والتعلم أو الإدارة التعليمية ، مقرين بأن العملية التعليمية عملية شمولية وتكاملية التفاعل بين أجزائها وحلقاتها و أنه يصعب أحياناً رسم حدود قاطعة بين هذه المجالات من حيث طبيعتها وتأثير بعضها في البعض الآخر .

مجالات استخدام الحاسوب في التعليم

بناء على ما سبق لنا ذكره من أهم التصانيف المتداولة يمكننا تصنيف مجالات استخدام الحاسوب في التعليم على النحو الآتي :

(1) **الحاسوب هدفاً (تخصصاً)** : Computer Science /Information Technology

ويقصد بهذا المجال دراسة الحاسوب لذاته ، سواء أكان ذلك من قبل المعلمين أم الطلبة أم العاملين في ميدان التربية والتعليم عموماً . وهو مجال يعنى بدراسة هندسة الحاسوب بوصفه منظومة تقنيه لها خصائصها وآليات اشتغالها . كما يشمل دراسة النظم واللغات والبرمجيات التي تتحكم في تنظيم عمل هذه المنظومة التقنية ، واستخدامها في مجال إجراء العمليات الإحصائية المعقدة وإجراء عمليات خزن المعلومات ومعالجتها واسترجاعها، وربط شبكاتها تداولها، وتوظيف خصائصها في ميدان الذكاء الاصطناعي والروبرت ، وغير ذلك من الهندسية والبرمجية الحديثة .

وقد انتشرت دراسة الحاسوب بوصفه هدفا تعليميا قائما بذاته بشكل سريع لتشكل تخصصات قائمة بذاتها لأقسام علمية متكاملة أو كليات متخصصة ، علاوة على انتشار ظاهرة المعاهد والمراكز الثقافية ومكاتب القطاع الخاص التي تقيم دورات تخصصية في كل جزئية من جزيئات عمل الحاسوب ، و تمنح شهادات تخصص أو رخصاً مهنية بحسب متطلبات سوق العمل . ومنها على سبيل المثال رخصة قيادة الحاسوب الدولية ICDL التي تعد اليوم من الخبرات الأولية المطلوبة للعمل في ميدان التعليم .

(2) **الحاسوب أداة خدمية** : Service Tool

ويقصد بهذا الاستخدام العديد من التطبيقات التي لا تدخل في صلب عملية التدريس بشكل مباشر . ذلك أن جهاز الحاسوب ، أو منظومة الحاسوب ، له استعمالات عديدة تدعم العمل التربوي بشكل غير مباشر ومن هذه الاستخدامات :

- **وسيلة اتصال** : تتزايد التطبيقات الاتصالية للحاسوب للأغراض التعليمية بشكل واسع ، إذ عن طريقه يمكن إجراء المؤتمرات واللقاءات وإجراء الاتصالات بالصورة والصوت بهدف تبادل الخبرات وتطويرها . والأمثلة عديدة أيضاً على استخدام الانترنت في هذا المجال . وهنا لابد من الإشارة أن ما تتمتع به منظومات الحاسوب من قدرات اتصالية قد فاق ما حققته وسائل الاتصال الجماهيري الأخرى التي سبقته كالإذاعة والتلفزيون والسينما والهاتف . بل إنه جمع بين خصائص الاتصال الفردي والجماعي والجماهيري ، مضافاً إليها القدرة على التفاعل المباشر ، وتبادل المعلومات والوثائق الصوتية والصورية بصورة آنية . وما يشغل العاملين في هذا الميدان هو كيفية توفير أفضل فرص للاتصال التفاعلي والمرن بين المستخدمين ، أو أطراف عملية التعليم والتعلم بصورة خاصة .

إن هذه القدرات الاتصالية قد حققت لمستخدمي الحاسوب والانترنت مساحة واسعة من ممارسة النشاط الاتصالي الآني على نطاق واسع ، أسهم في تكوين الجامعات المفتوحة أو الافتراضية والمكتبات الافتراضية ، وتوسيع فرص دعم عملية التفاهم بتوفير فرص تواصل أوسع بين العاملين في الحقل التعلمي وأولياء الأمور ، وبين الطلبة والمعلمين ، أو المعلمين فيما بينهم والطلبة فيما بينهم على سبيل المثال . سنتناول تفاصيل هذا النوع من الاستخدام في المبحث الخاص بالانترنت .

- **وسيلة إنتاج** : لم يتفوق الحاسوب على وسائل الاتصال التي سبقته بقدرته على إحداث نشاط اتصالي فاعل ومتفاعل فحسب ، إنما تفوق عليها كذلك في قدرته الإنتاجية دون الحاجة إلى فريق عمل كبير ومتخصص كما هو الحال مع وسائل الاتصال الأخرى . ذلك أننا بالحاسوب قادرون على إنتاج برامج ووسائل تعليمية محوسبة وغير محوسبة بأقل الكلف ، وبجهد وزمن أقل بكثير من تلك الوسائل . إن استخدام الحاسوب كوسيلة إنتاجية يجري في غالب الأحيان من قبل أطراف هي من خارج ميدان التعليم أصلاً ، لكن عملها ونتاجاتها يمكن أن تخدم

العملية التعليمية، واستخدام الحاسوب بوصفه منظومة إنتاجية و من غير القائمين على التعليم بصورة مباشرة ، لكنه يتصل بالتعليم في النهاية ويصب في خدمته. وتدخل في هذا الإطار عمليات الطباعة والإحصاء والبرمجة والرسم والمونتاج وما إلى ذلك.

- **وسيلة تسلية**: نستطيع استثمار الحاسوب في جانب مهم من حياة الطلبة ، والأطفال منهم بشكل خاص، وهو التسلية ذات الأهداف التربوية ، وليس التعليمية المبنية على المناهج الدراسية ، وذلك عن طريق إشراكهم في عدد لا يحصى من الألعاب التعليمية التي تسهم في تطوير مهارات التلاميذ وخبراتهم واتجاهاتهم ، علاوة على تطوير مهارات التفكير لديهم خارج إطار المنهاج الدراسي .

- **وسيلة اثراء** : أن البرامج الإثرائية التي تنتج بواسطة الحاسوب أو بواسطة وسائل أخرى وتعرض عليه ،إنما تقدم فائدة كبيرة لمستخدمها من الشرائح والفئات الاجتماعية كافة ، وكذا المعلمون والإداريون والطلبة في مجالات عملهم أو تخصصاتهم من خلال توسيع معارفهم وخبراتهم خارج المناهج التعليمية ، مما يعزز تلك المناهج ويسهم كثيراً في تطوير نموهم العلمي أو المهني خارج سياقات المؤسسة التعليمية . ويوفر بيئة من الوعي ومحيطا من المعارف والخبرات الحياتية العامة التي تسهم في تهيئة قاعدة معرفية أفضل لعمليات التعلم اللاحقة. وعن هذا الطريق يمكن لمستخدمي الحاسوب التعرف على عادات الشعوب مثلاً وطرائق عيشها ، أو حياة العظماء وخفاياها ، وأسرار الطبيعة والكون وأعماق النفس البشرية ،والتاريخ والجغرافيا والعلوم والآداب والفنون ، إلى غير ذلك من موضوعات .

إن جميع مجالات الاستخدام المشار إليها في باب استخدام الحاسوب كأداة خدمية لا تدخل في استخدام هذه الوسيلة بصورة مباشرة في العملية التعليمية . لكنها بالتأكيد تدخل في إطار التنمية العامة لقدرات المستخدمين من المعلمين والطلبة

والإداريين ، وهو ما يمثل دعماً غير مباشر في توفير مدخلات معرفية واتجاهات تصب في النهاية في هذه العملية بشكل أو بآخر .

(3) **الحاسوب في الإدارة التعليمية (التعليم المدار بالحاسوب)** Computer Managed Instruction :

إن الخصائص والمميزات العديدة التي يتمتع بها الحاسوب ، والتي جعلته منفرداً من بين الوسائل الأخرى في توفير مستلزمات القيام بالمهام الإدارية التي تتطلبها العملية التعليمية ، قد فتحت أمام المعلمين والإدارات المدرسية والإداريين في مختلف مستويات المؤسسة التعليمية ، آفاقاً واسعة لإدارة عملية التعليم والتعلم بما يحقق أهداف هذه العملية بكفاءة وفاعلية أكثر بكثير مما كانت تحققه الوسائل التقليدية التي كانت متاحة .

وتكمن الميزة الأساسية للحاسوب بقدر تعلق الأمر بهذا الجانب بقدرته على خزن كم هائل من المعلومات وقابلية تفسيرها وانتقائها ومعالجتها بحسب طلب المستخدم ، بسرعة تعادل ملايين المرات سرعة إجرائها بالطرائق التقليدية ، وتقديمها بالصورة التي يرغبها المستخدم بكلف زهيدة نسبياً وبدقة متناهية أيضاً .

كما إن الحاسوب ، وهو يقوم بهذه الخدمات ، قادر على الربط بين أطراف العملية الإدارية التعليمية جميعاً بما فيهم أولياء أمور الطلبة والإداريين ومتخذي القرار بمختلف مستوياتهم من خلال أنظمته . وهو ما يجعل الحاسوب في خدمة أطراف العملية التعليمية في مختلف مستوياتهم أفقياً وعمودياً لتقويم العملية التعليمية بشكل دائم ولتنظيم هذه العملية وإداراتها واتخاذ القرارات الصائبة بشأنها ، وسنحاول أن نستعرض بعض أهم التطبيقات التي يستخدم فيها الحاسوب في إدارة العملية التعليمية .

البحوث : ويقصد بالبحوث هنا البحوث ذات الصلة بعملية التعليم والتعلم وإداراتها . لقد أصبح بالإمكان في ظل التطور الحاصل في تقنية الحاسوب وتطور لغاته وبرمجياته ، القيام ببحوث واسعة النطاق كتلك التي تتطلب اختبار فرضيات عديدة وعمليات

إحصائية معقدة ، تتصل بالأداء التعليمي وآفاق تطوره ، وتلك التي تتطلب كماً كبيراً من البيانات وطيفاً واسعاً من الأدب النظري ذي الصلة بالبحوث المنوي القيام بها ، ليس على نطاق التخصص الواحد أو البلد الواحد حسب ، وإنما على مستوى تخصصات متعددة ، وعلى نطاق العالم كله .

إن البحث التربوي بات يستند إلى قاعدة واسعة جداً من الدراسات والبحوث والتجارب المختبرية التي تشكل العمق العلمي للبحث التربوي وبحوث التخصص . ولا يقصد بالبحوث هنا تلك التي تتصل بالعلوم البحتة أو التطبيقية فحسب وإنما البحوث الإنسانية كذلك . كما أصبح بالإمكان استخدام التقنية الاتصالية للانترنت للقيام ببحوث على مستوى مجتمعات عديدة ودول عديدة .

يضاف إلى ذلك أن الحاسوب فتح المجال واسعاً لتناول مشكلات بالغة التعقيد وكثيرة المتغيرات كالبحوث التنبؤية أو المستقبلية التي تتطلب حسابات مطولة وتنطوي على توقعات عديدة . بل إن استخدامات الحاسوب في مجال البحث العلمي امتدت لتشمل تطبيق أسلوب اختبار الفروض ، وتقديم النتائج المقترحة أو المتوقعة، ورصد العلاقات المتشابكة بين متغيرات البحث مهما تعددت أو تعقدت . ورغم أن الحاسبات المتقدمة التي تستخدم في البحوث واسعة النطاق تعد من الوسائل المكلفة مادياً ، إلا أن حجم استخداماتها والفوائد الكبيرة التي تحققها علاوة على اختزال الجهد والدقة المتناهية في تحقيق النتائج تبرر هذه الكلف .

إن الإدارة التربوية الحديثة تعتمد في تخطيطها للعملية التربوية على البحث العلمي الدقيق لتطوير أدائها . كما أنها معنية أكثر من ذي قبل بالتجارب العالمية وإمكانية الإفادة منها بما يتناسب مع البيئة التعليمية المحلية ، وما توفره من إمكانات بشرية ومادية وما تود تحقيقه من أهداف .وهذا النشاط البحثي للإدارة التربوية، يمكن أن يمارس على مستوى الإدارات العليا ومراكز البحث العلمي المرتبطة بها والإدارات المدرسية على حد سواء . وهو يشمل جميع مفاصل العمل التعليمي من حيث كلفه وأهدافه وخططه البعيدة والقريبة ، وآلياته التي ترتبط بنمو السكان وتحول الحاجات

الاجتماعية ومتطلبات سوق العمل ودور المؤسسة التربوية في تأمينها . علاوة على المناهج التعليمية والطرائق والاستراتيجيات المستخدمة داخل الصف المدرسي وخارجه ، وحملات محو الأمية والتعليم شبه الرسمي .. إلى غير ذلك من موضوعات لا يمكن التصدي لها دون اعتماد البحث العلمي الدقيق والمستمر . ولاشك أن الحاسوب أو اعتماد الانترنت يمكن أن يوفر امكانات بحثية كبيرة في هذا الإطار من خلال الامكانات التي يوفرها للباحثين للإطلاع على ما أنتجه البحث العلمي في جميع أنحاء العالم وما هو منشور من تجارب وبيانات ومعلومات عنه . وعلى مستوى المعلمين فإن التطور الحاصل في عشرات التخصصات العلمية التي يقوم المعلمون بتدريسها تتطلب البحث والتقصي المستمرين لمتابعة المستجدات النظرية والتطبيقية لهذه التخصصات ، وكيفية تدريسها ، وتقويم أداء الطلبة فيها ومستوى الإتقان المطلوب في اكتساب المهارات أو الكفايات المتعلقة بها .

أما على مستوى الطلبة فإن الاتجاه الحديث الذي بدأ يطغى منذ عقود على نمط التعلم ، هو أن يكون هامش مشاركة الطالب في عملية التعلم أوسع مما كان متاحاً له بموجب الطرائق التقليدية المعتمدة في التعليم . لذلك فإن اعتماد التعليم المتحور حول الطالب Student Centered Instruction قد أوجب التوسع في تطبيق حل المشكلات والعمل التعاوني ، ومنه البحوث الجماعية ، والاستقصاء ، والتفكير الابتكاري . والتي يمكن للحاسوب أن يقدم تسهيلات كبيرة فيها عن طريق مساعدة الطالب في ممارسة التعلم الذاتي ، أو الفردي ، بما يطور قدراته ، ويصل بمهاراته حد الإتقان ، ويعزز لديه مفهوم الذات والثقة بالنفس .

المهام الإدارية: ربما تكون الإدارة التربوية من أنماط الأدارة المتسمة بالتعقيد والتشابك والاتساع ، نظراً لصلتها بجميع شرائح المجتمع أو مختلف الأعمار . ولتعدد أطرافها وتنوع انتماءاتهم واهتماماتهم ، وتنوع المؤسسات التعليمية على المستوى المحلي بحكم تأثر هذه المؤسسة الكبير بالمعطيات البيئية والاجتماعية . كما أن الإدارة التربوية

تتعامل مع جمهور متحرك دائم التغيير ، وحاجات متجددة ، ومناهج دائمة التطوير . وتبعاً لتطويرها تتطور الاستراتيجيات والوسائل والمهام .

وإذا كانت العملية الإدارية التربوية تتصف بهذه الخصائص ، وإذا كانت الإدارة التربوية بمختلف مستوياتها مهتمة حقاً بتطوير أدائها لتواكب تطورات العصر وتستفيد من تقنياته ، فإن الحاسوب يمتلك من الخصائص الكثير لتسهيل عمل هذه الإدارات في هذا الإطار. فبواسطته يمكن تنظيم سجلات الطلبة والعاملين والمعلمين وحفظها ، وتنظيم عمليات القبول في المدارس والجامعات ، وتأمين المعلومات المتعلقة بها للمستخدمين ، وكذلك كشوفات المرتبات ، وميزانياتها التفصيلية وموجودات مخازنها ومكتباتها ومختبراتها . كما يمكن بواسطة الحاسوب عمل الإحصاءات التربوية المتعلقة بأعداد الطلبة ، ونسب النجاح والرسوب والتسرب ، مبوبة بحسب المراحل الدراسية والمقررات التخصصية والأعمار والجنس ... الخ . علاوة على جدولة المقررات الدراسية وسجلات استعارة المواد والكتب والمشتريات وكشوف بالمناسبات والفعاليات المدرسية على امتداد العام الدراسي .. إلى غير ذلك من مهام . ويشهد الوقت الحاضر استخداماً واسعاً لأنظمة عديدة للمعلومات في الإدارة التربوية ، وهو ما سنتناوله لاحقا في الفصل الخاص بإدارة نظم المعلومات التربوية .

إدارة الامتحانات: ربما تكون إدارة الاختبارات من أهم التطبيقات الإدارية التي يعنى بها المعلمون والإدارات التعليمية. إذ يمكن للمعلمين بناء الامتحانات وتطبيقها وتصحيحها باستخدام الحاسوب بكفاءة ودقة عاليتين . وبالتالي رسم خرائط وافية لأداء الطلبة ومستوياتهم ومقدار ما يحقق الطلبة من مستويات الإتقان المطلوبة وما هو مطلوب لمعالجة الإخفاقات التي يواجهونها ، واعتماد وسائل إحصائية متقدمة لتحديد ذلك . وهو ما يعين المعلم على متابعة معالجة حالة كل طالب على حدة آخذاً بنظر الاعتبار الفروقات الفردية بينهم . كما إن الإدارات التربوية معنية بدقة الامتحانات وتحليل نتائجها وسرعة انجاز عمليات التقويم فيها.

بناء الاختبارات: يمكن للمعلم إنشاء قاعدة بيانات تحتوي أسئلة عديدة تغطي مختلف جوانب المنهاج الدراسي ، وبما يغطي الأهداف السلوكية الموضوعة ومستويات الإتقان المطلوبة ، ولها القدرة على التمييز بين قدرات الطلبة . ومثل هذه القواعد يمكن تحديثها من قبل المعلم باستمرار بحسب متغيرات الموقف التعليمي التعلمي .

ولا يقصد بقواعد البيانات الخاصة بالاختبارات أن تحتوي أسئلة فقالية أو موضوعية حسب ، إنما يمكن بناء اختبارات باستخدام الصورة الثابتة والمتحركة والملونة إضافة إلى الصوت .

كما يمكن بناء اختبارات بمعلومات نظرية أو صورية أو صوتية غير مكتملة ويطلب من الطالب إكمالها . بمعنى أن الإجابة هنا تقتضي خبرة مناسبة من قبل الطالب لوضع إجابته باستخدام الرسم أو إضافة الصور وتركيبها ، أو إنشاء الرسوم والمخططات الهندسية ، أو إضافة الأصوات ... الخ .

تطبيق الاختبارات: لا يقتصر تطبيق الاختبار من قبل المعلم على توزيع نسخ ورقية من أسئلة الامتحان الذي اختار فقراته من قاعدة البيانات على الطلبة للإجابة عن أسئلتها . ففي حالة إنشاء الاختبار في صيغة برمجية معدة لعرضها بالحاسوب ، يطلب من الطالب التعامل معها بموجب خبراته السابقة . وقد يستخدم الحاسوب في تطبيق الاختبارات داخل الصف ، أو عن طريق الانترنت أو ذاتياً دون اتصال مباشر مع المعلم . وقد يتاح للطالب الإجابة في زمن محدد أو بحسب قدراته ، إذ أن ذلك جزء من بناء الاختبار ومعايير تصحيحه . وهنا يفضل تمكين الطالب من الحصول على الإجابة الصحيحة بعد وضع إجابته على كل سؤال في الاختبار بما يؤمن له التغذية الراجعة الفورية . كما يمكن أن يطلع على ما جمعه من علامات في نهاية الاختبار . ويستكمل تطبيق الاختبار أحياناً بتزويد الطالب فوراً عند إخفاقه في الإجابة بما هو مطلوب منه لمعالجة ذلك الإخفاق .

تصحيح الاختبارات: يقوم المعلم بعد أداء طلبته الامتحان تسلم إجابات الطلبة وتأشير ملاحظاته عليها ووضع العلامات وخزنها على الحاسوب ، وإطلاع الطالب ، إن لم يكن قد اطلع عليها بصورة فورية ، على تقويم المعلم لأدائه ، وربما إطلاع أولياء الأمور على النتيجة أو تسليم كل طالب تقريراً عن أدائه وما هو مطلوب لتحسين الأداء . ويمكن للمعلم أيضاً أن يقوم بمراجعة جملة إجابات الطلبة وتقسيم أداءاتهم إلى مستويات عدة ، للإفادة منها في بناء أنشطة مضافة لمعالجة إخفاقاتهم أو بمراجعة أجزاء من الوحدات الدراسية التي تم إجراء الاختبار فيها . ويمكن للمعلم أيضاً الرجوع إلى علامات الطلبة ومستويات إتقانهم لاحقاً ، واستخراج المتوسطات الحسابية والمنوال والنسب المئوية وغيرها ، مما قد يتطلب عمليات إحصائية معقدة يصعب إنجازها بدون الحاسوب ووضعها في صيغة خرائط وأشكال بيانية إجمالية تسهل قراءتها ومقارنتها مع بعضها ومقارنتها بأدائها السابق واللاحق ، واستخراج النتائج النهائية لمجموعة من الطلبة أو مجموعة من الشعب .

وتشكل هذه النتائج القاعدة الأساسية لبناء قاعدة المعلومات الخاصة بنتائج الطلبة في المساقات التي تدرس في المدرسة ، ثم عدة مدارس أو منطقة تعليمية كاملة لتوضع أمام الإدارات التعليمية الأعلى ، للإفادة منها في إعادة تقويم المناهج ومخرجات عملية التعليم والتعلم مما يساعد في إعادة تخطيط هذه العملية على نحو يتصف بالدقة والشمول والتفصيل .

(4) الحاسوب وسيلة تعليمية (التعليم المعزز بالحاسوب)

Computer Assisted Instruction (CAI)

يقصد بالتعليم المعزز بالحاسوب ، أو التعليم بمساعدة الحاسوب ، أو استخدام الحاسوب بوصفه وسيلة تعليمية (وجميعها تستخدم بمعنى واحد لأغراض هذا الكتاب) أن يتم تصميم الموقف التعليمي التعلمي بحيث يستخدم الحاسوب معززاً لعملية التعليم والتعلم كلاً أو جزءاً . وبذا يكون الحاسوب مساعداً للمعلم أو بديلاً عنه في تعليم طلبته . وفي الوقت نفسه ، معيناً للطالب في اكتساب الأهداف السلوكية التي وضعت

ابتداءً . أي أن هذا الاستخدام مرتبط مباشرة بعملية التعليم والموقف التعليمي التعلمي وليس بالمهام الإدارية المتممة لها ، والتي تقع ضمن مفهوم التعليم المدار بالحاسوب كما أشرنا . ويمكن أن يتم ذلك بإحدى الطرائق أو الاستراتيجيات الآتية :

- التعليم الجماعي Group Instruction
- التعليم الفردي Individualized Instruction
- التعلم التعاوني Co-Operative Learning
- التعلم الذاتي Personalized Learning
- التعلم المدمج Blended Learning
- التعلم عبر الانترنت Learning Through Internet

وسنحاول في هذا المبحث أن نعرض لكل نوع من هذه الاستخدامات موضحين أوجه الشبه والاختلاف بينها وعناصر القوة والضعف في كل منها :

أ- التعليم الجماعي المعزز بالحاسوب :

إن أفضل مثال لهذا النوع من المواقف التعليمية التعلمية هو قيام المعلم بعرض برمجية سبق له إعدادها ، تتضمن أهداف الدرس ومحتواه التعليمي ، وما يتضمنه هذا المحتوى من حقائق ومعارف وخبرات . ويقوم بعرضها كاملة على طلبته داخل غرفة الصف على الشاشة الكبيرة (Data Show) أو من خلال أجهزة متعددة موزعة على الطلبة . ثم يقوم بعد ذلك بشرحها والتعليق عليها . أو أن تكون بطريقة العرض المتقطع، إذ يتوقف المعلم بين الحين والآخر لبيان ما ورد فيها جزءاً بعد آخر ، أو التعليق أثناء العرض . وهنا يكون دور المعلم عادة أوسع من دور الطالب الذي يكتفي المعلم بالإجابة عن أسئلته ،أو أن يطلب من الطالب تلخيص ما ورد في العرض أو الإجابة عن بعض الأسئلة .

إن هذا الاستخدام قريب من الاستخدام التقليدي للوسائل التعليمية الأخرى ، غير أن الحاسوب هنا يساعد في جعل طريقة العرض أكثر انسيابية وأكثر استثماراً للوقت . إذ أنه يجمع بين معظم خواص الوسائل التقليدية . وفي مثل هذه الحالات من التلقي الجماعي يضعف التفاعل الفردي بين المعلم وكل طالب من طلبته على حدة . مما يتطلب من المعلم مراعاة الفروق الفردية بين طلبته والتأكيد دائماً من أن طلبته يتابعون سير الدرس باهتمام من خلال ملاحظته وخبرته في ذلك ، وإجراء عملية فحص مستمرة لما اكتسبه الطلبة وما حققوه من أهداف الدرس . وأكثر ما يستخدم من برامج الحاسوب في مثل هذه الحالات برنامج العرض التقديمي (Power Point) لسهولة استخدامه في الإنتاج والعرض .

ب- التعليم الفردي المعزز بالحاسوب :

من الواضح أن التعليم الفردي يتيح لكل طالب فرصة أوسع للتفاعل مع المعلم، واعتماد قدرته الفردية في التعلم بمساعدة المعلم وإشرافه . أما استخدام الحاسوب في تعزيز هذا النوع من المواقف التعليمية التعلمية فيمكن أن تكون إحدى أبرز صوره أن يضع المعلم أمام طلبته برمجية محوسبة أو جزءاً من برمجية ، بحيث يستطيع كل من طلبته مشاهدتها على الجهاز الخاص به ، والقيام بما هو مطلوب منه في إدخال عناصر جديده إليها ، أو تطبيق نشاط تطلبه منه البرمجية ، أو الإجابة عن أسئلة محددة فيها مثلاً، على أن تتاح للطلبة الفرصة الكافية لممارسة ذلك كل تبعاً لقدراته وسرعة إنجازه . ويكون دور المعلم هنا متابعة الطلبة كل على حدة ، أو مراجعة أدائهم جميعاً لاحقاً والتحاور مع كل منهم لإبداء ملاحظاته تمهيداً للخطوة اللاحقة . وقد يقوم الطالب في مواقف أخرى بتنظيم أفكاره بحسب ما يطلب منه ، وتثبيت إجاباته على الحاسوب معتمداً على قدرته الذاتية ، ليأتي دور المعلم في التصحيح والتوجيه أثناء العمل ، أو تقديمها مطبوعة أو مخطوطة أو مرسومة لاحقاً .

إن هذا النوع من التعلم يعد أكثر تأثيراً في سلوك الطالب ذلك أنه جزء من التعلم التفاعلي الذي يجد فيه الطالب فرصته الكافية في ممارسة التعلم بدافعية

أعلى، وفي الحصول على اهتمام المعلم ورعايته ، وفي اكتشاف أخطائه بنفسه . وهذا ولاشك مختلف كثيراً عن التعلم الجماعي الذي لا يلقى فيه الطالب القدر نفسه من الاهتمام والتفاعل . وعليه يمكن أن نتوقع أن تكون المخرجات التعليمية لمواقف تعليمية تعلمية من هذا النوع أفضل من سابقتها بكثير .

ت- التعلم الذاتي المعزز بالحاسوب :

يستخدم البعض- مجازاً- تعبير "التعلم من الحاسوب" للدلالة على عملية التعلم الذاتي التي يمارسها المتعلم باستخدام الحاسوب . وهو نمط من التعلم لا يتدخل فيه المعلم ظاهراً . غير أنه في حقيقته موقف تعليمي تعلمي صمم على وفق أهداف وأغراض مخطط لها ، ووضع محتواه التعليمي وتسلسل خطواته بموجب نموذج تصميمي مقصود الاهداف. أي أن المعلم (سواء كان معلماً حقيقياً أو شركة إنتاج) هو الذي يقف وراء هذا الموقف بكامله رغم عدم ظهوره للطالب . ذلك أن عملية الاتصال كما أسلفنا تعتمد على أربعة عناصر أساسية أحدها هو المرسل (ويقصد به هنا المعلم أو المنتج للبرمجية المحوسبة) ولا يمكن أن تتم عملية الاتصال بدونه . وعليه فإن عملية التعلم الذاتي (بوصفها عملية اتصالية) لابد أن يكون فيها مرسل . والحاسوب هنا ليس أكثر من وسيلة تنقل رسائل المرسل .

إن التعلم الذاتي بمساعدة الحاسوب أذن موقف تعليمي تعلمي يمارس فيه المتعلم عملية التعلم لوحده ، في غياب المعلم ظاهرياً . وقد يستخدم المتعلم هنا برمجية مغلقة (أي لا يحق له إجراء أي تعديل عليها) أو مفتوحة (أي يحق له الحذف منها والإضافة إليها والتعديل عليها) . وفي هذه الحالة فإن البرمجية ينبغي أن تحتوي على الصفات الأساسية كالموضوع وتعليمات التشغيل والأهداف والمحتوى والأنشطة والتقويم والمساعدة . وهو ما سنتناوله في مبحث تصميم وإنتاج البرمجيات التعليمية ، بحيث يمكن للطالب مواصلة تعلمه دون الرجوع إلى أحد لطلب المساعدة . وهذا النوع من المواقف التعليمية التعلمية يحقق للطالب أمورا عدة أهمها:

- المرونة في التعلم في الوقت والظرف الذين يناسبانه .
- حمايته من مشكلات الخوف والإحراج التي تواجهه في مواقف تعليمية تعلمية أخرى .
- الثقة العالية بالنفس ، وهو يلمس نمو معارفه وخبراته في التعلم ، مما يعزز لديه مفهوم الذات .
- تشجيع الطالب على الاستكشاف وحل المشكلات والتعلم الابتكاري .
- تمكينه من إجراء التقويم الذاتي من خلال ما يطلب منه في البرمجية من أداءات متنوعة لقياس قدراته ومدى تقدمه في خطوات التعلم .
- الإفادة من الأنشطة الإضافية التي تطلبها البرمجية مما يوفر للطالب آفاقا جديدة تثري معارفه وخبراته ، وتوسع مفهوم المنهاج وحدوده التقليدية .
- تعزيز دافعية الطالب مواصلة التعلم بحكم مرونة الموقف التعليمي التعلمي ، واختلافه عن الموقف التقليدي الذي يكون فيه المعلم سيد الموقف ولا يمارس فيه الطالب عملية التلقي بشكلها المتفاعل في كثير من الأحيان .

لكن مما يؤخذ على التعلم الذاتي المعزز بالحاسوب أن معظم البرمجيات المستخدمة فيه، قد أنتجت من قبل شركات تضعف لديها الدقة العلمية والدراية العميقة بشروط الموقف التعليمي التعلمي المطلوب . علاوة على أن الأنشطة المضافة كاستخدام الانترنت يمكن أن تكون له نتائج سلبية على المستوى العلمي، وبخاصة للأطفال والشباب ، و ما يترتب على ما يبذل من وقت وجهد في البحث عن معلومات كثيرة ، قد لا تقع في صلب أهداف الموقف التعليمي التعلمي الذي هو بصدده .

ث- التعلم التعاوني المعزز بالحاسوب :

واضح بأن المقصود بهذا النوع من المواقف التعليمية التعلمية أن نوفر الفرصة للعمل التعاوني – التشاركي بين الطلبة ، سواء أكانوا على شكل مجموعات صغيرة

أم كبيرة ، في التعامل مع الحاسوب أثناء عملية التعلم . وهو ما يمكن تنظيمه داخل الصف بعرض برمجية بصورة مشتركة ، والطلب من الطلبة انجاز مهام محددة على الحاسوب بعد التحاور فيما بينهم . أو أن تكون لكل مجموعة برمجيتها ومهام عملها المحددة ، لتقوم بأداء ما يطلب منها على أساس تعاوني .

ولاشك أن هذا النوع من المواقف يتميز بدافعية تعلم عالية من قبل أفراد المجموعات لما يوفره العمل المشترك من تآزر في حل المشكلات المطروحة ، وتنافس يؤجج الحماسة لديهم ، ويضمن جعل التعلم أكثر إمتاعاً . على أن هذا النوع من التعلم يتطلب قدرة عالية من المعلم لضبط الموقف الصفي ومتغيراته ، لضمان الإفادة من الوقت المتاح إلى أقصى قدر ممكن . كما يتطلب توفر بيئة صفة مناسبة ، والتزاماً من جانب الطلبة بالهدوء والنظام ضماناً لسير الدرس بصورة مجدية ، وهو ما قد يصعب توفيره في كثير من الأحيان .

ج- التعلم المتمازج أو المدمج :

يعد التعلم المتمازج أو المدمج Blended Learning من الأنماط الحديثة قياسا بالأنماط الأخرى التي تناولناها. وقد بدأ ينتشر في السنوات الأخيرة في المدارس بعد أن خفت حالة المغالاة في الاعتماد الكلي على الحاسوب ،وظهور الدعوة إلى ضرورة عدم ترك الطالب لوحده في موقف تعليمي يهيمن عليه الحاسوب بالكامل ، وأن الحاسوب ينبغي أن يدمج مع أنشطة ووسائل واستراتيجيات عدة . أما ماهية هذا النمط من التعليم فهو موقف تعليمي تعلمي يستخدم فيه الحاسوب إلى جانب تقنيات ووسائل أخرى ، يشارك جميعها في توفير المثيرات المطلوبة للطالب . بمعنى أن الحاسوب ليس الوسيلة الوحيدة التي يعتمدها المعلم في الموقف التعليمي التعلمي . فهو يدخل بوصفه جزءا مكملا لطرائق واستراتيجيات ووسائل عديدة أخرى . وفي ذلك يمكن للمعلم مثلاً أن يقدم عرضاً لجزء من المحتوى التعليمي للدرس عن طريق الحاسوب ، ثم ينتقل إلى الحوار مع الطلبة ، ثم يطلب منهم تشكيل مجموعات لانجاز مهمة معينة على حواسيبهم ، ثم يجري نشاطاً باستخدام أوراق عمل ، ثم يعود ليقدم أسئلة تقويميه

محوسبة يطلب من كل طالب أن يقوم بحلها على حاسوبه ... وهكذا . إذن فهو موقف متعدد الأنشطة والمهام ، تتعدد فيه استخدامات الوسائل التعليمية ، ولا يكون فيه الحاسوب هو المهيمن أو الوسيلة الوحيدة المعتمدة في الدرس .

وجدير بالذكر هنا أن هذا النوع من المواقف التعليمية التعلمية يوفر تنوعاً في طرائق العرض ، وبالتالي تنوعاً في المثيرات والاستجابات بما يحقق الاستجابة للفروق الفردية بحدود عالية . غير أنه بالمقابل يتطلب دقة عالية أيضاً في صياغة تصميم الدرس، ودقة في تطبيق مفردات التصميم ، بحيث تتم الإفادة من جميع الوسائل والطرائق دون إخلال بتوقيتات الدرس ، أو توازن المهام والأنشطة التي يتضمنها .

ح- التعلم عبر الانترنت :

وهو موقف تعليمي تعلمي يتسم بالمرونة العالية في استخدام المعلومات التي تتيحها هذه الشبكة الدولية ، سواء على مستوى الاستخدام داخل القاعات الدراسية أو خارجها ، وبإشراف المعلم أو بدونه . ولايقصد بهذا الموقف استخدام الحاسوب كوسيلة للحصول على المعلومات المخزونة فحسب ، وإنما كذلك استخدام هذه الشبكة في البحث والتقصي ، والتراسل عبر البريد الإلكتروني وعقد الحوارات الفورية والمؤتمرات المصغرة باستخدام الصوت والصورة ، وتبادل الرسائل المطبوعة والوثائق والصور وغيرها ، إضافة إلى نقل التجارب والأحداث الحية والتشارك في مناقشتها أو تقويمها .

ويمكن في هذه المواقف تنظيم إشراف المعلم ومتابعته للموقف التعليمي التعلمي بأن يكلف الطالب بمهام معينة ويطلع على ما أنجزه منها . كما يمكن له إجراء التصحيحات على البحث الذي يقوم الطالب بانجازه وإبداء ملاحظاته عليه أولاً بأول . وهذا الموقف طبعاً لا تكون مهمة ضبطه بيد المعلم فقط . إن الطالب في بعض الأحيان يكون هو المسؤول عن ضبط هذه العملية ومتغيراتها .ويتوقف ذلك على طبيعة تصميم الموقف التعليمي التعلمي بنفسه ، وسنعرض بشيء من التفصيل لموضوع الانترنت والتعليم في الفصل بهذا الموضوع .

الحاسوب والتحديات الجديدة :

لاشك أن اختراع الحاسوب وتطور تطبيقاته ، وبخاصة في التعليم والتعلم منذ بداية السبعينات كان نتيجة التقدم التكنولوجي السريع والمستمر الذي جاء متضافرا مع الزيادة المضطردة في السكان ، ومتزامناً مع التطور الكبير في البحث العلمي ، وتفجر المعلومات الهائل ، وتطور تقنيات الاتصال ، كما سبق ذكرنا . لقد أحدثت هذه التطورات هزة عنيفة في حقل التعليم والتعلم تمثلت في :

◊ زيادة الطلب على التعلم .

◊ النقص الشديد في أعداد المعلمين .

◊ الأعباء الاقتصادية التي بات يقتضيها توفير فرص التعلم

◊ التحول في النظرة إلى طبيعة التعليم والتعلم المطلوبين

◊ التحول في النظرة إلى مفهوم المنهاج .

◊ التحول في تحديد أدوار كل من المعلم والمتعلم

◊ البحث المتواصل عن وسائل وطرائق واستراتيجيات أكثر فاعلية

فهل مثل ظهور الحاسوب استجابة للمتطلبات الجديدة التي أحدثتها هذه التحولات ؟

الحاسوب في مواجهة التحديات الجديدة في الميدان التعليمي

إن الإجابة عن السؤال المطروح فيما إذا كان الحاسوب قد استطاع الاستجابة للمتطلبات الجديدة التي أحدثتها التحولات الكبيرة في مجال نمو السكان والمعلومات والتكنولوجيا والاتصال لابد أن تكون بالإيجاب ، بالرغم من بعض النتائج السلبية التي سجلت عليه حتى الآن ، والتي سنتناولها لاحقاً في هذا الفصل . ويمكن إجمال أهم المزايا التي وفرها الحاسوب لمواجهة الواقع الجديد الذي أحدثته التحولات المشار إليها أعلاه على النحو الآتي :

1) **توفير المعلومات:** فالحاسوب يوفر لنا اليوم إمكانية كبيرة في الإطلاع على معلومات بالغة السعة والتنوع باتجاهين :

عمودي : ونقصد به المعلومات المتراكمة عبر التاريخ البشري من مخطوطات ونتائج بحوث ودراسات ووثائق وبيانات صوتية وصورية ومكتوبة ورموز وإشارات ... الخ . وبمعنى آخر فإنه قد حقق التواصل العلمي بين الماضي والحاضر بصورة يصعب تحقيقها بالطرائق التقليدية التي كانت تتطلب جهوداً مضنية ، وزمناً كبيراً ، وإنفاقاً عالياً .

أفقي : ويقصد به تنوع المعلومات وأتساعها على مساحة المنتج العلمي في العالم ، والذي يضع التربويين على حافة المعرفة الأمامية ، بإطلاعهم على أحدث تجاربها ومنجزاتها أولاًُ بأول . مما يجعل وتائر التقدم في الميدان التعليمي تتسم بالمعاصرة والتواصل مع العالم المتقدم ن ويوفر فرصاً أوسع للبحث في الميدان التعليمي والتعلمي والتخصصي سواء للمعلمين أو الطلبة، كما يعطي للمنهاج مفهوماً جديداً أكثر اتساعاً ومرونة وتنوعاً .

2) **توفير الاتصال الفعال :**

إن الخصائص الأساسية التي انطوى عليها اختراع الحاسوب ، والتطورات التقنية الكبيرة التي شهدها منذ منتصف القرن العشرين حتى اليوم قد جعلت منه الوسيلة الأكثر تأثيراً وخطورة بدون منازع . ورغم أن ذلك لا يلغي دور وسائل الاتصال الأخرى، فلكل منها ميدانه وتطبيقاته وجمهوره ، إلا أن خصائص الحاسوب قد تفوقت على خصائص الوسائل الأخرى . بل جمعتها في مركب واحد ، لصالح تفعيل عملية الاتصال بين الحاسوب والمستخدم ، أي بين المعلم والمتعلم . فقد جمع الحاسوب بين خصائص الوسائل الجماهيرية، الإذاعة ، التلفزيون ، السينما ، الصوت والصورة واللون والحركة ، التي لم يكن جمهورها قادراً على التحكم بها إلا بحدود ضيقة جداً ، في منظومة واحدة للمستخدم ، الطالب والمعلم ، بمرونة واسعة في التحكم في مضمونها وطريقة عرض هذا المضمون وزمنه وتسلسله وسعته ومستواه .. إلى غير ذلك من فرص

التحكم . بل إن الخطاب الحاسوبي الموجه للمتلقي ، معلماً كان أم طالباً ، هو خطاب جماهيري وفردي في الوقت نفسه . جماهيري لأنه يخاطب كل المشتركين بمنظومته في آن واحد وفردي لأنه يتيح لكل منهم أن يتفاعل معه تبعاً لقدراته وظرفه ورغباته . وبذلك تجاوز الحاسوب إخفاقات تلك الوسائل الجماهيرية ، الإذاعة ، التلفزيون، السينما ، في توفير عنصر التفاعل ، والتعلم التفاعلي الفردي .

3) **توفير فرص أوسع للتعلم :**

بالرغم من القفزات الكبيرة التي شهدها النمو السكاني في مختلف دول العالم .. وهو ما فرض نقصاً حادا في أعداد المعلمين والمستلزمات التعليمية المطلوبة قياساً بأعداد الطلبة المتزايد ، فإن القدرة الاتصالية للحاسوب بوصفه وسيلة اتصال جماهيرية، أتاحت لنا إمكانية مخاطبة جمهور واسع عن بعد في وقت واحد ، وإنشاء مدارس وجامعات ومعاهد علمية مفتوحة تضم أعداداً غفيرة من الطلبة مقابل عدد محدود من المعلمين ، مع توفير تقنية متقدمة من حيث العرض بحيث أمكن تأمين المستلزمات الفردية والوسائل التعليمية المطلوبة من خلال الحاسوب . هذا علاوة على ما حققه ذلك من تعويض عن الأبنية المدرسية أو الجامعية ، وما تتطلبه من توفير المكتبات، والمختبرات ، والمقاعد الدراسية وغيرها .

4) **تنوع اتجاهات التعليم :**

إن المتتبع لتطور استخدام الحاسوب في التعليم يجد أن الحاسوب قد أتاح فرصاً أكبر للتوسع في التعليم شبه النظامي Non-Formal Education وتعليم الكبار عبر شبكة كثيرة التنوع من التخصصات والاهتمامات التي أوجدتها رغبات المتعلمين وحاجات سوق العمل . هذا علاوة على أن التطور التقني للحاسوب ، وتمكن الشركات المصنعة من إنتاج حواسيب تساعد في تعليم ذوي الاحتياجات الخاصة من الموهوبين أو المعاقين من مواصلة تعليمهم وتفجير طاقاتهم التي حاصرتها الطرائق التعليمية التقليدية والقيم الاجتماعية السائدة لزمن طويل . كما أن استجابة الحاسوب

للفروق الفردية وتكيفه للمستخدم ورغباته والوقت الذي يستخدمه فيه ، ومنحه الفرصة تلو الفرصة لتكرار أخطائه حتى يصل في تعلمه إلى درجة الإتقان .. جميع ذلك قد جعل من الحاسوب أقدر حتى من المعلم أحياناً في الاستجابة للفروق الفردية للمتعلمين ، مما يزيد فرصة التعلم باتجاهات متعددة بحسب رغبات المتعلم.

5) **توفير إستراتيجيات وطرائق جديدة :**

لقد مكن الحاسوب من تطبيق جميع طرائق التدريس واستراتيجياته تقريباً وابتكار تطبيقات جديدة في مجال :

- التعليم التعاوني
- التعليم الفردي.
- التعلم الذاتي
- التعليم من أجل الإتقان
- التعليم المصغر
- الاستنتاج والاستقصاء
- التعليم عن بعد
- الاكتشاف
- حل المشكلات
- المحاكاة

6) **الاستجابة لنتائج البحث العلمي :**

إن الخصائص التي ينطوي عليها الحاسوب قد جعلت من الممكن جداً الاستجابة لما أوصت به النظريات الحديثة في ميدان التعليم والتعلم ونظريات الاتصال والعلوم الاجتماعية بشكل خاص ، من ضرورة توفير المثيرات في الموقف التعليمي التعلمي ، وهندسة هذه المثيرات وتنويعها وتنظيمها بما ينسجم مع الأهداف السلوكية المطلوب

تحقيقها . وكذلك هندسة المحتوى التعليمي بما ينسجم مع تسلسل عمليات الإدراك وحدوث التعلم ، وتوفير بيئة اتصالية فاعلة و البناء التكاملي لعملية التعلم . وهو ما يجعل دور المعلم مصمماً وموجهاً أكثر فاعلية في إحداث تعلم فاعل وممتع في الوقت نفسه ، وجعل هامش مشاركة الطالب في تحقيق هذا الهدف أوسع مما كان نتيجة الطرائق والاستراتيجيات والوسائل التقليدية التي هيمنت على الموقف التعليمي التعلمي حتى ظهور الحاسوب .

7) **السرعة والدقة :**

من أهم خصائص الحياة المعاصرة السرعة والدقة . وهما خاصيتان يوفرهما الحاسوب الذي بات قادراً على إنجاز ملايين العمليات في الثانية الواحدة وبدقة عالية جداً . مما يوفر الوقت والجهد والتكلفة ، ويمكن من استثمار طاقة المستخدم لإنجاز كم أكبر من المهام الأخرى لتحقيق أهداف أكبر وأوسع وأعلى ، وتنمية المهارات العقلية العليا التي لم يكن الطالب بقادر على إتقانها بحكم ما تتطلبه من جهد ووقت وكلف على وفق الأساليب التقليدية التي كانت سائدة قبل ظهور الحاسوب .

<u>فوائد استخدام الحاسوب للطلبة</u>

يمكن إجمال مميزات استخدام الطلبة للحاسوب التعلمي وفوائده بالنقاط الآتية كما استخلصناها من جملة مراجع ودراسات ميدانية :

1) يساعد استخدام الحاسوب كوسيلة تعليمية في رفع مستوى التحصيل بشكل عام .

2) للحاسوب أهمية خاصة في إجراء الطلبة العمليات الرياضية والإحصائية .

3) حث الطلبة على ممارسة التفكير الناقد وإتقان مهارات التفكير الابتكاري وحل المشكلات .

4) تشجيع الطلبة على الإفادة من المعلومات التي يوفرها الحاسوب وتنمية مهارات تحليلها واختيارها وتقويمها والتدريب على استخدامها بكفاءة .

5) تقريب الخبرات غير المباشرة والرمزية عالية التجريد إلى الخبرة المباشرة ، مما يمكن من إدراك الطالب وتصوره للأحداث والعلاقات والتفاعلات بشكل أفضل بكثير من الطرق التقليدية ، بحكم قدرته على المحاكاة وتجسيد المجرد من المفاهيم والحقائق .

6) توفير الوقت والجهد والكلفة على الطالب بحيث يستطيع الطالب انجاز مهام أكثر بدقة أعلى . وهو ما يتيح للطالب التمتع بعملية التعلم ورفع دافعيته ، وتوفير وقت إضافي للتوسع في التعلم واستثمار الكم الهائل من المعلومات المتوفرة بدون صعوبات جدية .

7) حماية الطالب من مخاطر التجريب التي يمكن أن تواجهه في المختبر مثلاً و تخليصه من عبء الخجل والخوف من المواجهة كما يحصل في الطرق التقليدية، مما يساعده على إعادة المحاولة وتكراراها حتى يصل إلى درجة الإتقان بدون خوف من النقد أو الإحراج .

8) زيادة تفاعل المتعلم مع الحاسوب بحكم ما يقدمه الحاسوب من عناصر التشويق وما يتيحه للطالب من استجابة لرغباته وظرفه وإمكاناته .

9) إمكانية الاحتفاظ بما ينجزه الطالب لحين العودة وإكمال ما يريد تحقيقه .

10) إمكانية التحكم بالمحتوى وتنظيمه على وفق قدراته ورغباته .

11) توفير فرص التعلم الفردي والذاتي والتعاوني مع توفر الفرصة دائماً للإفادة من توجيهات المعلم والإفادة من خبرات أقرانه أثناء عملية التعلم .

12) توفير فرص أوسع لبطيئي التعلم والمعوقين في تلقي التعليم بعد أن ضيقت عليهم الطرائق التقليدية هذه الفرص .

13) توفير التغذية الراجعة المستمرة وتمكين الطالب من إجراء عملية التقويم الذاتي لأدائه ومعرفة كيفية علاج الأخطاء التي تواجهه .

العيوب المرافقة لاستخدام الحاسوب في التعليم

على الرغم من أن جميع ما ذكرناه من مميزات استخدام الحاسوب في الموقف التعليمي التعلمي ، فإن واقع استخدامه ميدانياً حتى الآن قد أظهر بعض العيوب . غير أن من المهم هنا الإشارة إلى أن هذه العيوب ، رغم جدية بعضها ، لا تقلل من أهمية استخدامه . بل إنها تدفع إلى البحث عن وسائل لتقليل أثر هذه العيوب أو السلبيات . ذلك أن مساحة ما هو إيجابي في التعليم المعزز بالحاسوب أوسع بكثير من مساحة العيوب التي ظهرت حتى الآن في التطبيق . ولابد أن القادم من الزمن سيشهد جهوداً باتجاه علاجها . ويمكن إجمال هذه العيوب بالآتي :

1) هناك مؤشرات على ضعف إتقان الطلبة للمهارات الأولية وخصوصاً في ميدان الرياضيات . إذ أن الطالب يمكن أن يحصل على نتائج المسائل الحسابية المعقدة بسهولة دون إتقان المهارات الأولية التي تتطلبها هذه العمليات.

2) إن جاهزية المعلومات وسرعة الحصول عليها بسهولة تقف حائلاً في كثير من الحالات أمام استبقاء هذه المعلومات في الذاكرة . إذ أنه يحصل عليها دون جهد يذكر ودون معاناة . كما أن هذه الجاهزية ، تضعف كما يرى البعض ، دافعية الطالب في حفظها واسترجاعها على اعتبار أنها متاحة في الحاسوب عند الطلب ، وفي ذلك ما يضعف تدريب الذاكرة واستخدامها .

3) أن غلبة عنصر الصورة المرئية وما تنطوي عليه ثقافة الصورة من قدرة على الإقناع قد ترفع موثوقية الصورة المحو سبة على حساب الحقيقة التي ينبغي البحث عنها من قبل الطالب . كما أنها من ناحية أخرى لا تثري المخزون اللغوي للطالب ، وتحول بينه وبين تطوير مهاراته اللغوية ونجاحه في جانب الحديث واللغة المنطوقة.

4) إن الجلوس أمام الحاسوب له مخاطره الصحية على بصر الطالب وهيكله العظمي مما يتطلب الانتباه لذلك والوقاية منه .

5) لوحظ أن كثرة استخدام الحاسوب واعتماده في انجاز العديد من الأنشطة بصورة يومية يجعل الكثير من مستخدميه يدمنون استخدامه على نحو مبالغ فيه. ومن شأن ذلك أن يصرف الطلبة عن ممارسة فعاليات حياتية عديدة أخرى تعد ضرورية لبناء شخصياتهم ونموهم العقلي والنفسي والبدني كممارسة الرياضة والمطالعة والاندماج بالحياة الاجتماعية اليومية.

6) بالرغم من الفرص التي يتيحها الحاسوب عبر الانترنت لتوسيع حدود البيئة الاجتماعية للطالب ، وربما الإفادة من هذه العلاقات في تطوير المعارف والمهارات والاتجاهات ، غير أن هناك مؤشرات واضحة على ضعف الصلة الاجتماعية بين الطلبة أنفسهم من جهة ، وبين الطلبة ومعلميهم من جهة أخرى ، مما يتطلب تصميم المواقف التعليمية التعلمية بما يؤمن الصلة التربوية الحميمة بين المعلم وطلبته بشكل دائم .

7) إن الواقع الموهوم والمبهر الذي يقدمه الحاسوب في كثير من الأحيان قد يحول بين الطالب وبين الاقتراب من طبيعة الحياة الواقعية وحقائقها الميدانية وآلياتها وعلاقاتها . وهو ما يتجسد في حالة من الإحباط في التعامل مع الواقع الحقيقي والهروب منه إلى عالم الحاسوب المبهر .

8) إن كماً كبيراً من المعلومات المتوفرة على شبكة الانترنت لا يمت بصلة لمفردات المنهاج الذي يراد للطالب أن يدرسه . وقد يبتعد كذلك عن قيم الطالب وبيئته الاجتماعية إلى قيم مجتمعات أخرى تتقاطع مع قيمه . وهو ما يسحب خلفه بعض المشكلات القيمية التي أشرها بعض المصلحين والمربين .

9) عدم قدرة الحاسوب حتى الآن على تعويض الطالب عما يمكن أن يحصل عليه بالخبرة المباشرة ونجاحه في مجال اكتساب المهارات العلمية . إذ لم يستطع

الحاسوب مثلاً تدريب الطالب على السباحة أو قيادة المركبات أو إكسابه مهارة الجراحة أو صنع الأشياء بما يفوق قدرة الطرق التقليدية على ذلك .

10) شيوع بعض البرمجيات التعليمية المنتجة من قبل شركات تجارية تتمتع بمواصفات فنية عالية ، لكنها لا تراعي متطلبات تصميم الموقف التعليمي التعلمي طبقاً لأسسه التعليمية المعروفة . مما يدخل العمل التعليمي في اللعبة التجارية ومنطق الربح والخسارة على حساب المخرجات التعليمية .

11) إن الواقع يشير إلى أن مغالاة بعض المعلمين في اعتماد الحاسوب في تعزيز عملية التعليم والتعلم دون الانتباه لسلبيات هذا الاستخدام يمكن أن تترتب عليه نتائج لا يحسن صرف النظر عنها . إذ أن التعليم في النهاية عملية شمولية وتكاملية ، ولا ينبغي أن تعزز جانباً على حساب جانب آخر .

الفصل الخامس

استخدام الشبكة الدولية للمعلومات (انترنت) في التعليم

- مقدمة
- التسمية
- طبيعة الانترنيت
- نشأة الانترنيت
- كيف تستخدم الانترنيت
- مجالات استخدام الانترنيت
  - الاتصال
  - إجراء البحوث
  - تداول المعلومات
  - التسويق
  - النمو الذاتي
  - التفاعل الاجتماعي
  - المتعة
  - التوثيق
  - التعليم
- مشكلات استخدام الانترنيت
- الانترنيت في التعليم
- فوائد استخدام الانترنيت في التعليم
- مشكلات استخدام الانترنيت في التعليم
- مستقبل الانترنيت
- مواقع تربوية على الانترنيت

الفصل الخامس

استخدام الشبكة الدولية للمعلومات(انترنت)

في التعليم

مقدمة

ربما يكون ما يميز وسائل الاتصال الحديثة عن تلك التي سبقتها ، أنها ضغطت زمن تداول المعلومات إلى حد لم يكن إلى وقت قريب إلا ضرباً من الخيال . وأصبحت المسافات التي كانت العائق الأساس في تداول المعلومات بين بني البشر إلى عامل غير ذي معنى ، بعد أن أصبح بامكان المعلومات أن تدور عبر الأقمار الاصطناعية في دورة كاملة حول الأرض بأجزاء من الثانية . هذا علاوة على دقة المعلومات المنقولة وتنوع أشكالها وغزارتها . ولو تمكنا من رسم صورة كونية تضم آلاف الشبكات النوعية الممتدة عبر جهات العالم الأربع للقيام بهذه المهمة ، لأمكننا أن نتصور ما تعانيه شبكة (الانترنت) التي تفوق في عدد خطوط اتصالاتها واتجاهاتها وما تؤمنه من تواصل بين أطراف الكرة الأرضية ، بل وخارجها أيضاً ، جميع خطوط المواصلات من قطارات وطائرات وسيارات وسفن بحرية وهواتف ! انها شبكة تضم الملايين من نظم الحواسيبت التي تتصل فيما بينها ، وتتنافذ عمودياً وأفقياً على مستوى العالم كله ، لتشكل أكبر شبكة لتبادل المعلومات في التاريخ ، وأكثرها تعقيداً وتشابكاً وسرعة ودقة وسهولة ورخصاً .

التسمية

كلمة انترنت (Internet) كلمة إنكليزية مكونة من مفردتين (International) وتعني دولي و (Net) وتعني شبكة . وبهذا يكون معنى تسمية انترنت الشبكة الدولية. ويعنى بها الشبكة الدولية للاتصالات والمعلومات كما أشارت إليها الأدبيات ذات الصلة .

طبيعة الانترنت

هي منظومة تنتشر على امتداد العالم ، تضم ملايين الحواسيب التي تتصل ببعضها بواسطة خطوط هاتفية أو أليـاف بصريـة عـبر الأقـمار الاصـطناعية . وتـرتبط ببعضـها بموجـب بروتوكـولات خاصـة تـنظم العلاقات بينها. ويمكن لهذه الحواسيب أن تتبادل معلومات أو وثائق مطبوعة أو أصـوات أو صـور ملونـة ومتحركة . لذلك فإنها تختلف عن أجهزة الاتصال الجماهيرية الأخرى في أنها تجمع بين كونها وسيلة اتصال وتبادل معلومات في آن . وهي شبكة ليس لها وجود فيزياوي في مكان محدد في العـالم . كـما إنهـا ليسـت تابعة من حيث الإدارة أو التمويـل إلى جهـة محـددة . لكنهـا تضـم تحـت جناحيهـا عشرـات الملايـين مـن المستخدمين وعشرات الألوف من الشبكات الحاسـوبية الفرعيـة المنتشرـة في أنحـاء العـالم ، والتـي بـدورها تربط بين أشخاص أو شركات أو مؤسسات مصرفية أو تجارية أو جامعات أو غيرها .

نشأة الانترنت

بدأت فكرة الانترنت كمشروع لوزارة الـدفاع الأمريكيـة في عقـد السـتينات مـن القـرن العشرـين . وكانت أول نقطة اتصال في جامعة كاليفورنيا التـي عـدت بدايـة لمولـد شـبكة الانترنـت . لقـد أريـد لهـذه الشبكة أن تكون صلة الوصل بين العلماء العاملين في ميدان البحوث العسكرية الأمريكية ، لتسهيل عمليـة تبادل المعلومات بينهم بمرونة وسرعة . وقد تبنت مسؤولية المشرـوع المؤسسـة العلميـة الوطنيـة في عقـد الثمانينيات لتوسع الشبكة كي تشمل الجامعات ومراكز البحوث الرئيسة في الولايـات المتحـدة الأمريكيـة . بعد ذلك تم ربط شبكات أخرى في العديد من دول العالم الصناعي حتى باتت شبكة الانترنت تغطي اليوم معظم بلدان العالم وتستخدم لأغراض كثيرة بشكل يومي .

ومن الجدير بالذكر هنا أن نتذكر :

- أن شبكة الانترنت ليست شبكة واحدة إنما هي مجموعة شبكات وصل عددها اليوم إلى عشرات الألوف من الشبكات المنتشرة في بلدان العالم أجمع تقريباً ، كل منها تدار من قبل الفريق المتخصص المسؤول عنها في المؤسسة أو الشركة التي تستخدمها ، والتي لها قابلية التواصل فيما بينها لتشكل شبكة واحدة .

-ان جميع هذه الشبكات تعمل بموجب آليات وسياقات عمل ونظم متعارف عليها وهي معتمدة في جميع الشبكات المرتبطة بالانترنت .

- إن شبكة الانترنت لا تتبع جهة محددة واحدة .. رغم وجود قواعد وضوابط عمل مشتركة لاستخدامها ..

وعندما نتحدث عن الانترنت،لابد من الإشارة إلى مصطلحين متداولين آخرين وهما انترانيت (Intranet) واكسترانيت (Extranet) :

- **انترانت** (Intranet) وهو نظام شبكة حواسيب محلية تقام داخل مؤسسة أو منظمة أو جامعة يجري عن طريقها التشارك في المعلومات وتبادلها بين أقسامها في صورة نصوص مكتوبة أو أصوات أو رموز أو صور . وتقوم المؤسسة أو المنظمة أو الجامعة باستثناء صفحات الويب على الشبكة ليتم بعدها الاتصال وتبادل المعلومات بين العاملين فيها من خلال هذه المنظومة المحلية دون دفع رسوم الاشتراك المعمول بها في الشبكة الدولية الانترنت (Internet) .

- **إكسترانت** (Extranet) وهو نظام شبكة تشبه شبكة انترانيت ولكنها تمر عبر الانترنت . ويجري تبادل المعلومات من خلالها تحت إجراءات تحمي هذه المعلومات من الاختراق ، بحيث لا يطلع عليها غير المستفيدين في المؤسسة أو الشركة المعنية التي أنشأت هذه الشبكة . والهدف من إقامة هذه الشبكة ربط فروعها المحلية والعالمية وتبادل المعلومات بسرية تامة . وتستخدم هذا النوع

من الشبكات المنظمات الدولية والشركات عابرة القارات والبنوك العالمية ... وما شابه .

كيف تستخدم الانترنت؟

إن استخدام الانترنت يتطلب جهاز حاسوب، وخطا هاتفيا أو منظومة لاسلكية، وبرمجية تصفح ملائمة تسهل عملية التنقل عبر المواقع وصفحاتها (Browser) علاوة على آلة مساعدة للتوصيل بين أجهزة الحاسوب الموجودة في أماكن متباعدة ، مهمتها ترجمة الإشارات ونقلها تسمى المعدل (Modem) تثبت داخل جهاز الحاسوب (Hard) . وبمقدار السرعة التي يتمتع بها هذا المعدل تكون سرعة التصفح على الانترنت . يضاف إلى ذلك دفع المبالغ المترتبة على استخدام الانترنت والتي تنظم بقوانين متعارف عليها لتسديد أجور الخدمات التي تقدمها الشركات المقدمة لخدمات الانترنت .

ويسمى جهاز الحاسوب الذي نستخدمه لتسلم المعلومات المرسل (Sender). أما جهاز الحاسوب الذي يصدر إلينا المعلومات فيسمى مقدم الخدمة (Server) . أما الطرف الذي يصل بين (Sender) و (Server) فهو الجهة التي تقدم خدمة الانترنت مثل Yahoo أو Google أو Hotmail ، American online أو غيرها . أما الشخص الذي يستخدم الجهاز فهو المستخدم (User) .

إن توفر العناصر الأساسية المشار إليها لعمل الانترنت سيمكن من توفر البيئة المادية لعمل الانترنت . ويبقى بعد ذلك – في الميدان التعليمي - كيفية تدريب الطالب على استخدام هذه الشبكة بكفاءة وفاعلية لتحقيق أهداف عملية التعليم والتعلم ، ومساعدته في اعتماد قدراته الذاتية في تصفح المواقع المختلفة بحثاً عن المعلومات . ويتطلب ذلك تزويد الطالب بمهارات البحث في موقع محدد معروف سلفا ، أو البحث في موضوع محدد وصولا إلى المواقع ذات الصلة به للحصول على المعلومات التي يرغب بها . كما يتطلب تدريبه على مهارات استخدام البريد الالكتروني وإجراء الحوارات

عبره ، علاوة على نقل الملفات وإجراء الحوار بالصوت والصورة مع شخص أو عدة أشخاص لتبادل المعلومات والخبرات فيما بينهم أو للتحاور مع المعلم.

مجالات استخدام الانترنت

إن استخدام الانترنت لم يتوقف عند حدود البحوث العسكرية والاتصال بين القائمين عليها ، كما كان عليه الأمر بداية استخدام الشبكة ، إنما امتدت استخدامات هذه الشبكة ، بوصفها وسيلة اتصال وتداول معلومات ، إلى ميادين عديدة ومتشعبة ، وعلى مستويات متباينة من التخصص ، لتستجيب لمتطلبات جميع المستخدمين على اختلاف أعمارهم وبيئاتهم واهتماماتهم . ويمكن إيجاز أهم مجالات استخدام الانترنت على النحو الآتي :

(1) **الاتصال :** تؤمن شبكة الاتصال نمطاً متقدماً من الاتصال الكفء والفاعل والمؤثر في الوقت نفسه. وهو اتصال يجمع بين صفة الجماهيرية وصفة الاستخدام الفردي لها كوسيلة . إن من الممكن أن نجري اتصالاً بأي شخص أو مؤسسة في العالم عن طريق الانترنت بالسهولة نفسها التي تؤمن لنا الاتصال بالغرفة المجاورة لنا . كما يمكن تأمين الاتصال بمجموعة محددة من الأشخاص في دول مختلفة في وقت واحد ، دون أن يستطيع الآخرون المشاركة في عملية الاتصال هذه . يضاف إلى ذلك أننا يمكن أن نجري عمليات اتصال واسعة وتفصيلية مع علماء ومتخصصين في شؤون الحياة المختلفة على امتداد العالم ، وفي مختلف الاختصاصات ، بل وعلى امتداد التاريخ . بمعنى أننا يمكننا تبادل الأفكار مع آخرين لا تربطنا بهم صلة أو معرفة ، والإفادة من المتراكم من الخبرات البشرية التي وثقت في مكان ما ، بحيث يمكن الإطلاع عليها عن طريق الانترنت. ويذكر هنا أن نمط الاتصال الذي نمارسه عن طريق الانترنت يمكن أن يتم باتجاهين (Two-Way-Communication) بمعنى أنه اتصال تفاعلي وليس سلبياً. وهو اتصال يتم فيه كذلك تبادل الأصوات والصور الملونة الثابتة والمتحركة . وهو يمكن المستخدم من التحكم بالرسالة التي يتلقاها ، إذ من الممكن

بسهولة الآن أنك تدخل إلى أي متحف من متاحف العالم مثلاً ، وتتجول فيه حسب رغبتك، وتقترب من موجوداته الأثرية أو اللوحات الزيتية التي تضمها احدى قاعاته وتتفحص أجزاء كل لوحة بحسب رغبتك . كما يمكن عقد المؤتمرات عن بعد بين مؤتمرين من دول مختلفة لإجراء حوار بمدى زمني مفتوح ، أو إجراء عملية جراحية في غرفة عمليات إحدي المستشفيات ، وإشراك عدد من الأطباء من دول أخرى في المشورة ، وهم يتابعون أولا بأول مجريات العملية الجراحية بالصوت والصورة . وهكذا تتنوع التطبيقات الاتصالية للانترنت بما يفوق أية وسيلة اتصالية عرفها العالم قبل ظهور هذه الشبكة من حيث السرعة والدقة والتنوع والتفاعل .

(2) **إجراء البحوث :** إن من شأن الباحثين الإحاطة بما يتوفر من معلومات تخص موضوعات بحوثهم . وقبل ظهور الانترنت كان الباحثون يمضون أشهراً أو سنين بحثاً عن ما نشر من دراسات تتصل ببحوثهم أو معلومات وبيانات أولية يحتاجونها. أما اليوم فإن شبكة الانترنت وفرت لهم إمكانية كبيرة للاحاطة بكل ذلك بسرعة فائقة ، وكلف لا تكاد تذكر، مع توفير كبير للوقت والجهود التي يمكن أن تبذل لهذا الغرض . كما أمكن عرض أفكارهم أو أسئلتهم واستباناتهم أو ما يبنونه من معايير أو يقومون به من تجارب على أصحاب الخبرة في بلدان عديدة في وقت واحد لإبداء الرأي فيها وتقديم المشورة للقائمين عليها، وبخاصة تلك المراكز البحثية والمؤسسات المتخصصة ، التي تعنى بموضوعات تلك البحوث . وليس من شك في أن ذلك يساعد في أمرين أساسين : الأول هو تواصل الباحثين على صعيد التخصص الواحد والتخصصات المختلفة ، واستثمار جهودهم بالشكل الأمثل دون تكرار في الجهود ، وبما يضمن وتائر أعلى في تبادل التجارب والخبرات العلمية . وثانياً هو الإطلاع على آخر ما توصل إليه الباحثون الآخرون بما يضمن حداثة التناول العلمي للمشكلات والبدء من حيث انتهى الآخرون . وهو ما لم يكن متاحاً على هذا النحو قبل ظهور الانترنت .

(3) **تداول المعلومات :** إن شبكة الانترنت تمكن من نشر المعلومات بصورة سريعة وسهلة ، ذلك أن المعلومات يمكن إدخالها إلى الشبكة من أي موقع في العالم لتصل إلى جميع المواقع الأخرى ، مما يجعل أمر انتقال هذه المعلومات على نحو عال من الكفاءة والسرعة والدقة والضمان في الوصول. وهكذا يمكن نقل التوجيهات عبر مؤسسة ما أو بين المؤسسة والأفراد المتعاملين معها أينما كانوا ، وتوجيه الإرشادات الصحية ، ونقل الأخبار ، ونشر الكتب والصحف على أوسع نطاق ، أو في حدود ما يرغبه المرسل والمستقبل . وقد أفادت هذه الخاصية في زيادة الاهتمام بأنظمة المعلومات واعتمادها في المخاطبات وتنظيم العمل المشترك بعد ربط مؤسسات المعلومات ببعضها .

(4) **التسويق :** لقد أصبحت شبكة الانترنت عصب التفاهم بين أطراف عملية الإنتاج والتسويق ، سواء كان المنتج سلعة أو خدمة أو معلومة ، بحيث أمكن للمنتجين الترويج لمنتجاتهم بطريقة سهلة وسريعة وبعيدة المدى ومحتويه على إمكانات عالية في الإثارة والتشويق ، ووسائل متقدمة في التعريف تفصيلاً بتلك المنتجات . كما أن شبكة الانترنت وفرت للمستفيدين إمكانية الإطلاع على خيارات كثيرة ومتنوعة بحسب رغباتهم وإمكاناتهم الشرائية ، مما يرفع قدرتهم على الاختيار دون بذل جهود كبيرة للبحث عنها . ويدخل ضمن هذا السياق ، على سبيل المثال ، عدد غير محدد من الصفقات التجارية التي تجري بين المنتجين والمستهلكين . علاوة على تطبيقات أخرى في هذا المجال كالإعلان عن فرص عمل أو الإعلان عن تخصصات الجامعات والمقاعد الشاغرة فيها للدارسين وغيرها ، أو الإعلان عن مخترعات جديدة يفيد منها المستثمرون .. الخ .

(5) **النمو الذاتي :** إن استخدام شبكة الانترنت يعني الكثير بالنسبة للمستخدم . ذلك أن الشبكة توفر معلومات غزيرة تتناسب مع اهتماماته ، سواء على صعيد البحث عن فرص عمل أو الإطلاع على ما يجري من أحداث ، وما يتم تداوله في العالم من سلع وخدمات ومعلومات . كما أنها توفر له فرص التفاهم مع الجهات

التي يرغب التعامل معها . وهذا بحد ذاته يساعد كثيراً في تسهيل فرص العيش والارتقاء بنمط الحياة التي يمارسها ، كما تمده بخبرات ومعارف ومهارات عديدة تؤثر في بناء شخصيته والتعبير عن طاقاته والإفصاح عن حاجاته بمرونة وحرية ، وتجاوز محددات وقيود البيئة الجغرافية إلى بيئات أوسع وأرحب ، وإجراء حوارات مع العديد من مَن يشاركونه في اهتماماته وتبادل الرأي معهم . علاوة على أن إطلاعه على كم كبير من المعلومات والخبرات تساعده في ممارسة ومعالجة المشكلات التي تواجهه والبحث عن حلول لها .

(6) **التفاعل الاجتماعي :** إن من أهم الميادين التي أثرت فيها شبكة الانترنت هو البعد الاجتماعي ، إذ استطاعت هذه الشبكة أن تقرب بين البيئات الاجتماعية المختلفة ، وتعرف بعضها بالبعض الآخر ، وتكشف لكل منها طرائق عيش الاخرى وأنماط نفكيرها ، وتمد الجسور بين خبراتها وأحاسيسها في مراجهة ما يواجه الإنسان عموماً من هموم كالحروب والكوارث ، ومن مشكلات تتعلق بالبيئة وانتشار الأمراض وكيفية البحث عن لها بشكل تعاوني . ولاشك في أن شبكة الانترنت قد أسهمت في مد الجسور بين الشعوب لمزيد من التفاهم، علاوة على ما نشأ من صلات وصداقات بين الأفراد في بلدان مختلفة وهم يتحاورون في أمر ما أو يعملون في حقل ما يجمع بينهم. ومن بين الأمثلة البارزة على هذا الاستخدام هو تكوين المجموعات ذات الاهتمام المشترك ، كالمهندسين والجراحين والصناعيين أو الطلبة الجامعيين أو مؤيدي فكرة ما أو نظرية ما وغيرهم . إذ تؤمن الشبكة تبادل الأخبار بينهم والمناقشات ومتابعة ما يظهر من اختراعات أو ينتشر من دراسات تخصهم ..

(7) **المتعة :** لقد وفرت شبكة الانترنت فرصاً كبيرة لمستخدميها لممارسة هواياتهم الشخصية والإطلاع على ما يتعلق بها من مجريات . فالمهتمون بالرياضة بأنواعها أو اقتناء الطيور أو الموسيقى أو الرسم أو متابعة السينما ومستجداتها أو أية هواية أخرى ، يجدون في الانترنت دائماً ما يؤمن حاجتهم إلى المعرفة والمتعة التي

ينشدون . وهذا يحقق المتعة لمستخدمي شبكة الانترنت التي تقدم لهم ما يطلبون، بغض النظر عن اختلاف أعمارهم وتباين رغباتهم .

(8) **التوثيق :** إذا كان من الممكن تصور أن جميع ما تحتويه مكتبات العالم قد أصبح ، أو سيكون يوماً ما محفوظاً بشكل أو بآخر ، متاحا للجميع، ويمكن للجميع كذلك الاحتفاظ بما يرغبون من موجوداتها ، فإن ذلك لوحده يسجل إنجازاً كبيراً للبشرية وتراثها الفكري والثقافي . فإذا أضفنا إلى ذلك ما استطاع الإنسان أن يحفظه من تراثه عبر قرون من شعر ونثر وأعمال فنية وموسيقى ونظريات ومخترعات وتجارب وأفكار .. الخ في هذه الصيغة أو تلك ، لأمكننا أن نعرف مقدار الأهمية الكبيرة التي تشكلها شبكة الانترنت في توثيق التراث الانساني بكل أشكاله ، بقدر عال من الحيادية والتجرد، لتكون حضارات التاريخ ومنجزاتها ماثلة أمامنا في كل لحظة نرغب في الرجوع إليها ، ولتحقيق التاريخ حكمته في مد الحاضر دائماً بما انطوى عليه من تجربة ومنجزات متراكمة ، دون أن تمسها عوامل التعرية والكوارث بأي سوء ، كما حصل بالفعل في أزمان عدة ، ففقدت الانسانية أجزاء مهمة من أعز تراثها تحت سنابك الخيل وقرع السيوف !

(9) **التعليم :** لقد أسهم ظهور شبكة الانترنت في تعزيز فرص التعلم إلى حد كبير، بالرغم أن هذه الشبكة لم تزل محدودة الاستخدام في العديد من بلدان العالم النامي لأسباب اقتصادية واجتماعية وربما سياسية أيضاً . غير إن ما اتصفت به هذه الشبكة من قدرة على دعم عمليات الاتصال السريع والفاعل بأشكاله المتعددة ، الفردية والجماعية والجماهيرية ، وتوفير المعلومات ، وتأمين القدرة على البحث والتقصي ومعالجة المشكلات وجعل ذلك عملية ممتعة ومثمرة ، قد عزز من الرغبة المتزايدة في استخدام شبكة الانترنت في دعم العملية التربوية ، وتوفير مواقف تعليمية تعلمية تفوق في جدواها وكفاءتها في تحقيق الأهداف الموضوعة لها الطرائق والوسائل التقليدية التي هيمنت على ساحة التعليم لقرون

طويلة . ومنذ عقد السبعينات بدأنا نشهد تطبيقات عديدة ومتنوعة في هذا المجال سنتطرق إليها في مبحث خاص تحت عنوان الانترنت في التعليم .

مشكلات استخدام الانترنت

عل الرغم من أن شبكة الانترنت قد غطت معظم بلدان العالم حتى الآن ، وأن استخدامات هذه الشبكة قد شملت قطاعات مهمة وواسعة من الحياة اليومية لهذه البلدان ، غير أن الجدل مازال قائماً حول مخاطر انتشار مظهراً من مظاهر العولمة التي تباينت الآراء بين رفضها أو قبولها ، أو مواكبتها . وكما نشط الصراع بين أنصار التلفزيون وخصومه في خمسينيات القرن الماضي ، ما يزال هذا الجدل محتدما بشأن فوائد استخدام شبكة الانترنت وعيوبه منذ ظهورها منذ أربعين عاما حتى اليوم . وحيث أننا عرضا بشيء من الايجاز لفوائد استخدام شبكة الانترنت ،فسنحاول أن نلخص أبرز التحفظات أو المخاطر التي وقف عندها الجدل الذي أشرنا اليه ، والذي ما يزال مستمرا ، في النقاط الآتية :

1) إن شبكة الانترنت لم تستطع لحد الآن حماية المستخدمين من الاستخدام السيئ للمعلومات أو انتشار الفايروسات أو الاعتداء على الحقوق الثقافية . هذا عدا الإباحية والتشهير ونشر الفضائح والترويج لأية أفكار أو سلع بغض النظر عن فائدتها أو معناها . وخرق سرية المعلومات التي تخص حسابات الأشخاص في البنوك مثلاً أو الصفقات التجارية وغيرها . إن هذه الظاهر ما تزال قائمة على الرغم من القواعد والقوانين المشتركة التي وضعت لتنظم عمل شبكة الانترنت والشبكات الفرعية على مستوى العالم .

2) يرى الكثير من المربين وعلماء الاجتماع أن شبكة الانترنت تساعد في نشوء "المجتمعات الخفية" أو ما يدعى ب " المجتمعات تحت الأرض "، والتي تنشئها مجموعات صغيرة أو كبيرة من الشباب متباينة التواجد الجغرافي ولكن مشتركة الاهتمامات . وهناك دائماً خطورة في أن تتبنى هذه المجتمعات ما

يتقاطع مع القيم الخلقية والاجتماعية في بيئات أفراد هذه المجتمعات ، مما يشكل انحرافاً أو هدماً في المنظومات القيمية الاجتماعية يصعب كشفه وتشخيص مخاطره إلا بعد فوات الأوان . ويعرف هذا النوع من الثقافات الهجينة بالثقافات الفرعية التي يرى علماء الاجتماع أنها يمكن أن تكون ذات خطورات متعددة، بحسب اتجاهاتها وطبيعة المجتمعات التي تنشأ فيها .

3) ان تدفق المعلومات عبر الانترنت يجري باتجاه واحد في معظم حركات التداول عبر هذه الشبكة . وهو من دول الشمال إلى دول الجنوب ، أو من الدول المتقدمة صناعياً إلى الدول النامية وليس العكس . وهو ما يعكس نوعاً من الهيمنة المعلوماتية والثقافية ن التي يرى كثيرون أن من شأنها سيادة قيم دول المنشأ وأنماط التفكير والعيش في مجتمعاتها بشكل تدريجي على قيم الدول المستهلكة للمعلومات . إذ أن انتقال المعلومات لا يكون مجردا مما تحمله هذه المعلومات من تأثيرات البيئة والمجتمع الذي ينتجها . وهو موضوع شائك كتب فيه الكثير بوصفه جزءاً من تأثيرات العولمة ماكنتها التقنية على الشعوب ذات الحضارات العريقة ، والتي باتت مستهلكة للثقافات الوافدة بحكم تخلفها الاقتصادي والعلمي في الوقت الحاضر .

4) لوحظ أن هناك اتجاهات سلبية تجاه استخدام الانترنت في العديد من الدول والمؤسسات ، لأسباب عديدة تتعلق بكلف اعتمادها بوصفها وسيلة بديلة للوسائل التقليدية ، أو بضعف مهارات العاملين عليها من ، ومهارات استخدام الشبكة بصورة خاصة . وقد يكون مرد ذلك الى نزوع البعض إلى رفض ما هو جديد ، بحجة أن القديم من الوسائل والطرائق أسهل في الاستخدام ، وأنه أثبت جدارته في تحقيق مخرجات مقبولة ، فلماذا السعي إلى التغيير ؟

لقد أثبتت التجارب أن التكنولوجيا تفرض في النهاية نفسها وتطبيقاتها على المجتمعات الإنسانية رغم ما تواجهه من رفض في البداية . هكذا كان الحال عندما ظهرت وسائط النقلوالمواصلات الحديثة كالسيارة مثلاً ، وعندما ظهر التلفزيون

وغيره . ولكن ما لبثت المجتمعات أن تبنت استخدامها وأصبحت من ضرورات ممارساتها اليومية التي لا يمكن تصور الحياة بدونها .

الانترنت في التعليم

على الرغم من أن أول نقطة استخدام للانترنت كانت في مؤسسة تعليمية ، وهي جامعة كاليفورنيا الأمريكية ، إلا إن سنوات مرت قبل أن ينتشر استخدام شبكة الانترنت على مستوى الجامعات والمدارس والمؤسسات التعليمية . أما اليوم فإن اعتماد الانترنت كأداة أساسية في التعليم والتعلم داخل الصف الدراسي ، وتصميم الموقف التعليمي التعلمي عن بعد ، قد أصبح سمة أساسية في معظم الجامعات. وقد انتشر استخدام أنظمة كالبال توك (Pal Talk) وغيره التي تسهل اتصال عدد من الطلبة في دول متعددة بمعلمهم بالصورة والصوت بشكل مباشر واجراء الحوارات عن بعد، علاوة على نمو الاتجاهات الإيجابية وتعدد التطبيقات الخاصة بالانترنت على مستوى الدراسات ما دون الجامعية . هذا هو واقع الحال في دول العالم الصناعي . أما على صعيد الدول النامية ، ومنها بلدان الوطن العربي ، فما تزال هناك عوامل كثيرة تعيق انتشار استخدام الانترنت في عموم الأنظمة التعليمية ، وفي مقدمتها المؤسسة الجامعية . وربما تكون الأسباب الاقتصادية ، وضعف إمكانات هذه الدول في توفير البنى التحتية اللازمة مادياً وبشرياً لاعتماد الشبكات المحلية والإقليمية ومن ثم اعتماد الشبكة الدولية للانترنت ، من أهم هذه العوامل . يضاف الى ذلك ضعف الاتجاهات المؤيدة لهذا الاستخدام ، والتمسك بالوسائل التقليدية ، سواء على مستوى منفذي القرار أو المجتمعات المحلية أو المؤسسة التعليمية على مستوى القاعدة ، والتردد في دخول هذا الميدان بما يتطلبه من إعادة تشكيل كفايات المعلمين والطلبة وصياغة المناهج على حد سواء .

غير إننا نلمس جهودا حثيثة في هذا الاطارفي عدد غير قليل من البلدان النامية، وخططاً ومشروعات واعدة . بل أن بعضها دخل فعلاً في هذا الميدان ومازال أمامه طريق طويلعليه أن يقطعه ، مما يتطلب تكثيف الجهود البحثية ، وتقويم التجارب التي

مرت بها حتى الآن ، بغية الإسراع في تطوير التطبيقات الميدانية لاعتماد الانترنت والتوسع في ذلك ، مع التنويع في أنماط الاستخدام بما يتناسب مع إمكانات كل بلد وظروفه الخاصة . وهنا ينبغي الإشارة إلى ضرورة التعاون الإقليمي والانفتاح على تجارب العالم بغية الإفادة من المتراكم من التجارب القائمة حتى الآن. ذلك أن التلكؤ في تبني ستراتيجيات من هذا النوع يزيد من الهوة القائمة فعلاً بين بلداننا النامية وبلدان العالم المتقدم صناعياً .

ورغم كل ما قد يثار من اعتراضات أو تحفظات على استخدام الانترنت في العملية التعليمية فإن التجربة الواسعة نسبياً قياساً لعمر الانترنت ، قد أثبتت أن هذه الشبكة ذات فوائد جمة لعملية التعليم والتعلم في مختلف جوانبها الإدارية والاجتماعية.هذا فضلا على فوائدها في إعادة تشكيل المواقف التعليمية التعلمية، وإحداث نقلة نوعية كبيرة ، بما توفره من قدرات اتصالية ، وامكانات بحثية وتعليمية، تدعم التحصيل والتفاعل بين أطراف العملية التعليمية داخل المؤسسة التعليمية، وبين المؤسسة التعليمية والبيئة المحيطة بها ، على المستويات المحلية والإقليمية والدولية ، وتثري العمل التعليمي باستراتيجيات وطرائق عرض لا يمكن تحقيقها بدون الانترنت .

<u>فوائد استخدام الانترنت في التعليم</u>

فيما يلي عرض موجز لأهم ما شهدته تطبيقات هذه الشبكة واستخداماتها المفيدة في الميدان التعليمي :

(1) مواكبة التطورات الحديثة في العالم :

لاشك أن شبكة الانترنت بإمكاناتها الاتصالية وقدرتها على نشر المعلومات بصورة آنية ، تضع مستخدميها أولا بأول على حافة ما يجري من أحداث وتطورات في العالم . فالمخترعات والاكتشافات العلمية ، ونتائج الدراسات والبحوث والمؤتمرات ، واستطلاعات الرأي ، والنتاجات الثقافية والأدبية والعلمية في شتى الميادين ، هي بين

يدي مستخدميها من المعلمين والإداريين والطلبة ، علاوة على متخذي القرارات التربوية في أي وقت ، بما يمكنهم من مواكبة ما يجري من تطورات في جميع الميادين ، ورفدهم بما هو جديد فيها على المستويين النظري والتطبيقي . وربما يقدم لهم نماذج من حلول لمشكلات وإجابات عن أسئلة تواجههم على المستويين الإداري والتعليمي .

(2) إثراء الشخصية :

إن التنوع الكبير في طبيعة المعلومات التي يتم تداولها عبر الانترنت ، وحجم هذه المعلومات الهائل في ميادين الحياة الاجتماعية والثقافية والعلمية ، يشكل مصدراً مهماً لإثراء شخصية المعلم والطالب معاً وأطراف العملية التعليمية التعليمية الأخرى، فضلا عن ذوي الطالب ، بما يمكن هذه الأطراف من انضاج تصوراتها وتنمية مداركها وخبراتها الحياتية ، وإغناء مدارج التفكير لديها بما تحدثه هذه العملية من سعة في الأفق ومرونة في التفكير وطلاقة في التصور . إن من أكثر ما يعوق التعليم والتعلم هو ضيق الأفق الذي يقيد المعلم والمتعلم بحدود الكتاب المدرسي والقليل الذي يضاف لمحتوياته .

(3) زيادة فرص التعلم :

إذا كانت زيادة السكان المطردة قد أثقلت كاهل الأنظمة التعليمية ، حتى لم تعد الطرائق التقليدية والمعالجات القائمة على هذه الأنظمة قادرة على مواجهة متطلبات المجتمعات الحديثة وحاجاتها المتنامية للتعلم ، فإن انتشار واستخدام الانترنت قد شكل استجابة لهذه الحاجة . ففي ظل توفر فرص التعلم خارج المدرسة، ونمو الاتجاه نحو التعلم عن بعد ، يمكن للانترنت في حالة انتشارها بشكل أوسع ، وبخاصة في الدول النامية والفقيرة مستقبلاً ، نقل الخدمة التعليمية إلى مناطق نائية ومحرومة على امتداد العالم ، وتعزيز فرص التعلم مدى الحياة ، وتوفير فرص التعلم لمئات الملايين ممن لم تستطيع الأنظمة التعليمية التقليدية استيعابهم . وسيكون للتعليم شبه النظامي (Non-Formal Education) وغير النظامي (Informal Education) دور

أساس في إسناد التعليم النظامي وتحقيق غايات التعليم في أي بلد . تماماً كما هو الحال اليوم في الدول المتقدمة صناعياً ، بفعل انتشار التعليم عن بعد ، والإفادة من شبكة الانترنت في هذا المجال .

(4) تعميق الصلات بين أطراف العملية التعليمية :

إن نجاح العملية التعليمية مرهون إلى حد كبير بتظافر جهود أطرافها المختلفة، نزولاً من متخذ القرار من واضعي الأهداف الكبرى للعملية التعليمية إلى واضعي المناهج ومصممي التدريس والعاملين فيهما ، وصولاً إلى المؤسسة التعليمية في قاعدة السلم ، والمعلم والطالب وأولياء الأمور .وأن أي خلل في أية حلقة من حلقات هذا السلم ، سواء في مستويات تسلسله الهرمي أو حلقاته القاعدية ، يمكن أن يفشل العملية التعليمية ، أو يضعف قابليتها في تحقيق أهدافها في الأقل، أو في تسهيل الاتصال بين أطراف هذه العملية الواسعة . وبالمقابل فان تمكينهم من تبادل الأفكار والمعلومات والخبرات بصورة آنية ودائمة ، يعين كثيراً في مد جسور التفاهم والثقة ، وبالتالي تنسيق الجهود نحو أهدافهم المشتركة في الارتقاء بمخرجات العملية التعليمية .

(5) التقريب بين أنماط التعليم :

لقد قيل الكثير عن الخصائص التي تميز كلاً من أنماط التعليم المعروفة، واجتهد الباحثون في التمييز بين التعليم التقليدي والتعليم الحديث ، بين التعليم الجماعي والفردي ، بين التعليم النظامي والمستمر ، بين التعليم الذاتي والجماهيري ... إن وجود شبكة الاتصال الحاسوبية قد أوجد أكثر من نمط في موقف تعليمي تعلمي واحد . وهو ما يضعنا أمام تطبيقات جديدة مدمجة بين طرائق التدريس وستراتيجياته المعروفة ، وهو ما لم تستطع الوسائل الأخرى تحقيقه من قبل .

(6) خفض كلفة التعليم :

إن حساب كلف التعليم يستند إلى معايير عدة منها الكلف المنظورة ، سواء أكانت ثابتة أم متحركة (كالرواتب ، وكلف الطباعة وإنتاج الوسائل وتوفير الأبنية

والمعدات وما إليها) مقسمةً على عدد المتعلمين . ومنها ما يأخذ بنظر الاعتبار طبيعة التعلم والأهداف المتحققة منه . وهو ما يدخل في إطار الفوائد المستقبلية التي تحققها عملية التعليم على المستوى العلمي والاجتماعي والثقافي . وفي جميع الأحوال فإن كلف استخدام الانترنت عالية إذا ما قارناها بصورة مجردة بكلف إنتاج الوسائل التقليدية واستخدامها . على أن ما يبرر استخدام الانترنت من الناحية الاقتصادية هو العدد الكبير الذي سيستفيد من هذا الاستخدام وكذلك نوع التعليم وطبيعته ، والذي بدوره يتجاوز في مخرجاته ما يحققه الطلاب داخل المدرسة .كما إن حساب كلف البحث عن معلومات غزيرة وآنية وحساب كلف الاتصال مقارنة بالوسائل والطرق التقليدية السائدة يكون بالتأكيد في صالح استخدم الانترنت. وعلى هذا الأساس يمكننا القول أن استخدام الانترنت في التعليم ، طبقاً لهذا الفهم ، يمكن أن يكون مبررا اقتصاديا إذا ما قورن بالوسائل التقليدية .

(7) منح المعلم أدواراً جديدة :

لاشك أن ظهور شبكة الانترنت وما يتطلبه استخدامها من تطوير لقدرات المعلم الذاتية ومهاراته وكفاياته التدريسية قد منح المعلم أدواراً جديدة . فبعد أن كان دوره يوصف بالملقن المهيمن على الموقف التعليمي التعلمي ، بوصفه المصدر الوحيد أو الأساس للمعلومات والخبرات ، أصبح بإمكانه اليوم ، بوجود الانترنت واتساع دور الطالب في البحث عن المعلومات واكتساب الخبرات المطلوبة ، أن يقوم بدور الباحث الذي يسعى لمتابعة كل ما هو جديد في حقل تخصصه ، وتطوير مهاراته التدريسية ممارسا دور المرشد المتابع لنشاط طلبته ومعدلاً لاتجاهاتهم . وهو ما يعينه أكثر من ما مضى على منح وقت أكبر للتفاعل مع الطالب على المستوى الفردي ، وتفحص أدائه باستمرار ، وتقديم العون له في معالجة أخطائه . وبذلك يمكنه مواكبة تقدم طلبته كل على حدة، مراعياً الفروق الفردية بينهم . كما أصبح بامكان المعلم الاستعانة بالتجارب الحديثة المطبقة في أية منطقة في العالم ، ونقل هذه التجارب إلى الموقف التعليمي الذي يديره ، ومتابعة طلبته خارج نطاق المدرسة ، وملاحظة سلوكهم وما

يحصل فيه من تغير . هذا علاوة على إدامة الصلة مع أولياء أمور الطلبة والتعاون معهم في حل ما يعترض طلبته من مشكلات .

إن الانترنت تتيح للمعلم معلومات وطرائق عرض ونماذج جاهزة في حقل تخصصه ، تقلل كثيراً من جهده في البحث عنها وتجريبها ، خلافا لما يحدث في استخدام الطرائق والوسائل التقليدية .

(8) منح الطالب أدواراً جديدة :

إن التحول الذي يحدث في دور المعلم عند استخدام الحاسوب والانترنت يقابله تحول كبير في دور الطالب كذلك . فبدل أن يكون الطالب الطرف المتلقي في عملية التعليم والتعلم ، والذي يقتصر دوره على الحفظ والتقليد وخزن المعلومات وترديدها ، أصبح الطالب هو الآخر باحثاً عن الحقائق ، مقارناً لها ومختاراً منها ما يتفق ودراسته . وهو ما ينقله من موقع المتلقي السلبي إلى المتلقي المتفاعل ، مما يرفع دافعيته إلى التعلم، ويحقق لديه مفهوم الذات ، ويزيد من ثقته بنفسه ، ومن قدرته على التفكير الابتكاري وحل المشكلات . بل إن عملية التعلم تتحول عند الطالب من عبء مرهق ممل ، إلى نشاط تفاعلي ممتع يمنحه الشعور بالرضا عما يستطيع فعله ، ويمكنه من الحصول على التغذية الراجعة من معلمه من خلال الاتصال المباشر معه ، دون تعرضه للخجل أو الخوف من إمكانية تعرضه للنقد أمام زملائه . أن الطالب في مثل هذا الواقع يصبح مشاركاً في تشكيل المنهاج بمعناه الواسع ، بما يحققه من إضافات وتطبيقات وخبرات مضافة ، وما يطلع عليه من تجارب الآخرين في الحقل الذي يدرسه في بيئات متعددة في العالم ، من خلال ما يعرف بمجموعات التشارك التي تضم المهتمين بحقل تخصصه من مختلف أنحاء العالم ليتبادلوا وجهات النظر والمعلومات التي تتصل باهتماماتهم .

(9) تطوير مفهوم المنهاج :

لقد مر مفهوم المنهاج بمراحل عدة ، غير أن أوسع مفهوم له هو الذي يمكن تحديده طبقاً لما تتيحه شبكة الانترنت من إمكانات ، ومن انفتاح في كم المعارف والخبرات ونوعها باتجاهين :

أ) الارتباط التشعبي (Hyper Link) الذي ينتقل بالمستخدم (معلماً أو طالباً) عبر كم هائل من المعلومات ذات الصلة ببعضها أفقياً وعمودياً ، بصورة سهلة وميسرة تمكنه من الحصول على ما يحتاجه من معلومات حديثة ومتنوعة في أسرع وقت عرفته وسائل الاتصال الحديثة .

ب) الوسائط المتعددة (Multi Media) التي تقدم المعلومات والخبرات عبر الصورة والصوت واللون والحركة ، بأحجام وأشكال مختلفة بحسب الطلب ، بجهود وكلف أقل بكثير مما تتطلبه الطرائق التقليدية .

إن الاتساع والتنوع والحيوية والتشويق والشمول والتجدد الدائم هي بعض الصفات التي يمكن أن تميز المنهاج الحديث ، الذي يستطيع واضعو المناهج اليوم بناءه باستخدام الانترنت ، واستثمار خصائصها المتقدمة في تشكيله .

(10) ابتكار تصاميم تدريسية جديدة :

لقد اهتم تصميم التدريس بوصفه علماً حديثاً بمواكبة التطورات الحديثة في ميدان التعليم والتعلم . ولم تكن النماذج التعليمية المتداولة قد أخذت بنظر الاعتبار بعد استخدام الانترنت فقد سبق ظهور تصميم التدريس انتشار استخدام الانترنت في التعليم . لذلك ظهرت نماذج تعليمية عديدة وظفت شبكة الانترنت بوصفها وسيلة اتصال ، ووسيلة تعليمية ، ومصدر معلومات ، وميدان تطبيقات ، في خدمة الطرائق والاستراتيجيات المعتمدة في التدريس . وهكذا ظهرت تصاميم المحاضرات التي تنقل عبر الانترنت ، وأخرى للاتصال الجماهيري أو الفردي أو الذاتي بال طلبة . وأمكن وضع تصاميم تدريسية متنوعة لتنظيم المواقف التعليمية التعلمية عبر الجامعات المفتوحة

والجامعات الافتراضية أضيفت إلى التصاميم التي اعتمدت في التعليم عن بعد من قبل ، عن طريق التعليم المبرمج أو التعليم بالإذاعة والتلفزيون .

لقد استطاعت التصاميم الحديثة أن تغني النماذج المبكرة بالكثير من التطبيقات الجديدة التي تتكامل فيها نظم التعليم والتدريب ، ويتشكل فيها الموقف التعليمي التعلمي على نحو مختلف تماماً عما كان سائدا حتى الآن في البلدان الصناعية، وما هو سائد فعلاً الآن في بلداننا النامية . فطرائق تنظيم المحتوى وعرضه ، واستخدام الوسائل واختيار الاستراتيجيات وطرائق التدريس ، وأساليب التقويم والتغذية الراجعة كلها صارت تعتمد استخدام الانترنت أساساً في آلية اشتغالها ، مع ضمان اتصال ثنائي الاتجاه بين المعلم والطالب من خلال البريد الإلكتروني والتحاور الكتابي والاتصال التلفزيوني بالصوت والصورة . وقد ساعدت في تحقيق ذلك كثير من البرامج المبتكرة مثل :

- برنامج السبورة البيضاء (White Board) وهو برنامج يشبه في أدواته برنامج الرسم (Paint) المتوفر في برامج الوندوز ، إذ يستخدم المعلم هذه الأدوات لعرض المادة التعليمية على الطلبة وكأنهم يشاهدونها داخل حجرة الدرس ، بمصاحبة الصوت والصورة والألوان والحركة.

- برنامج السبورة السوداء (Black Board) الذي يجمع أنشطة متعددة باستخدام الانترنت من قبل المعلم والطالب ، بحيث يقدم المحتوى التعليمي تطبيقات وتدريبات متنوعة باستخدام الارتباط التشعبي مع تراسل أوراق العمل والملاحظات التي يسجلها المعلم عليها ، وإجراء الاختبارات وتزويد الطالب بالتغذية الراجعة ، إلى غير ذلك من مفردات الموقف التعليمي التعلمي .

- نظام الموجة التعليمية (EduWave) الذي يعتمد اعتماداً كبيراً على الانترنت في تنظيم المواقف التعليمية التعلمية وتنظيم الاتصال بين المعلم وطلبته واسر الطلبة

والإدارات التعليمية ، وما يتطلبه ذلك من تدفق معلومات متواصل و أنشطة وعمليات إدارية .

(11) التوسع في تعليم المعاقين وتدريبهم :

تبلغ تقديرات الأمم المتحدة لنسبة العامة للمعاقين حوالي 10% من عموم سكان العالم . أما نسبة الذين يتولون رعايتهم من معلمين وأولياء أمور وغيرهم فتصل إلى 25% . وترتفع هذه النسب في بلد دون آخر أو تقل لأسباب عديدة أهمها الكوارث والحروب ومستوى الرعاية الصحية والوضع الاقتصادي علاوة على العوامل الوراثية . وقد عانت المؤسسات التعليمية التقليدية من عجز واضح طيلة القرون الماضية في قدرتها على توفير الفرص التعليمية لهذه الفئة ممن هم في سن التعليم..

لقد سلط إعلان الأمم المتحدة عقد التسعينات من القرن العشرين عقداً للمعاقين الضوء على حجم المعاناة التي يواجهها عشرات الملايين من المعاقين في العالم في مختلف الأعمار، وبخاصة في ميدان التعليم . ذلك أن ما ينبغي توفيره من معلمين متخصصين متحمسين لتعليم هذه الفئة من المتعلمين ، و وطرائق ووسائل واستراتيجيات مبتكرة في تعليمهم ، لم تكن حتى وقت قريب ضمن أولويات المؤسسات التعليمية في عموم بلدان العالم . أما اليوم فإن استخدام الحاسوب في تعليم المعاقين قد حقق قفزات نوعية في هذا الإطار، على الرغم من أن عدد المعاقين المستفيدين من هذا التطور ما يزال قليلاً نسبة إلى أعدادهم الكلية.

لقد شكل ظهور الانترنت حدثاًً مهماً في سياق البحث في إمكانات توفير فرص التعليم لهذه الفئة وهم في أماكنهم ، باتجاه دعم الاتجاه الدولي الذي يدعو إلى استثمار طاقات هذه الفئة من المجتمع ، وإدماجها تدريجياً ضمن حركته ، وعدم عزلها اجتماعياً أو وظيفياً ، وهو ما ينعكس إيجابياً على المعاقين أنفسهم وعلى مجتمعاتهم كذلك .

وهكذا صرنا نرى أجهزة حاسوبية تمكن فاقد البصر أو السمع مثلاً من استخدام لوحة مفاتيح خاصة به ، وسماع توجيهات أو شروحات لما تتضمنه شاشة الحاسوب من ملفات ... إلى غير ذلك من تطبيقات تتطور يوماً بعد يوم وتسهل عملية التعلم بما يدعو إلى التفاؤل بالمستقبل وما يعد به هذه الفئة الواسعة من المتعلمين الذين عانوا طويلاً من الإهمال .

(12) الارتقاء بالأداء التعليمي الإداري :

لقد وفرت الانترنت للقائمين على شؤون التعليم ، من متخذي القرار والمخططين ومديري الفعاليات والأنشطة التعليمية والعاملين الإداريين في المؤسسات التعليمية ، سواء على مستوى مراكز المؤسسات العليا ، أو على مستوى المدرسة والجامعة والمؤسسات التعليمية القاعدية ، فرصاً باتجاهين :

أ) الإطلاع على تجارب العالم في ميدان الإدارة التعليمية ، وما تتطلبه من أنظمة وآليات تخدم عملية التعليم والتعلم ، ومن ذلك نماذج تنظيم الكشوفات أو خزن الموجودات أو الأنظمة الحسابية أو تنظيم مراكز مصادر التعلم والمكتبات المدرسية وغيرها ، والأنظمة المعلوماتية التي يمكن اعتمادها لهذه الأغراض . وهو ما ينعكس إيجاباً على تطوير خبرات العاملين في هذا الميدان .

ب) توفير وسيلة الاتصال الفاعلة متعددة الأغراض للربط بين المدارس والإدارات التعليمية العليا وكذلك مؤسسات المجتمع الأخرى وأولياء الأمور من خلال أنظمة معلومات معتمدة عالمياً .

<u>مشكلات استخدام الانترنت في التعليم</u>

على الرغم من كل ما يسجل لصالح استخدام الانترنت من فوائد على المستوين التعليمي والعام ، فإن هناك بالمقابل من يثبت تحفظاته على هذا الاستخدام ،شأنها في ذلك شأن العديد من نواتج التكنولوجيا الحديثة المثيرة للجدل . ويمن إيجاز هذه التحفظات على النحو الآتي :

(1) إن التحولات السريعة في ميدان استخدام الحاسوب والانترنت تتطلب مواكبة آنية من المعلم والطالب ومصمم المناهج ومصمم التدريس على حد سواء ، وهو ما يحمل العملية التعليمية ، رغم فوائده ، عبئاً إضافياً يجده البعض غير متلائم مع الطبيعة المستقرة نسبياً للعمل التعليمي ، الذي يسعى إلى تغيير سلوك الطالب على أسس منهجية وخطوات متسلسلة يتطلب رسمها وتطبيقها زمنا لابد منه لكونها عملية تتطلب الدقة و تخضع لكثير من الدراسة والتحميص .

(2) إن التنوع الكبير في طبيعة المعلومات والكم الهائل الذي يمكن أن توفره الانترنت ، والارتباط التشعبي بالغ الاتساع ، قد يفضي بالمؤسسة التعليمية إلى فقدان المستويات المشتركة (Standardization) بين الطلبة في كل مرحلة من مراحل الدراسة ، وبما يجعل معايير الحكم على هذه المستويات هشة وغير متجانسة .

(3) إن كثرة المعلومات التي يمر بها الطالب عبر الانترنت وعدم التزام ما يطلع عليه بالضوابط العلمية أو الأخلاقية في كثير من الأحيان ، يجعل الطالب أمام مخاطر التشتت والانزلاق بعيداً عن أهداف العملية التعليمية .

(4) المشكلات المتعلقة بضعف مهارات المعلمين والطلبة في استخدام شبكة الانترنت بكفاءة . وهي مشكلات بدأ يضعف تأثيرها تدريجياً ، إذ أن التدريب على استخدام الانترنت ليس عملية صعبة المنال . بل إن شركات البرمجة التعليمية وشركات الاتصالات صارت شديدة التنافس في ميدان تقديم خدماتها على الانترنت إلى المؤسسات التعلمية.

مستقبل الانترنت :

لا شك بأن التكهن بما يمكن أن يكون عليه مستقبل شبكة الانترنت واستخداماتها ، وبخاصة في ميدان التعليم ، أمر ينطوي على كثير من الصعوبة . والسبب في ذلك يعود الى أمرين :

أولهما : القفزات السريعة التي تتحقق في هذا المجال على المستوى التقني والتي تتجاوز التوقعات ، سواء في انتشار الشبكة ، أو في طبيعة المعلومات التي سيستطيع المستخدم الحصول عليها من الانترنت أو الطريقة التي ستعمل بموجبها الشبكة بوصفها وسيلة اتصال .

ان البحث في هذا الميدان ، والذي يؤشر تقدما في مجال استخدام الذكاء الاصطناعي والحواسيب الذكية ، آخذ بالازدياد والتوسع ، وأن الحواسيب ستستطيع مستقبلا التحاور فيما بينها لتقديم المعلومات المطلوبة للمستخدم . وهو ما يتجاوز اسلوب التصفح المتبع في الوقت الحاضر . وأن هذه الحواسيب ستكون قادرة على تحديد طبيعة المعلومات التي يبحث عنها المستخدم حتى دون أن يزودها المستخدم بها ، لأنها ستتعرف (بالتعاون) فيما بينها على تحديد هوية المستخدم ، و احتياجاته، والمعلومات التي اعتاد ان يطلبها . بعد ذلك تقدم له ما يقترب من المعلومات التي يبحث عنها . وفي ذلك ما يقلل من الوقت والجهد المطلوبين في عملية التصفح والبحث عن المعلومات عبر كم كبير من المواقع الرئيسية والفرعية كما هو جار في الوقت الحاضر ، والتي قد لا تقود المستخدم دائما الى مراده . ويدعى هذا النمط من العمليات الحاسوبية ب "الشبكة السيميائية " Symantec Web . وهو تعبير مشتق على ما يبدو من المصطلحات المتداولة في علم اللغة الحديث وعلم السيمياء الذي يعنى بآليات التخاطب الاشاري ورموزه وشفراته .

ثانيهما : حداثة استخدام الانترنت في التعليم مقارنة بالوسائل الأخرى ، وبخاصة في الدول النامية والفقيرة . وهوما يجعل الكثير من تطبيقات الانترنت في التعليم قيد التساؤل الذي ما زال بحاجة الى اجابات علمية دقيقة لاقرار مديات الافادة من هذه التقنية ، وبصورة خاصة في بلدان العالم النامي والفقير مستقبلا . وهو ما يفسر الجدل الذي ما زال دائرا حول هذه التطبيقات ، وآثارها في التعليم .

وفي كل الأحوال فان التطورات التي يمكن أن يشهدها المستقبل في هذا المجال ترتب مسؤولية جدية على التربويين ومتخذي القرار التربوي ، في أن يهيؤوا لما يتوقع من

تطورات ، أو بحدود ما هو منظور منها ، سواء من حيث رصد هذه التطورات أو زيادة الاهتمام بالبحث العلمي في هذا المجال بغية التعامل المتحسب معها واستيعابها أو توفير المستلزمات المادية والبشرية لتحقيق هذا الغرض .

مواقع تربوية على شبكة الانترنت

أدناه مجموعة مختارة من عشرات المواقع التربوية التي يمكن الافادة منها في هذا الميدان:

❖ **دوريات وبحوث ومؤتمرات :**

- http://www.educam.edu
- http://www.epnet.ebesco.com
- http://www.arl.org

❖ **قواميس وموسوعات وقواعد بيانات :**

- http://www.eb.com
- http://www.yourdictionary.com
- http://www.factstall.bucknell.deu/rbeard/dictionary.html
- http://www.sgcoom/biography
- http://www.eric.ed.gov

❖ **أخبار تربوية :**

- http://www.chronicle.merit.edu

❖ **أطالس :**

- http://www.atlas.8k.com
- http://www.countries.com
- http://www.atlapedia.com

❖ كتب ومكتبات:

- http://www.e.kotob.com
- http://www.books.com
- http://www.al-kotob.com
- http://www.express.com/consumer/default.asp
- http://www.arabook.com/librarie/libmain.html

❖ رسائل جامعية :

- http://www.lib.uml.com/dissertations

❖ جامعات وكليات :

- http://www.collogelink.com

❖ تكنولوجيا التعليم والبرمجيات :

- http://www.graspmath.com
- http://www.techtrain.org
- http://www.educationalmultimedia.com
- http://www.ims.tamy.edu
- http://www.icte.org
- http://www.learn.co.uk
- http://www.learners.com
- http://www.covis.hwu.edu
- http://www.media-awarness.ca
- http://www.scholars.lib.vt.edu
- http://www.cilt.org
- http://www.hakatai.mcli.dist.maricopa.edu
- http://www.kn.pacbell.com/vidconf
- http://www.hagar.up.ac.za

- http://www.brmjyat.com
- http://www.geocties.com
- http://www.arabic.arabia.msn.com
- http://www.blackboard.com

❖ دورات تعليمية في الحاسوب :

- http://www.arabuniversity.com
- http://www.zdu.com
- http://www.informationsys.com

الفصل السادس

برامج الحاسوب المستخدمة في التعليم

- مقدمة
- برنامج النوافذ Windows
  - خصائص برنامج النوافذ وإمكاناته
  - الفوائد التعليمية للبرنامج
- برنامج معالج النصوص Word
  - خصائص البرنامج و إمكاناته
  - الفوائد التعليمية للبرنامج
- برنامج الجداول الإلكترونية Excel
  - خصائص البرنامج و إمكاناته
  - الفوائد التعليمية للبرنامج
- برنامج العرض التقديمي Power point
  - خصائص البرنامج و إمكاناته
  - الفوائد التعليمية للبرنامج
- برنامج قواعد البيانات Access
  - خصائص البرنامج و إمكاناته
  - الفوائد التعليمية للبرنامج
- البريد الإلكتروني E mail
  - خصائص البريد الالكتروني
  - تطبيقات البريد الالكتروني التعليمية
  - فوائد خدمة المحادثة Chatting

الفصل السادس

برامج الحاسوب المستخدمة في التعليم

مقدمة

في الصفحات اللاحقة سنتعرف بعض البرامج الأساسية المستخدمة في الحاسوب والتي تشكل مفردات منهاج الشهادة الدولية لقيادة الحاسوب International Computer Driving License (ICDL) وهي برامج لا غنى للعاملين في ميدان التربية والتعليم ، عن التدريب عليها وإتقان مهاراتها لارتباطها بعملهم اليومي ، مع اتساع استخدام الحاسوب وضرورة مواكبة التحولات الحديثة التي يشهدها هذا الميدان ، والتي تقع مسؤوليتها على القائمين على السياسة التربوية ورسم خططها والباحثين والإداريين والطلبة والعاملين في ميدان تصميم التدريس والوسائل التعليمية على حد سواء .

وسنتناول هنا ما يهمنا في حدود أغراض هذا الكتاب ، إذ سنعرض لكل مفردة (أو برنامج) من هذه المفردات موضحين ما يتعلق بها من حيث الوصف العام لكل منها والخصائص التي تتسم بها ، وكذلك أهم الفوائد والأغراض التي يمكن الإفادة منها فيها في الميدان التعليمي . وسنترك كيفية تشغيل هذه البرامج للكتب والمصادر الأخرى المتخصصة بالتدريب عليها . وسنتطرق إليها حسب التسلسل الآتي باستثناء استخدام الانترنت الذي سبق أن خصصنا له فصلاً مستقلاً :

- النوافذ Microsoft Windows
- الطباعة Microsoft Word
- العرض التقديمي Microsoft Power point
- الجداول الإلكترونية Microsoft Excel

- برنامج قواعد البيانات Microsoft Access
- البريد الإلكتروني E-mail

النوافذ Windows

إن أول ما ينبغي أن يتقنه مستخدم الحاسوب هو كيفية استخدام أنظمة التشغيل من خلال التعامل مع الرموز والرسوم التي يجدها على شاشة الحاسوب ، والتي تقوم بدور الوسيط بينه وبين هذا الجهاز ،وذلك من خلال استخدامه برنامج "النوافذ"Windows الذي انتجته شركة Microsoft .

خصائص البرنامج و إمكاناته :

يمكن تحديد أهم خصائص أو مزايا برنامج النوافذ في الجانب التطبيقي ما يأتي :

- يسهل نقل البيانات من الذاكرة الرئيسية وإليها .
- يضمن استخدام النوافذ سرعة أكبر للجهاز من النظام الذي كان معمولاً به من قبل وهو نظام MS-DOS .
- يسهل توفير مساحة خزن أوسع .
- يسهل التعامل مع شبكة الانترنت والبريد الإلكتروني .
- تستخدم النوافذ تشكيلة واسعة من الأيقونات Icons والقوائم Menus لتسهيل الاختيارات والإجراءات التي يرغب المستخدم القيام بها ، والتي تساعده في تنفيذ ألاف الأوامرالتي يمكن التحكم بعددها وطريقة عرضها ، والتي تتصل بالاجرآت والعمليات الآتية :
- تصغير النوافذ وتكبيرها وإغلاقها وفتحها ونقلها والتحكم بمساحتها .

- تنظيم استخدام نظام الحماية الأمنية للملفات المخزونة وحمايتها من الفايروسات .
- إنشاء الملفات والمجلدات وتنظيم خزنها والتحكم بمكان الخزن .
- الدخول إلى البرامج المخزونة على الجهاز لإجراء التعديلات أو الحذف أو إعادة التسمية .
- التحكم بالوحدات أو المعدات الملحقة والربط معها كجهاز الطابعة مثلاً .
- سرعة العثور على ملف مخزون في الجهاز .
- استعادة الملفات التي سبق حذفها وأودعت في سلة المهملات Recycle Bin.
- تنظيم الملفات والمجلدات التي تحفظ في الجهاز .
- تهيئة الأقراص المرنة للاستخدام من حيث فحصها وتفريغها وتحديد حجمها .
- دمج وإعادة ترتيب الملفات والمجلدات ونسخها .
- إعداد الشاشة والتحكم بخلفيتها أثناء العمل وأثناء التوقف .
- التحكم بمؤشر الفأرة Mouse وسرعة النقر عليه .
- إضافة وحذف البرامج المخزونة .
- تعديل الوقت والتاريخ المثبت في الجهاز .
- المساعدة في بيان المعلومات الخاصة بمحتويات الجهاز والأقراص .
- توفير خدمة المساعدة Help عندما يطلبها المستخدم لغرض حل مشكلة ما أو لمواجهة صعوبة ما أثناء العمل .
- سهولة استخدامه حتى بالنسبة للمبتدئين.

الفوائد التعليمية للبرنامج :

ليست هناك فوائد تتصل بالميدان التعليمي حصراً ، غير أن النوافذ توفر الخارطة الأساسية لخدمات الحاسوب ، والتي لا يمكن فهم منطق اشتغال الحاسوب وكيفية التعامل مع أجزائه وملحقاته ومحتوياته إلا من خلالها . ورغم تسميتها بالنوافذ إلا إنها البوابة الرئيسة الواسعة التي يمكن من خلالها إتقان التعامل مع الحاسوب بجميع برامجه . وعليه فإن إتقان الحاسوب والتعرف إلى تفاصيل الاستخدام الخاصة به مهمة أساسية للمعلم والطالب والإداري والتربوي والباحث عند أي تعامل مع الحاسوب . ذلك أن ادخال المعلومات وتوجيه الحاسوب من حيث كيفية معالجتها وتنظيمها في ملفات والمناقلة بين ملفات المعلومات وحذفها ...الخ ، يتطلب اتقان استخدام النوافذ بصورة صحيحة . اذ ان من شأن ذلك أن يزيد سرعة إنجازهم لمهامهم والدخول الى برامج الحاسوب الاخرى والافادة منها على الوجه الأكمل .

<u>برنامج معالج النصوص Microsoft Word :</u>

هو واحد من البرامج التي تعنى بطباعة النصوص وتنظيمها وإضافة بعض الرسوم والجداول البسيطة إليها . ويدخل استخدامه في برامج كثيرة أخرى . كما يعد إتقانه أساسياً وأولياً في التعامل مع برامج الحاسوب الاخرى وبخاصة في ميدان عمل المعلم والطالب والهيئات الإدارية كما سنرى لاحقا .

خصائص البرنامج وامكاناته :

يوفر هذا البرنامج إمكانات عديدة أهمها :

- طباعة النصوص والأعداد وإدراج الجداول الاعتيادية وتنظيم خلاياها .
- إضافة بعض الرسوم والصور والتخطيطات إلى النصوص المطبوعة وتنظيمها لتظهر بالاتجاه المطلوب .
- حفظ الوثائق والمستندات المطبوعة وعمل نسخ احتياطية منها .

- الطباعة باللغة العربية واللاتينية وإمكانية تغييرها حسب الطلب .
- توفير امكانية اختيار نوع الخط ، وحجم الحرف وشكله ومكانه ، وحذف النصوص والإضافة اليها وتعديلها .
- تنظيم العناوين والسطور والفقرات وعلامات التنقيط .
- تصحيح الأخطاء الإملائية واللغوية .
- تنظيم التعداد الرقمي والنقطي والتسلسل الأبجدي .
- تنظيم الشكل العام للمستند المطبوع وهوامش الصفحات المطبوعة .
- تلوين النصوص المطبوعة وخلفياتها .
- وضع الأطر والخطوط لإبراز نصوص محددة .
- تذييل الصفحات وترقيمها .
- توفير تشكيلة واسعة من الرموز الطباعية .
- توفير أشكال هندسية كالمربع والدائرة والمثلث والمستطيل وغيرها فضلا عن الأسهم بأنواع وأحجام متنوعة .
- توفير قاموس معاني الكلمات باللغة العربية والإنكليزية .
- توفير قاموس للمرادفات في اللغة نفسها .
- امكانية استخدام مؤشر لتحديد مواضع من النص لأغراض المراجعة أو التمييز.
- امكانية اضافة تعليقات ملحقة على النص للافادة منها لاحقا ، دون اظهارها عند طبع النص على الورق.

<u>الفوائد التعليمية للبرنامج :</u>

يعد هذا البرنامج من أكثر البرامج استخداما من قبل العاملين في ميدان التعليم وذلك لما يوفره من التطبيقات الآتية:

- طباعة النصوص المزودة بالرسوم والصور والجداول التي يتضمنها المنهاج الدراسي بشكل عالي الدقة والتنظيم ، مما يساعد المعلم والطالب على طباعة المحاضرات وأوراق العمل والوسائل التعليمية المطبوعة والشفافيات ، وطباعة البحوث والدراسات في أقصر وقت وجهد ممكنين ، وكذلك في تحرير النشرات الجدارية في المدرسة وغير ذلك من أغراض .

- خزن المستندات والوثائق المطبوعة والعودة إليها عند الحاجة وتحديثها كلما اقتضت الضرورة ذلك مما يسهل على المعلم والاداري مراجعة هذه الوثائق .

- يشكل البرنامج النسبة الأساسية في أي نشاط إداري يتطلب الطباعة كالإدارة والتعليمات والمخاطبات والمراسلات مع الإدارات العليا وأولياء الأمور والجهات ذات الصلة بعمل المؤسسة التعليمية.

- يساعد في تعلم أنماط الكتابة الوظيفية التي يوفرها البرنامج ، اذ يزود المستخدمين بنماذج جاهزة منها بحسب الطلب.

- إن اتقان استخدام البرنامج الطباعي يدخل كعنصر أساس في استخدام البرامج الأخرى التي تناولناها في هذا الكتاب (العرض التقديمي Power point) والبريد الإلكتروني E-mail ، الجداول الإلكترونية Excel والشبكة الدولية للمعلومات Internet وبرنامج Access) ولا غنى للمعلم أو الإداري أو الطالب عن إتقان البرنامج الطباعي في حالة استخدامه لهذا البرنامج .

برنامج الجداول الإلكترونية Excel :

وهو أحد برامج مايكروسوفت Microsoft المستخدمة في العمليات الحسابية والتحليلات الإحصائية للبيانات وإنشاء الرسوم البيانية بأشكال عديدة حسب الطلب وبأسلوب سهل . وقد اكتسب هذا البرنامج تسميته الجداول الإلكترونية Spread Sheets من طبيعة استعماله التي تتيح لنا سعة جدولية هائلة يمكن الاستدلال على خلاياها بطريقة سهلة ، اذ أن صفوف الجداول يرمزلها بالأرقام (1,2,3,4....) وصفوفها بالحروف(A,B,C,..........) . وبذلك يمكن بسهولة تحديد أية خلية من خلايا الجداول برمز محدد مثل: C120 أو A15B أو DY33 ....وهكذا

خصائص البرنامج وامكاناته :

ينطوي هذا البرنامج على مواصفات عديدة تجعله في مقدمة البرامج التي يستفاد منها لأغراض إعداد الجداول الواسعة والإحصاءات الدقيقة والأشكال البيانية. ومن أهم هذه المواصفات :

- احتواء البرنامج على حوالي 4 ملايين خلية وهي أصغر وحدة جدولية في البرنامج.
- إمكانية استخدام البرنامج الطباعي Word داخل كل خلية بلغتين مما يعني التحكم بالخطوط والأرقام من حيث الحجم والموقع والإضافة والحذف والتلوين ... الخ .
- إمكانية استخدام الجدول بشكل ثنائي من اليمين إلى اليسار وبالعكس ، ويمكن قلب أي جدول بسهولة طبقاً لهذه الخاصية .
- إمكانية تلوين الخلايا ، وتأطيرها ، ونقلها ، وتكرارها وحذفها وتعديلها .
- إمكانية إنشاء أشكال متنوعة من الأشكال البيانية الملونة وخزنها .

- إمكانية إجراء العمليات الحسابية والإحصائية لعدد كبير من البيانات الرقمية مرة واحدة أو بشكل منفصل .
- إمكانية تخزين الجداول والبيانات على أكثر من نسخة وبأشكال متنوعة .
- سهول الاستخدام النسبية قياساً بالبرامج الأكثر تعقيداً .
- إمكانية إضافة تعليقات مرافقة للخلايا حسب الحاجة .

الفوائد التعليمية للبرنامج :

يوفر هذا البرنامج إمكانية واسعة للمعلم لتنظيم كشوفات الطلبة وقوائم العلامات لعدد غير محدد من الطلبة والشعب الدراسية والمواد الدراسية ، وعلى امتداد سنوات عدة ، بحيث يمكن للمعلم أو الادارة التعليمية مثلا أن تجري بسهولة مقارناتها لمستويات التحصيل ومدى نموها أو تراجعها على مستوى تلك المواد أو السنوات أو الشعب الدراسية .

- يوفر للمعلم سرعة ودقة عاليتين في استخراج معدلات الطلاب واستخراج الاوساط الحسابية والمنوال والانحرافات المعيارية علاوة على إجراء العديد من العمليات الحسابية والإحصائية الاخرى لتحليل علاماتهم ووضعها في صيغة أشكال بيانية متنوعة وسهلة الاستخدام . ان من شأن ذلك توفير الجهد المطلوب لمثل هذه العمليات ، والذي يمكن أن يكون ذا فائدة كبيرة في توفير وقت المعلم وجهده لنشاطات أخرى .
- أما الاستخدام الأوسع لهذا البرنامج فيمكن أن يكون للأدارة التعليمية التي يتطلب عملها عدد غير محدد من الكشوفات المتعلقة بموجودات المدرسة من كتب ولوازم او قوائم اجور العاملين وكلف المشروعات التي تقوم بها .هذا فضلا عن تنظيم الجداول الدراسية وجداول الانشطة العلمية والترفيهية، وتصميم الرسوم البيانية والنتائج الإحصائية على مر العام الدراسي والتي يطلب توثيقها وخزنها والعودة إليها بشكل دائم عند طلبها من الادارات الاعلى أو

عند التخطيط لتطوير عمل المؤسسة التربوية أو التوسع في أي ميدان من ميادين عملها . كما ان البرنامج يمكن ان يكون ذا أهمية خاصة في تنظيم الادارة المدرسية أو الجامعية في تنظيم الامتحانات وما تتطلبه من دقة في وضع جداولها واجراء جمع الدرجات وووضع المعدلات وانجاز النتائج لعدد كبير من الطلبة في عدد كبير أيضا من المدارس في وقت قصير جدا قياسا بالطرق اليدوية التقليدية .

- أن البرنامج يعد ذا فائدة كبيرة للمعلملين والباحثين التربويين والطلبة من حيث إمكاناته في تحليل نتائج ما يجرونه من بحوث بما يوفره البرنامج من سرعة ودقة في إجراء العمليات الحسابية والإحصائية لأعداد كبيرة من البيانات . اذ لا غنى للبحوث التي تعتمد النتائج الاحصائية عن برنامج أكسل .

<u>برنامج العرض التقديمي Power Point :</u>

يعد برنامج العرض التقديمي واحداً من برامج الرخصة الدولية لقيادة الحاسوب (ICDL) International Computer Driving License التي تتسم بالسهولة وسعة الاستخدام . وهو أحد برامج مايكروسوفت Microsoft . يستخدم هذا البرنامج بشكل أساس في عرض محتوى محدد قوامه النص المطبوع والصورة والصوت، ويستخدم بشكل واسع في المؤتمرات والقاعات الدراسية .

خصائص البرنامج و إمكاناته :

ينطوي برنامج العرض التقديمي Power Point على مجموعة من المواصفات والخصائص التي يمكن إيجاز أهمها على النحو الآتي :

- سهولة الاستخدام ، وهو ما يفسر شيوع استخدامه ، وبخاصة من قبل المعلمين والطلبة.
- إمكانية توظيفه النصوص المطبوعة ، إذ يمكن توظيف البرنامج الطباعي Word بجميع خصائصه في هذا البرنامج من حيث اختيار نوع الخط ونوع

الحرف وحجمه وخطه وتعديله ونقله وحذفه وتكراره وتأطيره ، وتوزيع الأسطر وتنظيمها ، واستخدام علامات التنقيط بأية لغة معرفة في الحاسوب، علاوة على اقتباس نصوص مصورة من أي مصدر .

- إمكانية استخدام الصوت بأنواعه الثلاثة(الصوت البشري والموسيقى والمؤثرات الصوتية) والتي يمكن الحصول عليها من مصادر عدة :

- الأصوات المخزنة في جهاز الحاسوب .
- الأصوات المخزنة على أقراص كالموسوعات الصوتية .
- الأصوات المخزنة على مسجل صوتي أو أي مصدر شبيه .
- الأصوات التي يسجلها المستخدم نفسه من خلال لاقطة الصوت (المايكروفون).
- استخدام مواقع الانترنت التي تحتوي على أصوات.
- استخدام برامج إنتاج الصوت أ تأليف المقطوعات الموسيقية داخل الحاسوب أو خارجه.

- أمكانية استخدام الصور الثابتة والمتحركة والأفلام في تشكيل الشرائح والتي يمكن الحصول عليها من مصادر عدة :

- الصور المخزنة في جهاز الحاسوب .
- أقراص الموسوعات الصورية .
- أية مواقع على الانترنت .
- أي مصدر صوري أو أفلام مسجلة .
- الصور الاعتيادية (الصور الفوتوغرافية والمطبوعة على الورق أو الشفافيات) باستخدام الماسح الضوئي .

- الكاميرات المربوطة مع جهاز الحاسوب ، والتي يمكن نقل الصور الفوتوغرافية والأفلام الفيديوية منها مباشرة .
- استخدام الرسوم التخطيطية من برامج الرسومات .

- إمكانية استخدام الألوان : إذ يمكن تلوين الخطوط ووضع الإطارات الملونة لها وكذلك الخلفيات بما يحقق أغراض البرنامج .
- طريقة ظهور الشريحة : في هذا البرنامج يمكن إظهار النصوص أو الأصوات أو الصور بطرائق عديدة ، إذ يقدم لنا البرنامج خيارات كثيرة كالعرض التدريجي ، والقافز والتجميعي والداخل إلى الشاشة من احد الجوانب أو القائم على تجميع حروف متناثرة .. الخ من خيارات . وكل من هذه الخيارات له دلالاته ومبررات استخدامه .
- توقيت ظهور الشرائح ومكوناتها :

- العرض الانسيابي على وفق توقيتات يختارها مصمم البرنامج .
- العرض المتقطع باستخدام الفأرة (Scroll) حسب التوقيت الذي يرغبه المستخدم .
- العرض المتقطع باستخدام الفأرة أيضاً بالكبس على يسار الفأرة(Left Click) حسب التوقيت الذي يرغبه المستخدم. وتشمل طرائق العرض توقيتات ظهور الأصوات أو الصور أو النصوص أوغيرها .

- وجود تصاميم جاهزة شائعة الاستخدام كنماذج المخاطبات أو إيصالات الدفع وقوائم الحسابات والكشوفات لتسهيل تنظيمها من قبل المستخدم .
- إمكانية وضع الجداول والأشكال البيانية التوضيحية في صور وأشكال عديدة حسب الطلب.

- إمكانية ترقيم الصفحات أو الشرائح ، وإضافة عناوين أو تعليقات ظاهرة أو مخزنة لها تستخدم عند الطلب .
- توفر صيغ شرائح متنوعة كثيرة وفق تصاميم محددة بحسب احتياجات مصمم البرنامج .
- توفر طرائق عرض متعددة على الشاشة :

1. العرض العادي Normal View الذي يستخدم لإدخال المعلومات وإجراء التعديلات ووضع الملاحظات التي تخص المعلق .
2. العرض التفصيلي Outline View الذي يشبه العرض العادي ولكنه يظهر جزء العرض المفصل بمساحة أكبر .
3. عرض لمعاينة الشريحة Slide View ويستخدم للتعامل مع أجزاء الشريحة الواحدة .
4. عرض مصغر لجميع الشرائح Split Slide أو Slide Sorter ويستخدم للمراجعة السريعة للشرائح المعدة .
5. العرض النهائي Slide Show وهو الشريحة في حالة العرض على المشاهدين والتي نظهرها عادة على شاشة عرض كبيرة Data Show عند عرضها على مجموعة من الطلبة داخل قاعة دراسية أو جمهور كبير، كما يحصل في الندوات والمؤتمرات .

الفوائد التعليمية للبرنامج :

إن جملة الخصائص التي استعرضناها آنفا تجعل هذا البرنامج أكثر البرامج رواجاً بين المعلمين ، والإدارات التعليمية . ذلك أن الخصائص المذكورة توفر جملة من الفوائد التعليمية والاستخدامات التي يمكن عرض أهمها في الفقرة الآتية .

- يمكن برنامج Power Point المعلمين من توفير وسائل تعليمية مطبوعة ومصورة بالألوان لا نهاية لها لغرض عرضها كشرائح شفافة Transparencies أو للنشر على الورق .

- يمكن هذا البرنامج المعلم من تقديم دروس متكاملة أو تدريبات أو عروض مشاهدة لطلبته بحسب تصميم الدرس الذي يعتمده ، وطبقاً للتوقيتات التي يراها مناسبة ، بحيث يمكنه الاستغناء عن الكثير من الوسائل التقليدية التي قد تتاح له داخل الصف.

- إن توفر طرائق عرض متنوعة في البرنامج من عروض ونصوص وجداول وتخطيطات ورسوم بيانية وصور ثابتة ومتحركة وأصوات متنوعة ، تمكن المعلم من الاستخدام المتعدد للحواس في توجيه خطابه لطلبته ، واستثمار عناصر تشويق كثيرة التنوع ومتباينة التأثير لضمان تعلم تفاعلي أكثر جدوى يستجيب لفروقهم الفردية ويسهم في رفع دافعية الطلبة نحو التعلم واستبقاء الخبرات الجديدة في الذاكرة طويلة المدى..

- يمكن هذا البرنامج من خزن مجموعة من الدروس والوسائل لأغراض الإفادة منها لاحقاً وتحديثها أو إجراء التعديلات عليها كلما دعت الضرورة إلى ذلك .

- يمكن الإفادة من هذا البرنامج في تقديم الدروس الاعتيادية داخل الصف أو لأغراض التعلم الفردي أو الجماعي أو التعاوني أو الذاتي وتوفير النسخ المطلوبة بما يتطلبه الموقف التعليمي التعلمي .

- يساعد هذا البرنامج المعلم من تخطيط دروسه بدقة عالية ، وحفظ كل المعلومات والوسائل التي يحتاجها ، واستثمار وقت الدرس بصورة عالية التنظيم والدقة دون إغفال أو نسيان أي من المعلومات أو الفقرات والذي كثيراً ما يواجه المعلم أثناء الدرس .

- يمكن هذا البرنامج الإدارة التعليمية من عرض مشكلاتها ومناقشة خططها في اجتماعات الهيئة التدريسية أو الاجتماعات التي تعقد مع أولياء الأمور أو لأغراض التوعية العامة في المناسبات المختلفة .

برنامج أكسس Microsoft Access :

وهو برنامج يستخدم لإنشاء قواعد البيانات الجدولية الواسعة وحفظها والإضافة عليها بطريقة دقيقة ومنظمة وعرضها بصورة تسهل الإفادة منها . ويقصد بقواعد البيانات ، المخزون المنظم من البيانات والمعلومات ذات الصلة فيما بينها وتتصف بالاستقلالية والتنظيم والدقة وعدم التكرار والمناعة ضد التغيير .

خصائص البرنامج وإمكاناته :

- يمكننا البرنامج من تخزين البيانات بشكل جدولي عالي الدقة .
- يمكننا من تجميع البيانات بسهولة من هذه الجداول وبشكل منظم .
- يمكننا من إجراء خلاصة للبيانات المطلوبة .
- يمكننا من إدخال البيانات إلى هذه الجداول وتعديلها ثم عرضها وتحليلها .
- يزودنا بنماذج معدة للتخزين يمكن محاكاتها لتسهيل عمل نماذج مشابهة.
- يصنف البيانات على أساس الحقول والسجلات والملفات ، وكل سجل يضم مجموعة حقول ، وهو ما معمول به في أنظمة المعلومات عموماً .
- ينظم فهارس تسهل العثور على البيانات المطلوبة بسرعة ودقة .
- يسهل إجراء التحديث على البيانات والمناقلة بينها من حيث الموقع وتعديل التصميم الجدولي .
- استخدام الخصائص الطباعية لبرنامج Word والإفادة من الألوان فيه .

- يوفر لنا بيانات جدولية مفصلة ومتنوعة وغير نمطية كتواريخ التحاق الموظفين بعملهم مثلاً وأرقام عن عدد الأولاد وسنوات الخدمة والرقم الوطني وتاريخ الميلاد وغير ذلك مما يتطلب مداخل جدولية واسعة ومتداخلة أفقيا وعموديا.

الفوائد التعليمية للبرنامج :

- الغرض الأساسي من استخدام برنامج أكسس هو لمساعدة الإدارات التعليمية على اختلاف مستوياتها في تنظيم قواعد بيانات شاملة لتسهيل العودة إليها وتحديثها بشكل دائم . ذلك أن اعتماد أنظمة معلومات متقنة التصميم يساعد كثيراً في تحديث عمل الإدارات التعليمية والارتقاء بأدائها . هذا فضلا عن توفير الوقت والجهد في البحث عن هذه المعلومات ، لأغراض توفيرها بالدقة المطلوبة لمتخذي القرار .

- كما يساعد هذا البرنامج أيضاً في حماية قواعد البيانات هذه من الاختراق أو الضياع ، علاوة على توفير كم متراكم من هذه البيانات على مدى عدة سنوات بما يحفظ ذاكرة المؤسسة التعليمية وتاريخ تطورها والمتغيرات التي شهدتها من حيث نمو أعداد العملين أو تطور الأداء أو النمو في الموجودات والمستلزمات التي تتوافر فيها. ومن جانب آخر فإن توفر قواعد بيانات بهذه الصورة يسهل تبادل المعلومات بين المؤسسات التربوية على المستوى الوطني والإقليمي والدولي ، علاوة على فتح الباب أمام أولياء الأمور للإفادة مما هو مسموح به من هذه القواعد .

- يمكن هذا البرنامج المعلمين كذلك ، وليس الإداريين فقط ، من الاستفادة من إمكاناته في توفير قواعد بيانات بحدود عملهم كتنظيم قواعد بيانات خاصة بطلبتهم تتضمن تفاصيل عن أدائهم وخلفياتهم وأهم الأنشطة التي قدموها وغير ذلك . إضافة إلى استخدامه من قبل معلمي الدراسات المتعلقة بنظم المعلومات وتطبيقاتها .

البريد الإلكتروني E-mail :

هو نظام تراسل زهيد الكلفة بالغ السرعة يستخدم شبكات الانترنت لتبادل الرسائل وما يرفق معها من ملفات وصور ثابتة ومتحركة وأصوات . ويعد من أشهر الخدمات التي تقدمها انترنت وأكثرها استخداماً ، وذلك من خلال برامج خاصة أهمها : Microsoft outlook, Outlook Express, Netscape mail, . Eudora

خصائص البريد الإلكتروني :

- سرعته الهائلة ، إذ لا يستغرق وصول الرسائل عبر آلاف الكيلومترات إلا دقائق معدودة .
- تعدد الرسائل : يمكن إيصال رسالة واحدة إلى عشرات العناوين موزعة على عدة بلدان في الوقت نفسه والسرعة نفسها تقريباً مرة واحدة .
- يمكن تنظيم قوائم خاصة تحتوي عشرات العناوين لغرض توزيع الرسائل عليها في الوقت نفسه .
- يمكن أن نرفق ملفات نصية وصور ثابتة ومتحركة وأصوات مع الرسائل التي نبعثها .
- يمكن تسلم الرسائل أو إرسالها من أي جهاز حاسوب وليس بالضرورة من الحاسب الشخصي للمستخدم وفي أية بقعة في العالم تتوفر فيها هذه الخدمة .
- يمكن تهيئة الرسائل والملحقات المرسلة معها دون الربط مع الانترنت ومن ثم فتح خط انترنت للمباشرة بإرسالها .
- يمكن فتح أي ملف طباعي أو صوري مخزن أو من مواقع انترنت يختارها المستخدم لاختيار ما يرغب إرساله في رسائله .
- يمكن خزن الرسائل المرسلة والمستلمة وتعديلها وإلغاؤها في أي وقت .
- ينظم عمليات الإرسال والتسلم بحسب تاريخ ووقت وصولها وفق قوائم دقيقة.

- يحفظ عناوين من ترد منهم الرسائل ومن تنوي مراسلتهم في قوائم منظمة .
- يحصر استخدام الموقع البريدي بكلمات ورموز سر تمنع استخدامه من قبل الآخرين .
- يمكن المستخدم من الوقاية من العديد من الفايروسات التي تنتقل من خلال الرسائل الواردة .
- يسهل استعراض الرسائل المستلمة والواردة بسهولة وسرعة .
- يسهل فرز الرسائل وتبويبها حسب إغراض المستخدم .
- يميز بين الرسائل الواردة التي تمت قراءتها أو التي لم تتم قراءتها بعد لتسهل على المستخدم التمييز بينها بخاصة عند وجود عمليات تراسل كثيرة .
- يبلغ المستخدم عندما يكون منشغلاً بالعمل ببرنامج آخر عند وصول رسالة إليه.
- يوفر خدمة وضع توقيع المرسل على الرسائل التي يرغب بإرسالها .
- يوفر إمكانية استنساخ أو حفظ الرسائل الواردة بجميع محتوياتها .
- يوفر خدمة المحادثة Chatting بين اثنين أو أكثر بالصوت والصورة.

تطبيقات البريد الإلكتروني التعليمية :

لقد أضحى التراسل عبر البريد الإلكتروني عصب الاتصالات التي يتطلبها التعليم عن بعد ، بل إنه في العديد من بلدان العالم فاق الاتصالات الهاتفية والتراسل باستخدام التلكس والرسائل ، وذلك بسبب سهولته وسرعته ورخص ثمنه وضمان فرص وصوله وسريته . ويرى كثيرون أن ابتكار البريد الالكتروني كان سبباً مهماً في اعتماد التعليم عن بعد في الجامعات الدولية والجامعات الافتراضية والمكتبات والمدارس والمؤسسات التعليمية الأخرى . ذلك إنه يوفر إمكانات لا تضاهى للتواصل بين

أطراف العملية التعليمية ، سواء أكانو معلمين أم إداريين أم طلبة أم أوليا أمور . إذ يمكن أن يخدمنا هذا الاستخدام الفريد عبر الانترنت في نواحي عدة أهمها :

- التراسل بين المعلمين والطلبة للإجابة عن أسئلتهم واستفساراتهم ومتابعة نشاطهم خارج المدرسة أو الجامعة ، حتى إن كانوا في بلدان متعددة في آن واحد .
- تبادل الملفات بين مستخدمي البريد الالكتروني من المعلمين والطلبة بما يساعد في تبادل الخبرات والمعارف وتعزيز التعلم التعاوني بين الطلبة.
- تزويد الطلبة بالمناهج الدراسية وأوراق العمل والأسئلة الإمتحانية وغيرها ، وتسلم الإجابات عنها وتزويدهم بالملاحظات المطلوبة على أدائهم
- تأمين الاتصال بين المعلمين في أماكن مختلفة لتبادل الخبرات والمعلومات فيما بينهم .
- توفير فرص الاتصال بين الإدارات المدرسية من جهة ، وبينها وبين الإدارات التربوية العليا وأولياء الأمور والأطراف الأخرى ذات الصلة كمؤسسات المجتمع المحلي من جهة اخرى.
- إدامة صلة الطالب بالمدرسة أو الجامعة إدارياً وتعليمياً وجعله على إطلاع بالمتغيرات والتوجيهات الدائمة فيها .
- تأمين التواصل بين الطلبة أنفسهم بما يعزز فرص التعلم التعاوني والتواصل الاجتماعي فيما بينهم ، وتبادل الدراسات والبحوث وإجراء الحوارات .
- توفير التواصل بين المعلم والطالب دون أن يتعرض الطالب للخجل أو الخشية من الإحراج أمام زملائه كما يحصل في المواقف التعليمية التقليدية.

فوائد خدمة المحادثة Chatting :

إن المحادثة التي تجري بين طرفين أو أكثر سواء أكانت طباعية أم صوتية أم بمصاحبة الصورة ، فإنها يمكن أن تنطوي على تطبيقات وفوائد عدة يمكننا أن نجمل أهمها على النحو الآتي :

- يمكن إجراء الحوارات المباشرة عن بعد بين المعلم والطالب لمتابعة بعض متعلقات موقف تعليمي سابق أو التمهيد لموقف مقبل ، أو لتعاون الطلبة فيما بينهم لحل مشكلة بحثية أو تبادل المعلومات حول قضية أو ظاهرة علمية ما ، مما يعزز التعلم التعاوني ويحقق أهدافه.

- يمكن عن طريق هذه الخدمة تنظيم المؤتمرات العلمية المصغرة أو التداول بشأن القيام بتجربة علمية أثناء إجراء المحادثة. وقد جرت بالفعل بعض التطبيقات العملية في مجال ما يعرف بالطب الفضائي ، بحيث يتم التباحث بين عدد من الأطباء والجراحين بشأن عملية جراحية في أثناء إجرائها .

- إن الآنية التي تتسم بها هذه الخدمة توفر بيئة تواصل عالية التفاعل ، مما يرفع من دافعية المتعلم ويعزز التعلم الفعال الذي يعد من أهم ما يشغل مصممي التدريس والمعلمين في مهمتهم .

- أما على صعيد الإدارة التعليمية ، فان خدمة المحادثة توفر تواصلا سريعا بين حلقات الهيكل الإداري للمؤسسة التعليمية على المستويين الأفقي والعمودي ، وكذلك بين الإدارة التعليمية والمجتمع المحلي بما يعزز التواصل الآني دون كلف إضافية تتكبدها الإدارة التعليمية.

إن التنوع الكبير الذي شهدته البرامج المحو سبة على مدى السنوات الأربعين الماضية ، من حيث الخصائص والإمكانات الفنية والجمالية وتوفر عناصر التشويق ، علاوة على تعدد التطبيقات و الأغراض التي تتصل بها هذه البرامج ، قد وضعت المستخدم ، وبخاصة في الميدان التعليمي ، أمام تنوع كبير في البرامج ، وطيف واسع

من الخصائص التي تجعله على مستوى عال من القدرة على التحكم فيما يرغبه من تطبيقات تنسجم مع متطلبات الموقف التعليمي التعلمي المطلوب ، أو المهمة الإدارية التي تنوي الإدارة التعليمية تنفيذها .

إن ذلك دون شك يلقي على القائمين على التعليم مسؤولية توفير الفرص التدريبية الكافية للمعلمين أثناء الخدمة للتعرف إلى هذا الكم المتنامي من البرامج والتدريب عليه ، بغية استخدامه بالكفاءة المطلوبة في المواقف المختلفة التي تتطلبها العملية التعليمية . كما إن إعداد المعلمين الذي تتولى مسؤوليته كليات التربية وكليات المعلمين والمعاهد المتخصصة لابد أن تنظر بجدية في إمكانية تضمين مناهجها الدراسية ما يعوض عن هذا النقص ، الذي نلمسه في أوساط واسعة من الخريجين القدامى والجدد من المعلمين سواء من حيث كفاياتهم ومهاراتهم في استخدام الحاسوب أو من حيث الإحاطة بما توفره برامجه المحوسبة من إمكانات واسعة لخدمة التعليم بجوانبه المختلفة العلمية منها والادارية.

الفصل السابع

البرمجيات التعليمية

أنواعها، مراحل انتاجها، معايير تقويمها

- مقدمة
- أنواع البرمجيات التعليمية
  - التدريس الخصوصي
  - المحاكاة وتمثيل الأدوار
  - حل المشكلات أو المسائل
  - التدريب والممارسة
  - التشخيص والعلاج
  - الألعاب التعليمية
  - الحوار التعليمي
- التعلم المدمج (المتمازج)
- مراحل إنتاج البرمجيات التعليمية
  - التصميم
  - الإعداد
  - كتابة السيناريو
  - التنفيذ
  - التجريب
  - التطوير
  - التطبيق
- من ينتج البرمجية التعليمية ؟
- شرائح البرمجيات التعليمية
- معايير تقويم البرمجيات التعليمية
  - معايير علمية
  - معايير تنظيمية (إنتاجية)
  - معايير اتصالية
  - معايير جمالية

الفصل السابع

البرمجيات التعليمية

أنواعها ، مراحل إنتاجها ، معايير تقويمها

مقدمة

بعد مرور ما يقرب من أربعين عاماً على استخدام الحاسوب للأغراض التعليمية، أصبح من الثابت أنه لا يمكن أن يكون بديلاً عن المعلم كما ظن الكثيرون . كما إنه لا غنى عنه في كثير من المواقف التعليمية التعلمية ، على عكس رأي المبالغين الذين رأوا أن دخول الحاسوب إلى التعليم إنما هو "موضة" طارئة فرضتها التكنولوجيا، وسرعان ما ستزول ! وقد تبلورت عبر هذه العقود مجموعة من التطبيقات التعليمية التي تناولنا شيئاً عنها في الفصول السابقة ، وسنتناول في هذا الفصل ما اصطلح عليه البرمجيات التعليمية Instructional Software أو Instructional Computer Programmes ، وهي برمجيات صنفت إلى عدة أنواع يتسم كل منها بخصائص معينة تحقق هدفاً أو مجموعة أهداف تعليمية تعلمية .

وتجدر الإشارة هنا إلى أن هذه الأنواع من البرمجيات قد تتداخل أو تتشابه في بعض خصائصها ، بمعنى أن الخصائص التي يتسم بها كل نوع منها يمكن أن يستخدم بعض منها في نوع آخر دون الإخلال بالتصنيفات المتعارف عليها في هذا المجال . كما أن التصنيفات التي نجدها في المراجع ذات الصلة لم تتفق على تقسيم واحد لهذه البرمجيات . إن المهم هنا أن نعرف أن إطلاق التسمية على أي من هذه الأنواع إنما يستمد معناه من محتوى البرمجية وشكلها وهدفها كما سنرى عند تناولها.

وإلى جانب أنواع البرمجيات التعليمية ، سيتناول هذا الفصل مراحل إنتاج هذه البرمجيات ، والمعايير المعتمدة في تقويمها .

أنواع البرمجيات التعليمية :

يقصد بالرمجيات التعليمية تلك الدروس أو الرزم أو الحقائب أو الانشطة التي جرى تنظيمها وانتاجها وحوسبتها لتحقيق أهداف محددة في موقف تعليمي تعلمي موصوف ولجمهور محدد من المتعلمين .

وسنعرض في هذا الفصل إلى أهم البرمجيات التعليمية التي تناولتها المراجع المتخصصة ، محاولين الجمع بين ما ورد من هذه الأنواع توخياً للإحاطة بها . مستثنين ما لم يتفق عليه أكثر من مرجع متخصص في هذا المجال :

1) التدريس الخصوصي Tutorials
2) المحاكاة وتمثيل الأدوار Simulation & Role Playing
3) حل المشكلات أو المسائل Problem Solving
4) التدريب والممارسة Drill & Practice
5) التشخيص والعلاج Diagnostic Perspective
6) الألعاب التعليمية Instructional Games
7) الحوار التعليمي Dialogue

لقد وجدنا تسميات أخرى في الأدب التربوي كنمط الاستقصاء ، وتنمية التفكير الابتكاري ، والقصة ، والتقويم وغيرها ، غير أننا وجدنا إنها تتداخل من حيث الجوهر مع الأنماط المشار إليها أعلاه فاستثنيناها من التصنيف .

1) التدريس الخصوصي Tutorials :

في الموقف التعليمي التعلمي الاعتيادي يفترض أن يقوم المعلم بعرض أهداف الدرس الذي يقدمه ، شارحاً أو مستعرضاً المادة العلمية . كما يقوم بتقديم الأمثلة ومحاورة تلاميذه وتقويم أدائهم مستخدماً ستراتيجيات وطرائق عدة ، وما يستطيع توفيره من وسائل تعليمية لتحقيق تلك الأهداف . وفي النهاية يرشد تلاميذه إلى تطبيق خطة علاجية ، أو التمهيد للدرس اللاحق .

إن نمط برمجيات التدريس الخصوصي ينشيء موقفاً تعليمياً تعلمياً شديد الشبه بالموقف الذي أشرنا إليه . إذ تصمم البرمجية هنا لتقوم مقام المعلم في إدارة الصف الدراسي . فهي تعرض للأهداف وتشرح الأفكار والنظريات والحقائق والمهارات التي تتضمنها مادة الدرس العلمية ، وكذلك الأمثلة والتدريبات المدعمة بالأشكال والصور والكتابة المتحركة والرسوم البيانية ، بل حتى الربط مع الانترنت ، علاوة على التقويم وتقديم التغذية الراجعة والخطة العلاجية . والحاسوب هنا يوفر مركباً من الوسائل التعليمية التي يصعب توفيرها مجتمعة في الصف . فضلا عن تعامل هذا النوع من البرمجيات مع فروق التلاميذ الفردية بأحد أسلوبين : أما مخاطبتهم بأسلوب واحد تحقيقاً لتكافؤ الفرص أو بما يضمن توفير الفرصة لكل التلاميذ للاستفادة من البرمجية حسب وقتكل منهم وقدرته ورغبته .

إن هذا النوع من البرمجيات يستخدم لأغراض التعلم الذاتي وغالباً كما يوفر فرصة للتخاطب المباشر بين الحاسوب والمتعلم بمعنى أن البرمجية تخاطب المتعلم لوحده، مما يشعره بخصوصية الخطاب الموجه إليه . خاصة وأنه يستطيع التحكم بوقت العرض ومدته وبدايته ونهايته حسب وقته وظرفه مما يرفع لديه الدافعية في التواصل بعيداُ عن اشتراطات الصف الدراسي التقليدي .

ويتبع هذا النوع من البرمجيات نظريات التعلم المعروفة في الانتقال من المثير إلى الاستجابة ثم التعزيز ، وعلى تراكم الخبرة ، بحيث ينتقل المتعلم من خبراته الأولية إلى

الخبرات المضافة بشكل متدرج . ويمكن للمتعلم الوقوف على مدى ما حققه في نهاية البرمجية من خلال التغذية الراجعة ، إذ يخضع في البدء الى اختيار قبلي ، ثم في نهاية استخدام البرمجية الى اختبار بعدي . وهو ما يعطي للمعلم فرصة للإطلاع على ما تحقق من أهداف التعلم لاحقاً . وفي حالة الحاجة إلى خطة علاجية يتبع إحدى طريقتين، وهو ما عرفته بدايات التعليم المبرمج حتى قبل ظهور الحاسوب :

الخطية : والتي تقتضي العودة بعدد محدد من الخطوات التي سبق للطالب أن مر بها لكنه لم يحقق المستوى المطلوب فيها من التعلم ، طبقا لما حددته الأهدف السلوكية الموضوعة .

التشعبية : والتي تقتضي أن يرجع الطالب الى بعض ما مر به من خطوات الدرس ، مع العودة الى خبرات اثرائية أو تفصيلية مختارة تساعده في مواصلة تعلمه وهو ما يجده الطالب في البرمجية نفسها أو بالاستعانة ببرمجيات اخرى أو بالكتاب المنهجي أو مواقع على الانترنت تحددها البمرمجية.

ومن الضروري الإشارة هنا إلى أن هذا النوع لا يقتصر استخدامه على مستويات دون أخرى أو مادة علمية دون أخرى . المهم هو كيفية التعامل مع المتعلم ، وتنظيم المحتوى التعليمي طبقا للاستراتيجية أو الاستراتيجيات والطرائق المختارة ، وتوظيف عناصر التشويق المناسبة بما يتفق و الأهداف العامة والسلوكية المراد تحقيقها من موقف تعليمي تعلمي محدد .

2) **المحاكاة وتمثيل الأدوار Simulation & Role Playing :**

وهي برمجيات تسعى إلى تقليد الواقع بما فيه من ظواهر طبيعية أو تجارب مختبرية ، أو حركات رياضية أو أنماط عيش ، وما إلى ذلك . ويستخدم هذا النوع من البرمجيات التعليمية لـ :

- السماح بحدوث أخطاء أثناء إجراء تجربة ما بطريقة المحاكاة على الحاسوب دون أن تتسبب الأخطاء في إيذاء المتعلم ، كإجراء التجارب الكيمياوية أو القفز من قمة جبل مثلا وغيرها .

- اختصار الوقت الذي تستغرقه تجربة أو حدث ما في الحقيقة كنمو النبات مثلاً أو تكون الجنين .

- تقليل التكلفة التي يمكن أن يتطلبها إجراء التجربة في الواقع ، أو معايشة بيئة ما كالقيام برحلة بطائرة عبر البحار مثلا .

- تفادي المخاطر التي يمكن أن يتعرض لها المتعلم في حالة معايشته الواقع الحقيقي ، كمحاكاة حدوث الزلازل أو البراكين أو التجول في غابة للوحوش .

- محاكاة ما يمكن أن تكون معايشته مستحيلة ، كالأحداث التاريخية مثلاً أو طريقة عيش الإنسان في كهوف الجبال الشاهقة ، أو التجوال داخل تلافيف الدماغ ، أو كيفية انتقال الفايروسات إلى الجسم وإحداث الأمراض .

ويشار هنا إلى أن هذا النوع من البرمجيات التعليمية من شأنه أن يقترب بالمتعلم من الخبرة المباشرة التي ذكرها (ديل) في مخروطه المعروف ، وهو ما يجعل التعلم أكثر يسراً وتشويقاً وأكثر ثباتاً في ذاكرة المتعلم . وفي برمجيات المحاكاة التي تتطلب لعب الأدوار تكون مشاركة المتعلم أسلوباً مهماً في رفع دافعيته وتطوير أدائه وحثه على تقبل الآخرين والتعاون معهم في إنجاز مهمة ما . وقد لوحظ أن هناك بعض البرمجيات التجارية التي لا تفحص جيداً من الناحية التربوية ، والتي تقدم للمتعلم فرصاً تنطوي على المبالغة أو تهويل الإنجاز الفردي والبطولات والخوارق بحجة الإثارة والتشويق ، كما يحدث مثلاً في أفلام الكارتون التعليمية التي انتقدت كثيراً لما تسببه من إحباط للمتعلم (وبخاصة صغار السن) عند تقمصهم شخصيات المسلسل الكارتوني الذي يتابعونه ، واجراء المقارنة بينه وبين خبرات المتعلم في البيئة الحقيقية، وهو ما يرى كثيرون أنه يمكن أن يقود الى الأحباط و الاغتراب عن الواقع .

3) **حل المشكلات أو المسائل Problem Solving :**

يركز هذا النوع من البرمجيات التعليمية على تنمية التفكير الابتكاري من خلال الاستخدام الأمثل لخصائص الحاسوب في تشجيع الطالب على مواجهة مشكلات محددة ، بحثية أو حياتية ، أو مشكلات تتعلق بحل المسائل الرياضية وغيرها، باستخدام ستراتيجية الاستقصاء ، بما يساعد على تنمية مهارات المتعلم في التحليل وربط العلاقات السببية البسيطة ، وصولاً إلى حل مشكلات أو مسائل أكثر تعقيداً . وهنا ينصرف الطالب إلى حل المشكلات الجزئية والبحث عن معالجات توصله في النهاية إلى إجراء المعالجات المركبة للمشكلات ، أو فهم العلاقات المعقدة بين عناصر المشكلة المطروحة .

ان مهمة الحاسوب هنا هي مساعدته المتعلم في حل المسائل والمشكلات و إجراء العمليات الحسابية المطلوبة ، دون الحاجة إلى أن يقوم المتعلم بإجرائها على وفق الطرائق التقليدية باستخدام اللوح أو الورقة والقلم . وفي ذلك اختصار للوقت وتركيز للمتعلم على جوانب المشكلة الأكثر أهمية ، دون الاقتصار على الخطوات الإجرائية . كما تعطيه الفرصة لإعادة تجريب الحلول لعدة مرات ، حتى يصل إلى الحل الصحيح دون خوف أو حرج أو خجل . وبهذا تزداد ثقة الطالب بنفسه ، وتمنحه الدافعية الكافية لمواصلة الدرس، وتطوير الخبرات والمهارات، وعدم التهرب من مواجهة المشكلات مستقبلاً .

وواضح أن هذا النوع من البرمجيات هو الآخر يولي اهتماماً خاصاً بالفروق الفردية ، من خلال منح الطالب الوقت الكافي للتعلم ، بما يتناسب مع قدراته وخبراته السابقة ، ليجرب الحلول بعدد المرات التي يشاء ، دون خشية من الوقوع في الخطأ .

4) **التدريب والممارسة Drill & Practice :**

ويعنى هذا النوع من البرمجيات التعليمية بالمرحلة اللاحقة لاكتساب المعلومات من مصدر آخر ، أو من المعلم نفسه داخل الصف الدراسي . وهدف هذه البرمجيات كما يبينه أسمها هو أن يمارس الطالب قدراً من التدريب يخص ما سبق له أن تعلمه .

ورغم أن ذلك يتصل عادة بالمواد العلمية والمهارات العملية ، غير أن هناك تجارب ناجحة عديدة أجريت في مواد إنسانية تتطلب مادتها التعليمية مثل تلك التدريبات ، التي تستهدف الوصول إلى مستوى محدد من الإتقان كتعلم القراءة والكتابة مثلا، أو حفظ تسلسل أحداث تاريخية ... الخ . وهنا يحصل الطالب على تغذية راجعة فورية . وعلى أساسها يكرر المحاولة أو يتقدم بخطوات لاحقة ، أو مراجعة ما سبق له أن اكتسبه من معلومات مرة أخرى لتكرار المحاولة ، وتحسين قدرته على أدائها .

وينطبق ما تحدثنا عنه في البرمجيات السابقة على هذه البرمجية أيضاً من حيث إمكانية توفير الفرصة للطالب لتحديد الوقت وعدد مرات المحاولة ، حتى يصل إلى حد الإتقان المطلوب بما يشعره بقدرته على الإنجاز، ويعزز ثقته بنفسه ، مستفيداً من ما يقدمه له الحاسوب من تغذية راجعة أولاً بأول .

إن التكرار الذي يتسم به هذا النوع منن البرمجيات يطور من أداء الطالب ومهاراته العقلية إلى الحد الذي يصبح قادراً على الاستجابة السريعة عندما يطلب منه ذلك . وهو ما يعرف ب "التعلم الأوتوماتيكي" أو" رد الفعل الانعكاسي" . إذ لا يتطلب الأمر من الطالب عند تعرضه مستقبلاً لأستخدام المهارة التي تدرب عليها استذكار معلوماته و العودة الى الخبرات التي تزود بها و تدرب عليها ومارسها مراراً الى حد الاتقان .

كما إن من شأن هذا النمط من البرمجيات زيادة حماس الطالب لمواصلة التعلم بإتباع التدرج في صعوبة الأمثلة والتدريبات المطلوب إجراؤها ، والتزود بنتائج أدائه أولاً بأول ، بعد التأكد من تعلم الحقائق المطلوبة واتمام المتطلبات السابقة لها . لقد

استخدم في بعض الأدبيات المتصلة بالحاسوب مجازاً تعبير "التعلم من الحاسوب" . وهذا النوع من البرمجيات هو أحد تطبيقات هذا التعبير إذ يقوم الحاسوب دائماً بتنبيه الطالب إلى الأخطاء التي يقع فيها أثناء الممارسة والتدريب ، ويزويده بالتغذية الراجعة المطلوبة . ويرشده إلى ما ينبغي عمله لتطوير أدائه وخبراته .

5) **التشخيص والعلاج Diagnostic Perspective :**

يقصد بهذا النمط من البرمجيات تلك التي تعنى بتشخيص واقع الخبرات السابقة للطلبة ، والثغرات التي ينبغي معالجتها قبل الانتقال الى التعلم اللاحق . وهو ما تقوم به البرمجية عن طريق إجراء اختبارات تشخيصية في محتوى تعليمي واضح ومحدد ، وتسجيل إجابات الطلبة ، بحيث يتمكن المعلم من تحديد اتجاهات التعلم وإخفاقاته لكل طالب على حدة ، ولجميع الطلبة بشكل عام . كما تزود كل طالب بتغذية راجعة خاصة به ، تحدد له حدود إخفاقه وإجادته والأهداف التي استطاع تحقيقها وتلك التي لم يستطع تحقيقها . ثم توجيه الطالب للقيام بإجراءات أو تطبيقات أو مطالعات إضافية لتحسين أدائه .

ولا تقتصر هذه البرمجيات على الدروس و المواد النظرية أو المعلومات المجردة ، إنما يمكن أن تستخدم في تشخيص إخفاقات الطلبة ، أفراداً ومجموعات ، في مهارات محددة عقلية أو حركية ، وفي مجال تحقق الاهداف الوجدانية كذلك. على أن هذه البرمجيات تعنى بشكل خاص بطريقة عرض الأخطاء التي يقع فيها الطالب ، بالصورة التي تشجعه على التقدم لمعالجتها دون أن يفقد حماسته في ذلك . كما تهتم بتحديد العلاج ، وربما تقديمه أيضا ، على نحو واضح للمحافظة على دافعية الطالب وتشجيعه في التواصل الفاعل مع البرمجية.

6) **الألعاب التعليمية Instructional Games :**

ليست لدينا إحصاءات دقيقة عن نسبة ما ينتج من برمجيات في كل نمط من الأنماط التي استعرضناها من البرمجيات التعليمية ، لكن الملاحظ المتتبع لهذا الأمر

يخرج بسهولة بقناعة مفادها أن هذا النوع من البرمجيات (الألعاب التعليمية) ربما يكون الأكثر شيوعاً من حيث الاستخدام ، إن لم يكن من حيث الإنتاج والاستخدام في آن واحد . والسبب في ذلك - كما نجتهد - هو مقدار المتعة ونوعها التي يتوفر عليها هذا النمط من البرمجيات ، وبخاصة في أوساط الأطفال والشباب . هذا على الرغم من أن هناك عدداً لا يحصى من برمجيات الألعاب التعليمية التي تخاطب الكبار لأغراض تعليمية أيضاً .

أن اثارة الانتباه و الاهتمام ، بوصفهما مدخلا لمراحل التعلم ومقدمة لحصوله ، كما أشرنا في أكثر من موضع من هذا الكتاب ، هي أحد أهم عوامل رواج المواد والبرامج التي توفرها تكنولوجيا الاتصال المعاصرة ، ومنها الحواسيب . والإمتاع مركب له خصائصه وقواعده ووسائله ، لكن ما يهمنا منه هو أن الألعاب التعليمية المحوسبة تعتمد جملة من وسائل التشويق التي تشجع التنافس ، أو تتحدى المتعلم وتثير خياله ، وتحثه دوماً على المواصلة ، واستنفار ذاكرته وخبراته السابقة إلى حدها الأقصى ، لمواجهة المواقف المتنوعة والجديدة التي تضعه فبها اللعبة بغية استخدام قدراته الابتكارية قدر استطاعته . كل ذلك في صراع مع الوقت يرفع من مستوى التشويق ،أو" التوتر" كما يسميه المتخصصون في السينما ، والذي من شأنه أن يرفع دافعية المتعلم لمواصلة التعلم و درجة التركيز في متابعة مراحل اللعبة . وعبر هذه الاستراتيجية في إدارة الموقف التعليمي التعلمي يتم تحقيق الأهداف التعليمية المراد تحقيقها . وهكذا يمكن مثلاً أن يتعلم الطالب عن طريق اللعب العمليات الحاسوبية والهندسية ، وحساب الوقت ، وكيف تعمل الساعة أو كيف تعمل السيارة ، وما أسماء المدن والحيوانات ، والمناطق الآثرية ، وتركيب الجمل ، بطريقة ذات مستوى عال من التسلية ، يمارس فيها المتعلم قدراً كبيراً من الحرص على الفوز أو الإنجاز ، بغية الحصول على تغذية راجعة تظهر هذا الفوز وتكافئه ، وتبين مقدار ما حققه مقارنة بزملائه إن كانت اللعبة مباراة بين أكثر من لاعب .

ولابد من التأكيد هنا أن برمجيات الألعاب التعليمية يمكن استخدامها في أي مادة أو مساق ولأي فئة عمرية بدون استثناء ، مع مراعاة خصوصية المادة التعليمية وخصائص الفئة التي يراد تعليمها . ولابد من الإشارة أيضاً الى أن تصميم اللعبة لابد أن يكون في خدمة الأهداف التعليمية التي وضعت أصلاً للبرمجية . بمعنى أنه لا ينبغي أن نرجح عنصر التشويق والإمتاع على حساب تحقيق الأهداف التعليمية المرجوة ، كما تفعل الكثير من البرمجيات التي تنتجها الشركات الإنتاجية ذات الأغراض الربحية البحتة ، والتي تفسد مبالغتها في الإثارة والتشويق الأغراض التعليمية المعلنة لها .

لقد أثبتت التجربة أنه عن طريق برمجيات الألعاب التعليمية يمكن تحقيق أهداف لا تقتصر على التذكر والفهم ، وإنما تمتد إلى التحليل والتركيب والتقويم ، وممارسة حل المشكلات ، وتنمية التفكير الابتكاري ذاتياً أو تعاونياً أو بإشراف مباشر من المعلم أو عبر برامج التعليم عن بعد ، وكذلك إطلاق حرية التفكير مع الزام المتعلم بضوابط التصرف داخل حدود اللعبة المصممة واشتراطاتها ، مما يساعد في التعلم المنضبط طبقاً لقواعد محددة ، ويدرب الطالب ، وبخاصة من الفئات العمرية الصغيرة ، على الصبر و التزام النظام دون الشعور بالقسر أو هيمنة المعلم عليه .

7) الحوار التعليمي Dialogue :

يعد الحوار واحدة من أهم الطرائق المعتمدة في ايصال الخبرات التعليمية على مستويات التعلم الثلاثة - المعرفية والوجدانية والمهارية – سواء كان هذا الحوار بين الطالب والمعلم ،أو بين الطلبة أنفسهم ، أو بين شخصيات تتحاور أمام الطالب ، في موقف تعليمي معد بهذه الطريقة ، أو بين الطالب وجهاز الحاسوب . وعلى هذا الاساس تعتمد برمجيات الحوار التعليمي . اذ يجري توظيف التفاعل العالي الذي يحصل بين الطالب والحاسوب من خلال الحوار في تحقيق أهداف تعليمية متنوعة ومتباينة المستويات .

ان الحوار التعليمي الذي يعتمده هذا النوع من البرمجيات ، يمكن أن يتم فيه تعلم خبرات جديدة ، أو مراجعة خبرات سبق للطالب أن مر بها في دروس سابقة. وفيه يكتسب الطالب مهارات الحوار ، واستخدام الخبرات السابقة في توجيه الأسئلة والاجابة عن الأسئلة التي تطرح عليه . هذا فضلا عن القدرة على تقدير الرأي الآخر ، ومتابعة التراكم المعرفي بصورة منهجية تعتمد تسلسل الأهداف الموضوعة للبرمجية ، وتستخدم فيها عناصر الاثارة و التشويق في صياغة أسئلة مفاجئة أو أسئلة تستدعي التأمل ، وما الى ذلك ، وبالمقابل الاجابة عن أسئلة من هذا النوع **أو** ذاك في زمن محدد.

بعد استعراض أهم أنواع البرمجيات التعليمية الشائعة نسأل :

- أين يكمن دور العلم ؟
- وما الذي تبقى للمعلم إذن ، إذا كانت البرمجيات التعليمية تقوم بهذه الأدوار كلها ؟
- وهل صحيح ما يراه البعض منه أن دور المعلم ومجده عبر العصور قد انحسر ، وربما سينتهي تماماً بعد حين ؟

على الرغم من أننا أجبنا عن الأسئلة الآنف ذكرها في أكثر من موضع في هذا الكتاب ، إلا أن استعراض أنماط البرمجيات التعليمية يقودنا إلى تأكيد الحقيقة التي أكدتها تجارب استخدام الحاسوب في التعليم عبر أكثر من ثلاثة عقود ، والتي مفادها أن الحاسوب ليس إلا أداة يستخدمها المعلم ، وأنها ستبقى كذلك في المقبل من الزمن . وأن المعلم (بمعناه العام) هو الذي يضع الأهداف ، ويحدد المحتوى وينظمه، ويختار الطرائق والاستراتيجيات التي يجدها ملائمة ، ويدير الموقف التعليمي التعلمي ، ويقوم أداء المتعلم ويوجهه لاحقاً ، وإن بدا مستتراً خلف شاشة الحاسوب ! بل الحاجة الى معلم مرشد وباحث وموجه ستزداد يوما بعد يوم بالرغم من كل ما تحرزه التكنولوجيا من تقدم في مجال الاستخدامات التعليمية .

لقد مر وقت غير قليل بعد انتشار استخدام الحاسوب في التعليم كان التربويون ومنهم المعلمون ، مبهورين بما يحققه الحاسوب لكل من المعلم والطالب في إطار الموقف التعليمي التعلمي ، حتى ظن كثيرون أن دور المعلم سائر إلى زوال . وأن الحاسوب ربما سيسحب البساط من تحت المعلمين ، الذين سيتحتم عليهم في ظل وجود الحاسوب ، البحث عن مهن أخرى غير التعليم ! غير أن هذا الانبهار سرعان ما خفت حدته بفعل الدراسة المستمرة لتطبيقات الحاسوب ، والتي أظهرت بوضوح أن الركون إلى الحاسوب في جميع ما يتعلق بالمواقف التعليمية وإدارتها إنما ينطوي على ثغرات عديدة وكبيرة .كما إن اعتماد البرمجيات التعليمية في إطار التعلم الذاتي ينبغي أن يتم على أسس مدروسة وواضحة، وبخاصة عند تطبيقه على فئة الأطفال في أعمار مبكرة والمراحل الأولى في السلم التعليمي . وعليه فقد برز في السنوات الأخيرة اتجاه حثيث نحو استخدام ما يعرف بالتعلم المدمج أو المتمازج Blended Learning :

التعلم المدمج (المتمازج) Blended Learning :

يقصد بهذا النوع من البرمجيات التعليمية أن يستخدم الحاسوب بوصفه جزءا من مركب يضم جملة طرائق واستراتيجيات ووسائل بإدارة المعلم وتوجيهه . وهو مصطلح جديد ظهر أواخر التسعينات يمزج بين الأنماط التعليمية المختلفة للحاسوب ويضيف إليها التعلم عبر الانترنت بحيث تتضمن استخدام البريد الالكتروني إضافة إلى التعليم التقليدي الذي يكون للمعلم فيه الدور الأكبر في إدارة الموقف التعليمي .

وهنا يجري تنظيم النشاطات المعتمدة على حجرات الدراسة التقليدية والتعلم الالكتروني والبرامج الحاسوبية الجاهزة والمعدة . وهو ما يضمن التفاعل المباشر بين المعلم والطالب والمادة الدراسية دون تهميش دور المعلم ، كما يوفر تفاعل الطلبة فيما بينهم ، علاوة على إمكانية التعلم الذاتي .

لقد وجد أن هذا النوع من تنظيم المواقف التعليمية يمكن من تحقيق الأهداف التعليمية بفاعلية أكبر ، ويؤدي إلى الارتقاء بدافعية الطلبة ومستواهم العلمي ، ويعزز

إشراف المعلم على تفاصيل سير الموقف التعليمي بصورة أفضل . كما انه يمكن المعلم والطالب من التغلب على مشكلة التغير الدائم في محتوى المواد التعليمية ، والاستفادة القصوى من الإمكانات المتاحة في الغرف الصفية

مراحل إنتاج البرمجيات التعليمية :

إن من الضروري التنويه هنا إلى أن من يتصدى لمهمة تصميم البرمجيات التعليمية وإنتاجها ، لابد أن يكون ملماً بعلم تصميم التدريس ونماذجه المعروفة ، وبكيفية الإفادة من نظريات التعليم والتعلم ، ونظريات الاتصال ، وعلم الجمال ، علاوة على إتقان مهارات استخدام الحاسوب وضرورات توظيفه في التعليم والتعلم و كيفية الإفادة من منحى النظم في تصميم التدريس ، وهو ما حاولنا الإحاطة به في مواضع أخرى من الكتاب .

وللحديث عن مراحل إنتاج البرمجيات التعليمية نقول ، أنه عبر ما يقرب من أربعين عاماً على بدء انتشار استخدام الحاسوب للأغراض التعليمية ، تطورت طرائق إعداد البرمجيات التعليمية وإنتاجها . كما تطور مستوى هذه البرمجيات من حيث الكم والنوع ، وإمكاناتها في التأثير في المتعلم ، ومساحة استخدام هذه البرمجيات في التخصصات المختلفة وللفئات المختلفة من الطلبة ، بعد أن كانت لغات مثل بيسك Basic وباسكال Pascal وفورتران Fortran هي اللغات المستخدمة بصعوبة استخدامها من قبل المعلمين غير المتخصصين باستخدام الحاسوب ، وافتقار هذه اللغات إلى العديد من الإمكانات التصميمية التي تتيحها اللغات والنظم الحاسوبية الحديثة .

إن النظم الحاسوبية الحديثة باتت اليوم أكثر سهولة من حيث الاستخدام وأكثر تنوعاً ، بحيث يمكن للمعلم استخدام أنظمة متطورة لإنتاج برمجيات الوسائط المتعددة Multimedia Authoring Systems بسهولة أكبر بما يتناسب مع متطلبات مختلف المقررات الدراسية . وهي أنظمة يستخدم فيها الصوت والصورة المتحركة الملونة، وتتصف بالقدرة على خلق التفاعل ، مع الطالب وتشجيعه على المشاركة

الفاعلة في عملية التعلم ، وتحتوي على تصاميم شبه جاهزة تتكيف مع متطلبات الدروس المطلوبة من حيث التنظيم والتسلسل والانتقال والتنوع والتشويق . ومن هذه الأنظمة Visual Basic و Oracle Media Objects وغيرهما .

وفي كل الأحوال فقد أفرزت العقود المنصرمة من عمر استخدام الحاسوب في التعليم وإنتاج البرمجيات التعليمية سبع مراحل لإنتاج مثل هذه البرمجيات ، وهي على التوالي :

- التصميم Design : التصور الأولى الشامل للبرمجية .
- الإعداد Preparation : تهيئة واختيار متطلبات الإنتاج من أهداف، ومحتوى ، ووسائل ، وستراتيجيات واختبارات .
- السيناريو Scenario : التصور التنفيذي التفصيلي لما ستكون عليه البرمجية ، ويسمى أيضاً (Script) .
- التنفيذ Production : تنفيذ السيناريو على الحاسوب .
- التجريب Pilot Application : تجريب البرمجية على عينة شبيهة بتلك التي سيجري تطبيقها عليها .
- التطوير Improvement : إجراء التحسينات التي يراها الخبراء وتلك التي ترشحت من تجريبها على العينة التجريبية .
- التطبيق Application : وضع البرمجية موضع التطبيق الفعلي على الطلبة المستهدفين .

وفيما يلي توصيف أكثر تفصيلاً لكل من مراحل الإنتاج أعلاه :

1) **التصميم** Design : قبل المباشرة بأية خطوة لنتاج برمجية تعليمية ، لابد من التخطيط لوضع البرمجية ورسم الملامح الأساسية الأمثلة لها من خلال جملة إجراءات إذ يتم في هذه المرحلة ما يأتي :

- تحديد المادة العلمية وحجمها بما يتناسب مع الفئة المقدمة إليها .
- تحديد مستويات الأهداف العامة والأهداف السلوكية (المعرفية ، الوجدانية ، التفسحركية) .
- تحديد الاستراتيجيات والطرائق والوسائل المستخدمة .
- وضع الخطوط العامة لكيفية التقويم (القبلي ، التكويني ، النهائي) .
- رسم دور المعلم ودور الطالب ، وتحديد ما إذا كان التعلم سيجري بإشراف المعلم المباشر داخل الصف أم بطريقة التعليم عن بعد ، أم إن نمط التعلم سيكون ذاتياً بشكل كامل وتحديد دور المعلم والمتعلم في كل حالة من هذه الحالات .
- تحديد كيفية حصول الطالب على التغذية الراجعة .
- تحديد احتمالات التعليم العلاجي المطلوب وكيفية حصول الطالب عليه .
- تحديد الاحتياجات من النشرات أو الأدلة أو الكتيبات المصاحبة لاستخدام البرمجية عند وجود ضرورة لذلك .

2) **الإعداد Preparation**: بعد وضع الخطوات العامة في مرحلة التصميم يباشر في مرحلة الإعداد بجميع ما يتعلق من مراجع وأدلة وبرمجيات ذات صلة علاوة على الكتاب المنهجي بإتخاذ الخطوات الإجرائية لتهيئة مستلزمات التنفيذ ، إذ يتم في هذه المرحلة :

- تحليل خصائص المتعلم وخبراته التعليمية بغية تحديد المعارف والمهارات والخبرات الواجب تدريسها .
- صياغة الأهداف العامة والأهداف السلوكية بشكل دقيق ، ووضعها في تسلسل يضمن تحقيقها تدريجياً والانتقال بالطالب من الخبرات القبلية إلى الخبرات المكتسبة بما يضمن تراكمها الهرمي .

- تحديد حجم كل وحدة من وحدات المنهاج وتقسيمها إلى دروس ، ثم فقرات أخذاً بنظر الاعتبار تدرج الخبرات التي يتضمنها كل درس ، وكل وحدة .

- تحديد المحتوى التعليمي وتنظيمه.

- تحديد الأنشطة والمهام المصاحبة للمحتوى وتسلسلها .

- تحديد كيفيات استخدام كل استراتيجية من الاستراتيجيات المستخدمة أو الطرائق بما ينسجم مع طبيعة المحتوى والأهداف المطلوب تحقيقها في كل درس من الدروس ، بل وحتى على مستوى كل فقرة من الفقرات .

- تهيئة المواد الخام لتنفيذ الوسائل المستخدمة في البرمجية ، من خرائط وبيانات رقمية وصور ومقاطع فيديو وأشكال بيانية وأصوات مختلفة ومؤثرات صوتية وصور متحركة من الانترنت أو الموسوعات الصورية والصوتية .. الخ . مع ملاحظة ضرورة تهيئة جميع هذه المواد بشكلها الأولي الذي يمكن أن تجري عليه بعض التغييرات أو التحسينات عند وضع السيناريو .

- وضع خطة التقويم وتحديد نوعه ، وعدد المرات التي سيطبق فيها التقويم ومستوى الإتقان المطلوب عند الإجابة ، وجدول مواصفات الاختبارات التي سيتضمنها التقويم ، وكيفية حصول الطالب على التغذية الراجعة التي يحبذ أن تكون آنية جهد الإمكان

- وضع المحتوى التعليمي لكل احتمال من احتمالات التعليم العلاجي ، وكيفية حصول الطالب عليه فيما إذا كان عن طريق برمجية تكميلية أو في البرمجية نفسها ،أو بالاستعانة بكتيبات وأدلة مصاحبة وإثرائية .

- توفير مستلزمات طباعة النشرات والأدلة والكتيبات المصاحبة لاستخدام الطلبة أو المعلمين الذين ستوزع عليهم البرمجية .

3) **كتابة السيناريو Script writing / Scenario** : حتى الآن أصبح لدينا تصور عام ، أو مخطط عام ، عما ينبغي أن تكون عليه البرمجية . وهيأنا مجموعة من المستلزمات التي ما تزال مبعثرة ، وينبغي لها في هذه المرحلة أن تنظم بطريقة ما ، وأن تعرض بطريقة ما ، لكي تحقق الأغراض التي ننتج البرمجية من أجلها . هذا التنظيم وهذه الكيفية في العرض هي ما يعرف بالسيناريو . ومن يقوم به ينبغي أن يكون كاتباً محترفاً هو كاتب السيناريو(سيناريست) يتقن استخدام أدواته علمياً وتربوياً وفنياً ، وليس معلماً يحسن استخدام الحاسوب وحسب .

إن السيناريو هو النص التنفيذي الذي يصف لنا بكل دقة تفاصيل ما يسمعه الطالب ، وما يشاهده ، وما يطلب منه أن يقوم به تحقيقا للتعلم . وهو الخطة التفصيلية التي ينبغي أن يلتزم بها أثناء تنفيذ البرمجية بصورة دقيقة . ذلك أن السيناريو مسؤول عن تحديد عدد الشاشات وتسلسلها ، وكيفية الانتقال من شاشة إلى أخرى ، وسرعة الانتقال . كما إنه مسؤول عما يعرض في كل شاشة من شاشات البرمجية ، وما يظهر عليها من نصوص أو أرقام أو صور أو ألوان ، وما يسمع أثناءها من أصوات من حيث الزمن ووقت العرض وطريقة الظهور. وهو مسؤول أيضاً عن إيقاع البرمجية ، وعناصر التشويق فيها ، وطريقة تفاعل الطالب معها حد التفاصيل .

السيناريو إذن هو البرمجية كما ستظهر في صورتها النهائية ، ولكن على الورق . ولذلك يلجأ كاتب السيناريو في كثير من الأحيان إلى إلى رسم كل شاشة من شاشاتها على الورق ، موضحاً ما ستتضمنه تلك الشاشة من أصوات وصور، وكيفية ظهورها ، وزمن عرضها ، وطريقة ظهورها واختفائها ، مستعيناً بما تم تجهيزه من مستلزمات في مرحلة الإعداد ، ومقترحاً تغيير أو تطوير أو استحداث بعض المتطلبات الأخرى إذا وجد ضرورة لذلك .

وعلى هذا الأساس لا يمكن لكاتب السيناريو في البرمجيات التعليمية أن ينجح في مهمته دون أن يكون مستوعباً لأسس تصميم التدريس ، والنظريات ذات الصلة بالتعليم والتعلم ، وكيفية صياغة الرسالة الاتصالية وتصميم النموذج الاتصالي المناسب للفئة المستهدفة ، وكيفية استثمار الحواس في التوصيل الأمثل للخبرات بما يسهل اكتسابها واستبقاءها في الذاكرة . وأخيراً كيفية اشتغال عناصر التكوين في تشكيل الصورة أو المشهد الذي ستبدو عليه كل من شاشة البرمجية والمركب النهائي للبرمجية بكاملها . وهو ما يتطلب إلمام كاتب السيناريو بأسس الفن التشكيلي ، وقواعد التكوين وتوزيع الكتل ، والألوان والأشكال الهندسية المسطحة والمجسمة ، وقواعد الحركة وإيقاع الشكل ، وما إلى ذلك من مكونات الذائقة الجمالية التي يتطلبها إنتاج البرمجية التعليمية .

ويتبع كاتب السيناريو طريقة معروفة في تدوين ملاحظاته لوصف ما ستكون عليه البرمجية ، إذ يقسم نص السيناريو الذي يكتبه إلى نصفين (عمودين) أحدهما للصوت والثاني للصورة بينما يذكر في المقدمة أهم ما يحيط ببيئة العرض أو زمنه أو مكانه ، والتعليمات التي يطلب من مستخدم البرمجية تنفيذها، وهي طريقة شائعة بين كتاب السيناريو في السينما والتلفزيون . الفرق الجوهري هنا أن وحدة العرض الأساسية في السينما هي المشهد الذي يتكون من مجموعة من لقطات . أما في البرمجيات التعليمية فإن وحدة العرض عادة هي الإطار أو ما نسميه الشريحة أو الشاشة.

الصورة	الصوت
- شريحة 12 .. الوقت نهاراً - فيديو / الغيوم تتجمع تدريجياً في السماء .. - لقطات من فوق الغيوم .. - مزج مع لقطة لغيوم يتساقط منها المطر .. - ومضة البرق قبل سماع صوت الرعد بثانيتين - لقطة من فوق لمناطق جميلة على الارض يتساقط عليها المطر	- موسيقى هادئة مستمرة من الشريحة رقم 11 - صوت المعلق : ويتكون المطر من جراء انخفاض درجات الحرارة في أعالي الجو مع وجود غيوم كثيفة فيتحول البخار إلى قطرات ماء تسقط بغزارة إلى الأرض . - صوت رعد .. ثم صوت تساقط المطر

مقطع من نموذج سيناريو لبرمجية تعليمية

إن من الضروري الإشارة هنا إلى أن كل ما يتضمنه السيناريو من مفردات تصاغ طبقا لإيقاع وسياق وتنام معين ، يثير انتباه المتعلم و يديم هذا الانتباه بصورة مدروسة ، بما يحقق الأهداف التعليمية بحسب تسلسلها وطبيعتها ، إن كانت معرفية أو وجدانية أو نفسحركية ، وييسر التعلم ، ويساعد الطالب على الاحتفاظ بما يتعلمه في الذاكرة ، دون أن يغلب هاجس التشويق والإمتاع على الأغراض التعليمية للبرمجية مما يبعدها عن أهدافها .

إن كاتب السيناريو في النهاية لابد أن يعبر عن ما أراده مصمم البرمجية ابتدءا في المرحلة السابقة ، وأن يلتزم الأهداف التي تحكم البرمجية ومحتواها ومفرداتها ، وعليه التداول بشكل مستمر مع المصمم ضمانا لوحدة التصور والتنفيذ وعدم الانحراف عن الغايات التي وضعت ابتداء من أجل تحقيقها .

4) **التنفيذ Executing** : ويقصد بالتنفيذ ، القيام بتجسيد ما دونه كاتب السيناريو على الورق بصورة شرائح متسلسلة محوسبة تنطق بالصوت والصورة والحركة واللون ، كما يعبر عما أراده المصمم وكاتب السيناريو من إثارة وتشويق ومن إيقاع وتسلسل ونمو في المعارف والخبرات التعليمية المستهدفة. وهو ما يتطلب من القائم بالتنفيذ أن يطلع على تفاصيل ما وضع في مرحلة التصميم من أهداف ومحتوى واختير من ستراتيجيات وطرائق ، وعلى خصائص الفئة المستهدفة بالبرمجية المنوي تنفيذها ، ثم على تفاصيل السيناريو الذي ينبغي أن يتخذه منهاج عمل تفصيلي ، يلتزم بتطبيقه بما يمتلكه من إبداع باستخدام الحاسوب وبرامجه الجاهزة .

وعلى الرغم من أن المعرفة التفصيلية بخصائص الحاسوب والبرامج التي تتطلبها البرمجية ، هي مسؤولية المنفذ المتخصص بالحاسوب- أي المبرمج - إلا أن من المستحسن ، بل من الضروري في كثير من الأحيان ، أن يجيد واضع التصميم وكاتب السيناريو مهارات استخدام الحاسوب كذلك . إن مرحلة التنفيذ تتطلب إلى جانب إتقان مهارات استخدام الحاسوب القدرة على اختيار البرامج المناسبة بشكل بارع ومبدع بما يحقق توجهات السيناريو ويحقق تطلعات المصمم وأهدافه التي وضعت ابتداءً . ذلك أن هذه البرامج تتباين فيما بينها من حيث قدراتها على إظهار الصورة وتحريكها .. والدمج بين الصور ومقدار الواقعية التي تظهر بها الصورة المنتجة . كما أن برامج إنتاج الصوت قد تحتاج إلى دقة في دمج عدة أصوات وتوقيت ظهورها مع حركة الصورة بدقة لا تتيحها جميع البرامج بالكفاءة نفسها.

يضاف إلى ذلك أن بعض البرامج تسمح للطالب بأن يضيف نصاً إلى البرمجية ، أو يملأ فراغاً للإجابة عن سؤال من أسئلة التقويم مثلاً وهو ما لا تتيحه البرامج جميعها .

خلاصة القول أن احتياجات البرمجيات من البرامج الجاهزة عديدة ومتنوعة . والقائم بالتنفيذ يكون ناجحاً في عمله ، بمقدار معرفته بخصائص كل منها ، وقدرته على تطويعها بما يخدم الأهداف والأغراض التي تسعى إلى تحقيقها البرمجية المنوي إنتاجها . وفي كل الأحوال فإن مرحلة التنفيذ تتطلب مراجعة دائمة للتصميم والسيناريو أولاً بأول ، والتداول مع الذين تحملوا مسؤولية المرحلتين السابقتين ، لمعالجة ما يطرأ من إشكالات أو اجتهادات ، ولاختيار الأفضل من بين البدائل التي يقدمها القائم بالتنفيذ لإظهار شكل ما مثلاً ، أو لعرض شريحة ما بصورة ما .

5) **التجريب** Pilot Application / Experimentation : بدخولنا إلى هذه المرحلة يكون المصمم وكاتب السيناريو ومنفذ البرمجية قد وضعوا البرمجية في أفضل صورة ممكنة ، وبحدود الظروف الإنتاجية التي أتيحت لهم . لكن ذلك لا يعني أن البرمجية قد أصبحت مكتملة وجاهزة للنشر والتوزيع . ذلك أن التجارب قد أشارت دائما إلى أن المنجز الإنساني ، والبرمجية هي بعض هذا المنجز ، يمثل اجتهاداً قابلاً للمناقشة ، وأن الميدان يمكن أن يمدنا بملاحظات تقويمية كثيرة ، يمكن أن تعين في تطوير البرمجية التي نحن بصددها . وهنا يستعان بباحثين متخصصين لوضع استبيانات دقيقة توزع على عدد من الخبراء في التصميم التعليمي وتصميم البرمجيات وكتابة السيناريو وإنتاجها ، ليعطوا ملاحظاتهم على البرمجية من النواحي العلمية والتعليمية والفنية . كما تعرض البرمجية على عينة شبيهة من حيث خصائصها بالفئة التي يزمع أن تستخدم البرمجية التعليمية لها فعلاً . وتطبق معايير الملاحظة والمقابلة والاستبانة ، وربما الاختيار القبلي والبعدي ، لبيان مدى الفائدة التي يمكن أن تكون عليها البرمجية عند التطبيق الفعلي . وقد يلجأ في حالات نادرة إلى التجريب على نحو أكثر اتساعاً ، فيشمل مثلاً عدد من المدارس بتجريب البرمجية على مدى فصل دراسي أو سنة دراسية كاملة ، ثم تجرى

البحوث على تلك المدارس تمهيدا لإجراء التحسينات المطلوبة ، ثم توسع دائرة التجربة ، وهكذا حتى يثبت نجاح التجريب في عموم البلد أو الإقليم . ويجري ذلك عادة عند تجريب حوسبة كاملة للمناهج مثلاً أو تجريب برامج تدريبية واسعة للمعلمين ، وما إلى ذلك .

6) **التطوير** Improvement : يقصد بالتطوير تلك التحسينات التي تجرى على البرمجية بعد فحصها من قبل خبراء متخصصين ، وتجريبها على عينة محدودة أو واسعة شبيهة بالفئة التي ستطبق عليها فعلاً . وتشمل هذه التحسينات نواحي عدة أهمها :

- الأهداف العامة والسلوكية وطبيعة صياغتها وتسلسلها ومستويات الإتقان المطلوبة فيها .
- المحتوى التعليمي وطبيعة تراكم الخبرات فيه .. وكيفية تقسيمه وترابطه .
- حسن اختيار الاستراتيجيات والطرائق والوسائل المستخدمة في البرمجية .
- طبيعة الاختبارات وكيفية تناولها في البرمجية ومدى دقة فهم الطلبة لها .
- سهولة الانتقال بين الشرائح ، وإيقاع العرض وعناصر التشويق فيه .
- مدى قدرة تحقيق البرمجية للأهداف التي أنتجت من أجلها .
- أية ملاحظات تتصل باستخدام الوسائط المتعددة : الصوت ، الصورة ، التكوين الكلي ، الحركة ، الإيقاع ، البناء .

بمعنى آخر فإن مرحلة التطوير تشمل كل ما من شأنه تحسين فاعلية البرمجية في تحقيق أهدافها . وهو أمر لا يعتمد الحكم على البرمجية نفسها ، بل على ما يترشح عن تجريبها ، كما أشرنا في تناول المرحلة السابقة .

7) **التطبيق** Application : يقصد بالتطبيق نشر وتوزيع البرمجية على نطاق واسع لأغراض وضعها موضع الاستخدام الفعلي . غير أن ذلك لا يعني أن تترك هذه

البرمجية دون متابعة أو دون تقويم لما كان عليه أمر التطبيق الواسع . إذ أن إمكانية التطوير والتحسين تبقى قائمة دائماً بحكم التطور الدائم والتغير في البيئة التعليمية ، وما يفرضه ذلك من إعادة النظر في البرمجية أو مجموعة البرمجيات المنتجة .

بل إن من صفات المنهاج الجيد قدرته على مواكبة متغيرات الحياة ، وفي ميدان التخصص بصورة خاصة . وينطبق ذلك على البرمجيات التي تسعى إلى تطبيق المناهج الدراسية وتعمل على تحقيق أهدافها . كما أن التطبيق يشمل متابعة تطور أداء الطلبة على مدى زمني طويل ، وعينات واسعة من الطلبة ، وفي بيئات مختلفة أو متنوعة في أقل تقدير . وهو ما يقتضي مع تقادم الوقت ، إحداث تغييرات في البرمجيات المنتجة ، علاوة على المنهاج الكلي ، وكذلك في النشرات والكتيبات والأدلة المصاحبة للبرمجيات .

من ينتج البرمجية التعليمية ؟:

تناولنا الإنتاج التعليمي المحوسب هنا بمفهومه الواسع الذي يتضمن المراحل السبع آنفة الذكر (التصميم ، الإعداد ، السيناريو ، التنفيذ ، التجريب ، التطوير ، التطبيق) . على إنه ما زال علينا أن نجيب عن التساؤل المطروح : من ينتج البرمجية التعليمية ؟

حتى الآن فإن شركات الإنتاج هي المهيمنة على سوق تداول البرمجيات التعليمية. لذلك فإن هناك شكوى مستمرة من عدم إنطباق الشروط التعليمية على معظم البرمجيات التعليمية التي تنتجها هذه الشركات ، وعدم اهتمام هذه الشركات بتقويم أثر تلك البرمجيات على التحصيل بشكل خاص و السلوك بشكل عام . ذلك أن فريق الإنتاج العامل في شركات الإنتاج غالباً ما يفتقر إلى التخصص التربوي والمعرفة العلمية الدقيقة بكيفية حدوث التعلم ، وكيفية بناء الموقف التعليمي التعلمي الصحيح. إذ أن جل اهتمامها ينصب على توفير الإثارة والتشويق والإمتاع بما يحقق لها الترويج

لمنتجاتها . وعليه فإننا نعتقد - رغم انحسار هذا المشهد بعض الشيء عالمياً - أن هذه الشركات ستبقى المهيمنة على ساحة الإنتاج إلى حين . فالواقع يشير أن عدد المعلمين الذين دخلوا هذا الميدان ووظفوا خبراتهم فيه مازالوا فئة قليلة غير مؤثرة .

من جانب آخر فإنه يصعب على المعلم أن يلم بمهارات إنتاج البرمجيات التعليمية جميعها ، التربوية منها والفنية والتقنية والتقويمية . وما زالت المؤسسات التعليمية تستعين - علاوة على الشركات - بفريق عمل يضم مصمماً تعليمياً ومعلماً ومتخصصاً في الحاسوب وكاتب سيناريو ومقوماً له الخبرة بإجراء البحوث التقويمية وربما أفراداً آخرين ، لإنتاج مثل هذه البرمجيات . وهو اتجاه لا نشك في إيجابيته ، إذ إن خبرات مثل هذا الفريق المتنوع الاختصاصات لا بد أن تتفوق بمجموعها وتكاملها على خبرة معلم واحد مهما كانت قدرة هذا المعلم وبراعته . لكن ذلك بالتأكيد يتطلب من فريق العمل المشار إليه التشاور المستمر على امتداد مراحل العمل ، وتدارس مفردات البرمجية المنتجة أولاً بأول ، والعمل بروح الفريق المتكامل والمتفاعل ، وتبادل الخبرات وانفتاحها دوما على كل ما هو جديد ومبتكر، من أجل تحقيق أفضل ناتج ممكن طبقاً للمعايير التربوية ، وليس طبقاً لمعايير الربح والخسارة التي ما تزال تتحكم بسوق الإنتاج .

شرائح البرمجيات التعليمية :

تنوعت أنماط البرمجيات التعليمية وتعددت أغراضها ، وتبعاً لذلك تنوعت شرائحها وتباين تسلسل هذه الشرائح إلى حد ما . لكنها على وجه العموم حافظت على هيكلية متعارف عليها ، يمكن أن نجملها من حيث طبيعة الشرائح وتتابعها على النحو الآتي :

الشريحة (1) مرجعية البرمجية : وتتضمن عنوان البرمجية وموضوعها والمعلومات الأساسية عن الجهة أو الأشخاص المنتجين لها والنظام الذي تشتغل عليه ، وتاريخ الإنتاج وما إلى ذلك.

الشريحة (2) غرض البرمجية : وتتضمن عادة مقدمة ترحيبية قصيرة موجهة إلى لمستخدم (الطالب) لتعرفه بغرض البرمجية والغاية منها والخبرات السابقة التي تتطلبها، وتحثه على متابعتها.

الشريحة (3) تعليمات الاستخدام : وتتضمن أهم التعليمات الخاصة باستخدام البرمجية، وكيفية الانتقال بين أجزائها ، وأهم الرموز المستخدمة في التقدم والتراجع والعودة إلى الشاشة الرئيسية . كما تتضمن بعض البرمجيات التي تتضمن تفاعلا عمليا بين الطالب والبرمجية توجيهات للطالب حول كيفية التفاعل مع البرمجية ،أي كيف يضيف إليها ، أو كيف يجيب عن أسئلة تتضمنها ، وأين يكتب ومتى .. وكيف يحصل على التغذية الراجعة ....الخ.

الشريحة (4) المستخدم (الطالب) : تخصص هذه الشريحة في بعض البرمجيات للطالب لكتابة اسمه وربما رقمه، للتعرف عليه وتقويم أدائه في الأنشطة والاختبارات . وتستخدم هذه الشريحة في البرمجيات التي تتضمن اختبارا أو تقويما لكل من الطلبة على حدة.

الشريحة (5) الاختبار القبلي : في البرمجيات التي تتطلب اختباراً قبلياً ، تكون هذه البرمجية الموضع المناسب لتعريف الطالب بماهية الاختبار وكيفية أدائه وعرض فقراته، ويتضمن الاختبار عادة أكثر من شريحة فرعية .

الشريحة (6) الشريحة الرئيسة : وهي الشريحة الرئيسية للبرمجية والتي تتضمن الوحدة الدراسية وأجزاءها والدروس التي تتضمنها . وهي منظمة على أساس يمكن الطالب من العودة إليها والانتقال إلى أي من مفرداتها حسب الرغبة.

الوحدة السابعة

الدرس الأول الأهداف / المحتوى / التدريبات / التقويم

الدرس الثاني الأهداف / المحتوى / التدريبات / التقويم

الشريحة (7) الأهداف : تعرض أهداف الدرس العامة والسلوكية بشكل واضح ودقيق ومتسلسل .

الشريحة (8) المحتوى التعليمي :وتضم مجموعة من الشاشات الفرعية المتعاقبة التي تعرض المحتوى التعليمي ، والأنشطة ، والأمثلة المصاحبة له ، والتدريبات التي يتطلبها . وكل ذلك بحسب طبيعة البرمجية وطبيعة الإستراتيجية والطريقة التي تعتمدها .

الشريحة (9) التعليم العلاجي : يتطلب بعض أنواع البرمجيات الوقوف على أداء الطالب أولاً بأول أثناء تفاعله مع الأنشطة التي تتضمنها البرمجية . وربما يحتاج الطالب هنا إلى برنامج فرعي مصغر لمعالجة ما يخفق في تحقيقه من أهداف البرمجية في مرحلة ما . وتخصص هذه الشريحة ، وما يتفرع عنها من شرائح ، لمعالجة هذا الإخفاق ، ثم العودة إلى بقية شرائح المحتوى التعليمي بعد حصول الطالب على تغذية راجعة تعرفه بمستوى أدائه ، مما يمثل تعزيزاً له ، وتشجيعا على المواصلة .

ويستخدم بعض البرمجيات ستراتيجية التعليم العلاجي لاحقاً بعد إجراء الاختبار البعدي وتقديم التغذية الراجعة للطالب .

الشريحة (10) الاختبار البعدي : يتطلب بعض البرمجيات اعتماد اختبار بعدي لمعرفة مدى ما حصل عليه الطالب من خبرات أثناء تعلمه من البرمجية . وقد تتضمن البرمجية شريحة يحتفظ فيها الطالب بعلاماته ونتائج تقويمه ليستفيد منها هو أو معلمه لاحقاً .

الشريحة (11) الخاتمة : وفيها تغذية راجعة أخيرة للطالب ، وربما توجيه بقراءة مواضيع إضافية أو إعادة التدريب على بعض الخبرات أو المهارات ، أو كلمة تحثه على مزيد من التتبع والدراسة .

وأخيرا لابد من الإشارة هنا إلى أن تسلسل الشرائح الذي استعرضناه لا يمثل تسلسلها في جميع أنواع البرمجيات ، إلا أنه التسلسل الشائع . ذلك أن عوامل كثيرة يمكن أن تؤثر في تركيبة أية برمجية تعليمية و هيكليتها ، طبقاً لطبيعة أهدافها ومحتواها ، والفئة التي تخاطبها ، والنمط الذي تنطوي تحته . فبرمجية التدريس

الخصوصي مثلا مختلفة بالتأكيد عن برمجية التدريب أو الألعاب التعليمية أو التشخيص والعلاج ...وهكذا . وعليه فان البرمجيات تتنوع من حيث بناؤها وتسلسل شرائحها تبعا لذلك .

معايير تقويم البرمجيات التعليمية :

إن وضع معايير شاملة ودقيقة لتقويم البرمجيات التعليمية ، مهمة ليست باليسيرة. ذلك أن البرمجية التعليمية منتج مركب من طائفة واسعة من المكونات التعليمية والتنظيمية والاتصالية والجمالية . كما أن إنتاجها يتطلب حشد خبرات ومهارات متنوعة ، كل منها يخضع لمعايير خاصة به . لذلك تتباين أنماط المعايير التي نجدها في الأدب المتخصص في هذا المجال . وتتعدد فقرات هذه المعايير حتى تصل المئات !

لقد وجدنا أن للنص والصورة والصوت والحركة والتفاعل والتسلسل والسياق والبناء والانتقال بين الشرائح .. إلى غير ذلك مما يخص البرمجية ، له تطبيقات أو أبعاد أربعة ، تعليمية وتنظيمية واتصالية وجمالية . وقد اجتهدنا أن نقسم المعايير على هذا الأساس ، مدركين أن بعض المعايير يمكن أن يطبق في أكثر من مجال من هذه المجالات . وبما أن الهدف الأساس من استخدام هذه المعايير هو هدف تعليمي ، و أن كل ما يرتبط بالأبعاد أو المجالات الأخرى إنما يصب في خدمة هذا الهدف ويدعمه، ولأرجحية المعايير التعليمية ، وضرورات اعتمادها في البرمجيات التعليمية ، فسنبدأ بها أولاً :

(1) **معايير تعليمية :** ويقصد بها المعايير المتصلة بعملية التعليم والتعلم حصراً . ويمكن أن نجمل أهمها بالآتي :

- أن تكون البرمجية مناسبة للفئة التي تستهدفها من الطلبة .
- أن تكون أهدافها واضحة ودقيقة الصياغة ومتسلسلة ويمكن تحقيقها.
- أن تتبنى ستراتيجيات وطرائق مناسبة لنوع المعارف والخبرات المطلوب تعلمها .

- أن تضم محتوى تعليمياً منظم الوحدات والدروس والفقرات .
- أن تتضمن البرمجية أنشطة وتدريبات كافية لنوع الخبرات المطلوبة .
- أن تستجيب للفروق الفردية بين الطلبة .
- أن تضمن البرمجية تعلماً تفاعلياً .
- أن تتضمن البرمجية تقويماً دورياً للطالب (يفضل أن يكون قبلياً ، و تكوينياً ، و نهائياً) .
- أن تمنح الطالب فرصة الحصول على تغذية راجعة ، وكذلك المعلم .
- أن ترشد الطالب إلى ما ينبغي عمله في كل مرحلة وفي النهاية ، لتلافي الإخفاق الذي يمر به أولاً بأول .
- أن تستخدم البرمجية وسائل متنوعة في العرض لمخاطبة أكبر عدد من الحواس .
- أن تحاكي البرمجية تسلسل العمليات الإدراكية للمتعلم .
- أن تلتزم البرمجية اشتراطات نظريات التعليم والتعلم ، كتوفير المثيرات والاستجابات والتعزيز .. والاهتمام بتسلسل العمليات العقلية عند تصميم البناء المعرفي للبرمجية من حيث علاقة الكل بالأجزاء .. والانتقال من المعلوم إلى المجهول .. وغير ذلك ، وعدم اعتماد الاجتهادات الفردية في هذا السياق .
- إخضاع المخرجات بعد تطبيق البرمجية إلى التقويم المستمر ، بغية تطوير الأهداف والمحتوى وآليات التعليم والتقويم المتبعة في البرمجية لاحقا.

(2) **معايير تنظيمية (إنتاجية):** ويقصد بها المعايير التي تضبط تسلسل خطوات البرمجية وانتظام عملها ، ومن أهم هذه المعايير :

- أن يلتزم أسلوب إنتاج البرمجية التعليمية منحى النظم ، من حيث شمولية التخطيط والتناول ، ومرونته، وتفاعل عناصره وخضوعه للتقويم . ومن حيث اهتمامه بمتغيرات

البيئة المحيطة بالموقف التعليمي التعلمي ، وتزويد الطالب والمعلم وفريق الإنتاج بالتغذية الراجعة بغية التطوير الدائم لها .

- أن تلتزم منهجية تصميم التدريس في تخطيط البرمجية وفي صياغة مفرداتها ، بما يضمن المرونة والترابط والتدفق والتفاعل والشمول في النظرة إلى الموقف التعليمي التعلمي وعناصره .

- أن يخطط للبرمجية على أساس دراسة المدخلات ، وخصائص الطلبة ومهاراتهم ، علاوة على مهارات المعلم ، وليس على أساس الخبرات الشخصية والاجتهادات الفردية .

- أن تعتمد البرمجة اللغات والبرامج الأكثر ملاءمة لطبيعتها والأقرب إلى إمكانات البيئة المحلية التي ستطبق فيها .

- أن تتضمن قدراً كافياً من التعليمات التي تتضمن استخدامها الميسر ، والانتقال المرن بين شرائحها ، أو الربط مع الانترنت أو الملفات والمواقع المطلوب الإطلاع عليها .

- أن تلتزم البرمجية سياقاً واضحاً ومتسلسلاً في عرض شرائحها ، بدءاً من شريحة العنوان وانتهاءً بالخاتمة ، كما بينا في مبحث شرائح البرمجيات التعليمية .

- أن تعطي الفرصة للمعلم لتوثيق أداء الطالب وتدوين علاماته وتسجيل الملاحظات الخاصة بكل طالب من طلابه .

- أن تقدم البرمجية وحدة في التصور ، تعكس تفاهم أفراد فريق العمل المنتج لها والتفاعل بينهم .

(3) **معايير اتصالية :** وهي المعايير التي تحكم عملية الاتصال بن طرفي الموقف التعليمي التعلمي الأساسين ، المعلم والطالب ، على اعتبار أن البرمجية هي الرسالة ، والحاسوب هو الوسيط بين الطرفين . ويمكننا أن ندرج من هذه المعايير ما يأتي:

- أن تعتمد البرمجة نموذجاً اتصالياً تفاعلياً يضمن مشاركة الطالب بالإيجابية من خلال التحاور مع الحاسوب (والمعلم) دون ترك الطالب يمارس دور المتلقي السلبي كما في التعليم التقليدي .

- أن تستخدم البرمجية وسائل عرض متنوعة تصل بتأثيرها إلى جميع الطلبة بغض النظر عن فروقهم الفردية ، كالصوت بأنواعه والصورة بأنواعها ، بحيث تتم مخاطبة السمع والبصر معاً قدر الإمكان .

- أن تلتزم البرمجية سياقاً واضحاً من حيث استخدام الأشكال والرموز والألوان ذات الدلالات المشتركة بما يضمن تشكل لغة اتصال مشتركة مع المتلقي (الطالب).

- عدم استخدام عناصر التشويق المبالغ بها إلا عندما تقتضي الضرورة التعليمية ذلك ، كتحريك أجزاء متعددة في وقت واحد ، أو ألوان عديدة دون ضرورة ، أو استخدام خطوط منوعة دون موجب بما يشتت الانتباه ويدخل عنصر التشويق كمؤثر سلبي على عملية التعلم .

- أن تستطيع البرمجية أن تنتقل بالطالب من إثارة الانتباه إلى الاهتمام إلى التبني وصولاً إلى تغيير السلوك بسلاسة وتدرج .

- أن تعتمد البرمجية تقنيات الصراع الدرامي المعروفة لإثارة التنافس ورفع درجة التوتر لدى الطالب بمعنى الدافعية والحماس لإنجاز ما هو مطلوب منه .

- أن توفر البرمجية فرصة لتلقي المعلم والطالب تغذية راجعة دائمة ، تمكنهما من تعديل إجراءات كل منهما بما يضمن تفاعلاً أكثر إيجابية بينهما .

- إن تتعدد نماذج الاتصال المعتمدة في البرمجية الواحدة لضمان أوسع فائدة ممكنة .. فمن المفيد مثلاً الجمع بين الاتصال الفردي والتعاوني ، وبين الاتصال المباشر (بحضور المعلم) وغير المباشر (الذاتي).... وهكذا .

- أن تتسم البرمجية (من حيث كونها رسالة) بالوضوح والسلاسة والقدرة على الامتناع، ليكون ما تؤسس له من بيئة اتصالية مشجعاً للطالب على مواصلة التفاعل بدافعية أعلى ، كلما تقدم في البرمجية .

(4) **معايير جمالية** : وهي المعايير التي تحكم البرمجية التعليمية كمنتج يحمل بعض خصائص الفن وعمل له اشتراطاته الجمالية ومعاييره ، ويمكن أن تكون المعايير التالية من ما يعتمد في هذا المجال :

- أن تتضمن عناصر عديدة للتشويق والإثارة والإمتاع تستخدم في إطار جمالي محبب ، دون أن تؤدي إلى تشتيت انتباه الطالب بما يعيق التعلم .
- أن يختار لها من الموسيقى والمؤثرات الصوتية والأصوات البشرية ما هو محبب للطلبة وينسجم مع رغباتهم وثقافتهم وبيئتهم .
- أن تراعى عند بناء الشرائح قواعد التكوين الجمالي ، من استخدام الكتل وتوزيعها وموقع نقطة التلاشي ، والحركة الداخلية والمنظور ، وتوزيع الإضاءة ، وما إلى ذلك .
- ألا تتضمن البرمجية ما يخدش حياء الطالب أو معتقداته ، وبخاصة عند تناول الموضوعات ذات الحساسية الخاصة ، كالأديان أو الأخلاق أو السير الشخصية.
- استخدام الألوان بما يحقق الإفادة القصوى منها في تمييز العناوين أو الأشكال أو الفقرات المطلوب تمييزها بوضوح ، بصورة تعكس القدرة على استخدام اللون كعنصر مؤثر في التكوين والجذب .
- أن تسخر كل العناصر الجمالية في البرمجية لصالح الأهداف التعليمية المتوخاة من تطبيق البرمجية ، وألاً تكون الرغبة في الإثارة والإمتاع على حساب التعلم .

الفصل الثامن

تصميم التدريس والحاسوب

- مقدمة
- تكنولوجيا التعليم وتصميم التدريس
- مبررات ظهور علم تصميم التدريس
- فوائد تصميم التدريس
- النموذج في تصميم التدريس
- أهم النماذج التصميمية
- الإجراءات المشتركة بين نماذج التصميم
  - تحديد أهداف التعلم
  - تحليل المحتوى التعليمي وتنظيمه
  - تحديد الخبرات السابقة
  - تحديد الاستراتيجيات والطرائق
  - تحديد الوسائل التعليمية
  - التقويم
- المنحى النظامي في تصميم التدريس...والحاسوب
- مستقبل تصميم التدريس

الفصل الثامن

تصميم التدريس والحاسوب

مقدمة

شهدت العقود الأخيرة من القرن العشرين ظهور علم تبلورت ملامحه إثر رسوخ المفهوم الحديث لتكنولوجيا التعليم ، ونقصد به علم تصميم التدريس . وهو علم لا غنى للمهتمين بتصميم البرمجيات التعليمية عن دراسته ، والإفادة مما حققه من تقدم في ميدان التخطيط للمواقف التعليمية التعلمية ، ووضع نماذج وتصاميم للارتقاء بمخرجاتها ، كما سنعرض إليه من خلال هذا الفصل .

تكنولوجيا التعليم وتصميم التدريس

Instructional Technology & Instructional Design :

بقي مفهوم تكنولوجيا التعليم لفترة من الزمن مقتصراً على معنى الآلات والأدوات والنماذج والوسائل وما إليها ، والتي يستخدمها المعلم لتيسير مهمته في تدريس طلبته . ويتضح من مراجعة المعاجم التربوية المتخصصة أن جميع التسميات التي تداولها التربويون داخل نطاق هذا الفهم من قبيل "الوسائل التعليمية" أو "المعينات" أو "الوسائل السمعية والبصرية" أو "وسائل الإيضاح" ، تمثل المعاني السائدة سابقاً لمفهوم تكنولوجيا التعليم . أما المفهوم الحديث لهذا المصطلح فيمكن إجماله بأنه هندسة عملية التعليم والتعلم . بمعنى أنه مفهوم أكثر شمولاً من مجرد "الآلات" والأدوات المستخدمة في التعليم ، إذ يمتد ليشمل آليات الاستخدام بمختلف مراحلها ، والإجراءات المتخذة للارتقاء بعملية التعليم والتعلم بمراحلها الأربع التخطيط والتنفيذ والتقويم والتطوير .

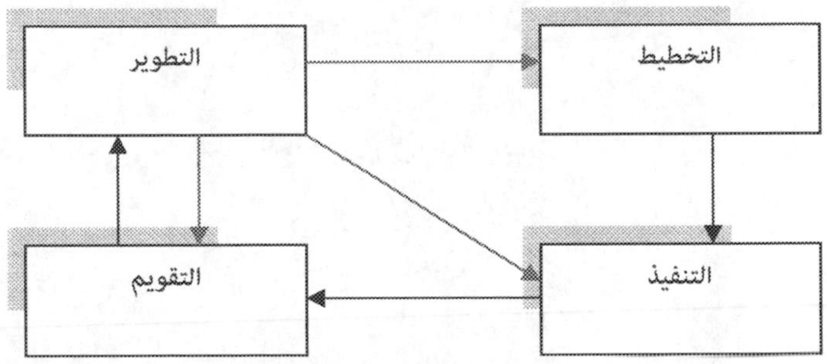

مراحل تكنولوجيا التعليم

أما تصميم التدريس Instructional Design فهو علم تبلورت ملامحه في العقدين الأخيرين من القرن الماضي . وهو معني بمرحلة تخطيط الموقف التعليمي التعلمي بمستويين : الأول التصميم لدرس واحد ، والثاني تصميم سلسلة دروس تعليمية . و يتناول التصميم في الحالتين كل ما يتعلق بالموقف التعليمي المقصود من أهداف ومحتوى واستراتيجيات وطرائق ووسائل وتقويم ، ووضعها في صورة خطة شاملة متكاملة متفاعلة الأجزاء ، بما يتفق وكيفيات التعلم وآلياته ، والخصائص الإدراكية لدى المتعلم .

ويتصدى لمهمة التصميم متخصصون في عملية التصميم أفراداً (مصممين) أو مجموعات (فرق عمل مكونة من مجموعة من المعلمين والمشرفين والمتخصصين بالطرائق والوسائل والتقويم وفي تصميم التدريس كذلك) . وهم في ذلك يستعينون بما قدمته النظريات العلمية المتصلة بالتعليم والتعلم بخاصة ، وبالاتصال وعلم النفس وعلم الاجتماع بعامة . ومهمتهم هي وصف الإجراءات التي ينبغي إتباعها بشكل منظم ومتفاعل بما يحقق الأهداف التعليمية المقصودة من عملية التعليم والتعلم ، بأفضل

صورة وبأقصر وقت وكلفة ممكنة وأقل جهد ممكن ، وبما يضمن مشاركة الطالب بشكل فاعل في حل المشكلات ، وممارسة التفكير الابتكاري وديمومة حصول التغذية الراجعة للمعلم والطالب معاً .

وهكذا فإن تصميم التدريس معني أيضاً بتوظيف عوامل البيئة التعليمية المتاحة في تنظيم موقف تعليمي تعلمي لفئة محددة من المتعلمين في ظرف محدد ، من خلال استخدام محتوى تعليمي واستراتيجيات وطرائق ووسائل وآليات تقويم محددة لتحقيق أهداف محددة . ولأن جميع العوامل المشار إليها هي عوامل متغيرة من بيئة إلى أخرى ، ومن وقت لآخر، فإن نماذج التصميم تتباين بحسب الحاجة إليها . وهكذا فان تصميم موقف تعليمي بستخدام التعليم المبرمج مثلا مختلف عن تصميم موقف تعليمي آخر باستخدم التعليم الجماعي عن بعد أو التعليم المصغر .. الخ .. وهكذا تتعدد مهام تصميم التدريس بتعدد هذه المواقف وتباينها ، وتتعدد تبعاً لذلك نماذج التصميم بحسب الأغراض المقصودة منها .

<u>مبررات ظهور علم تصميم التدريس</u>

إن ظهور أي علم تفرضه حاجات ومتغيرات عدة ، على مدى زمني غير قصير. و يكون من نتائج ذلك تشكل قناعات وتبلور حلول لمواجهة هذه الحاجات والمتغيرات ، إذ ما استند إلى أسس علمية ، قوامها التجريب والفحص . وتتحول هذه النتائج والحلول عبر التجريب المتكرر، إلى منهج يتسم بالثبات والمرونة والاستجابة لدواعي التطوير لحل مشكلات لاحقة . وهكذا نصبح أمام علم جديد . وهذا هو بالضبط ما مر به تصميم التدريس قبل أن يصبح علما .

وبناء على ما تقدم ، يمكن أن نجمل أهم مبررات ظهور هذا العلم ، والحاجات والمتغيرات التي مهدت لظهوره على النحو الآتي :

- الانفجار السكاني الذي وضع المؤسسة التعليمية أمام حاجة متزايدة للتعلم في مختلف المجتمعات ، حتى لم تعد الأنماط التعليمية السائدة قادرة على

مواجهتها بحكم تعقيداتها ومحدوديتها . وأصبح لزاماً توفير فرص أكبر للتعلم ذات خصائص مختلفة ومتنوعة ، تستجيب لهذه الحاجات وتستطيع تلبيتها .

- التقدم العلمي ، وبخاصة في ميدان علم النفس ، والتعليم والتعلم ، وعلم الاتصال وعلم الاجتماع . هذا التقدم الذي سلط الضوء على كثير من الحقائق المتعلقة بكيفية حصول التعلم بين الأفراد والجماعات وأسسه النفسية والعقلية والحركية . كما كشف عن العديد من مواطن الخلل في أنماط التعليم التي كانت سائدة حتي ذلك الوقت ، والتي كثيراً ما اتسمت بالعشوائية والافتقار إلى التخطيط العلمي والمنهجي .

- ما قدمته لنا التكنولوجيا الحديثة من معالجات للتغلب على محددات الزمان والمكان ، التي كانت تكبل الموقف التعليمي التعلمي . فانطلق التعليم خارج الصف إلى أفق أرحب ، واتسع ليضم بين دفتيه العالم كله ، ليس من حيث المكان فقط بل من حيث الزمان أيضاً ، كما هو حاصل في استخدام وسائل الاتصال بعيدة المدى كالإذاعة والتلفزيون ثم الانترنت ، ليكون التعليم غير محدد بوقت الدرس وإنما بوقت التعلم .

- ما أثبتته البحوث والتجارب المتعلقة بأهمية استخدام الوسائل التعليمية والسمعية البصرية منها بصورة خاصة - وكيفية استخدام الحواس الخمس في تنمية التعلم والاتجاه نحو ترجيح الصورة الملونة المتحركة إلى جانب الصوت في إيصال المعارف والخبرات .

- الاهتمام المتزايد بتنويع التعليم وطرائقه واستراتيجياته ، وتوسيعه بما يستجيب لحاجات المتعلمين ورغباتهم وطبيعة المخرجات التعليمية المطلوبة ، في عالم سريع التغير والتجديد .

- الاحساس المتزايد بضرورة إخضاع عملية التعليم للتقويم المستمر ، واعتبار ذلك من صلب عملية التطوير الدائمة التي ينبغي أن يدركها القائمون على التعليم ، وتحول النظرة من اختبار الطالب وتقويم أدائه حسب ، إلى فحص العملية التعليمية التعلمية بجميع مفرداتها ومراحلها وتقويم آلياتها وجدواها .

- الهاجس الاقتصادي المتنامي لوضع التعليم ضمن أطر اقتصادية تبرر الإنفاق المتزايد في حقل التعليم ، لتحويل التعليم من قطاع استهلاكي إلى قطاع استثماري ، مما أفضى إلى مفاهيم حديثة في السنوات المتأخرة كاقتصاديات التعليم والاقتصاد المعرفي .

- الاهتمام المتزايد بضرورة مشاركة المتعلم الفاعلة في عملية التعلم ، وبأن يتجه التعليم نحو إكساب الطالب مهارات التفكير الابتكاري وحل المشكلات ، ومغادرة أنماط التعليم التي تكرس التلقين والقسر والحفظ والاستظهار والتلقي السلبي ، التي وجد أنها لا تحقق هدف التعليم البعيد المتمثل في تشكيل السلوك المرغوب فيه .

نظريات التعليم والتعلم وتصميم التدريس

أشرنا في الفصل الثاني في معرض الحديث عن العلاقة بين الاتصال ونظريات التعليم والتعلم إلى أن نتائج البحوث العلمية في ميدان التعليم والتعلم قد أفضت إلى استخلاص جملة نظريات أهمها النظريتان السلوكية والمعرفية . وبينا أهم ما جاءت به هاتان النظريتان ، وأسماء أبرز العلماء الذين اشتغلوا عقودا من الزمن في تشكيل منطلقاتهما النظرية والتطبيقية. وإذ نتحدث هنا عن علم تصميم التدريس ، فان من الضروري الإشارة إلى أن ما قدمته النظرية السلوكية هو التأكيد على ضرورة دراسة العلاقة بين المثير الخارجي والاستجابة الملاحظة في الموقف التعليمي ، وما تقتضيه هذه الاستجابة من تعزيز ، وأن النظرية السلوكية قد أعانت تصميم التدريس في هندسة المثيرات المستخدمة في المواقف التعليمية وتنظيمها وتنويعها بما يساعد المتعلم في إظهار

الاستجابات المخطط لها وصولا إلى تحقيق الأهداف المرجوة . ويمكن تلخيص أهم ما جاءت به هذه النظرية من منطلقات وضعتها في خدمة تصميم التدريس بالنقاط الآتية:

- تحديد أهداف واضحة للمنهاج تكون واضحة للمعلم والمتعلم كذلك .
- الاهتمام بمتغيرات البيئة التعليمية و مراعاة الفروق الفردية بين المتعلمين
- تصنيف المهمات التعليمية والمثيرات المستخدمة وتنظيمها .
- ملاحظة استجابات المتعلم و توفير تعزيز أو تغذية راجعة ايجابية أو سلبية.
- استخدام الأمثلة في عرض المفاهيم وتقديمها بصورة مادية أو ملموسة .
- الاهتمام بتقويم الموقف التعليمي التعلمي وصولا إلى تطويره .

أما النظرية المعرفية فان ما قدمته لتصميم التعليم كان منصبا على هندسة المحتوى التعليمي بما ينسجم مع تسلسل العمليات الإدراكية لدى المتعلم وكيفية حدوث الإدراك والتعلم لديه. ويمكننا تلخيص أهم ما جاءت به هذه النظرية مما أفاد تصميم التدريس على النحو الآتي :

- تنظيم الخبرات التي ينبغي أن يمر بها المتعلم .
- اعتماد التراكم الهرمي في تنظيم المعارف والخبرات التي يتضمنها المحتوى التعليمي .
- محاكاة تسلل العمليات الإدراكية لدى المتعلم عند تنظيم المهام والإجراءات التعليمية داخل الموقف التعليمي .
- تأكيد دور المتعلم في عملية التعلم وتشجيعه على اكتشاف المعرفة .
- التأكيد على كيفية ممارسة المتعلم للدراسة واجتياز الامتحان
- الانتقال في عرض المادة التعليمية :
  - من البسيط إلى الصعب
  - من المعلوم إلى المجهول

- من المحسوس إلى المجرد
- من المعرفة القبلية إلى المعرفة المضافة

وهكذا نجد أن ظهور نظريات التعليم والتعلم قد قدم لتصميم التدريس الأسس العلمية التي يستند إليها في انجاز مهمته بعد أن تم اختبارها والتأكد من فاعليتها عبر عقود متعاقبة من البحث والتجريب . هذا فضلا عن الإضافات التي قدمتها نظريات الاتصال التي سبقت الإشارة إليها في الفصل الثاني ، وكذلك النظريات الاجتماعية بخاصة والنظريات العلمية الأخرى بصورة عامة .

فوائد تصميم التدريس

تأسيساً على ما سبق ذكره من مبررات ظهور علم التدريس ، وما أنجزه حتى الآن من تطبيقات في ميدان التعليم والتعلم ، يمكن إجمال أهم فوائد تصميم التدريس على النحو الآتي :

- تخلص عملية التعليم والتعلم من العشوائية والتخبط واعتماد الخبرة الشخصية في إدارة وتسيير الموقف التعليمي التعلمي ، واعتماد التخطيط بشكل واسع بديلا لا مناص منه في هذا المجال .
- الشعور المتزايد بأهمية إخضاع التعليم والتعلم بكل آلياته ومفرداته للتقويم ، وعدم اقصار مفهوم التقويم على الطالب وحسب .
- إدراك مدى أهمية الوسائل التعليمية - والحديثة منها بشكل خاص - في تطوير مخرجات العملية التعليمية ، والتعمق في دراسة خصائص هذه الوسائل، ومدى ملاءمتها لفئات المتعلمين ، والأهداف المطلوب تحقيقها والمحتوى المراد إيصاله .
- تحول دور المعلم من ملقن قسري إلى مخطط لعملية التعليم والتعلم ومصمم لها ومحفز ومرشد للطالب ، وباحث يسعى إلى تطوير مهاراته ويتقن استخدام أدواته المتاحة بما يضمن أعلى عائد تعليمي .

- تنوع أنماط التعليم في مراحله المختلفة ، وتعدد إستراتيجياته وطرائقه ، وتكيفها لحاجات المتعلمين وحاجات المجتمع بما يضمن الإفادة من المخرجات التعليمية بأقصى ما يمكن في ظل ما هو متاح من امكانات .

- تحول دور الطالب إلى دور فاعل في الموقف التعليمي التعلمي ، ومن متلق سلبي إلى متلق يعمل تفكيره فيما يتعلم ، مما يحقق غرض التعليم الأساس في تغيير سلوكه بالاتجاهات المرغوب فيها ويرفع دافعيته نحو التعلم الابتكاري .

- ربط التعليم بحاجات المتعلم وحاجات المجتمع مع مراعاة المرونة العالية والمواكبة المستمرة لمستجدات الحياة ومتطلباتها .

- القدرة على توفير فرص تعليمية أكثر عدداً وتنوعاً ، وآليات تعليمية أكثر كفاءة وتأثيراً .

- ظهور تصاميم كثيرة للمواقف التعليمية التعلمية على اختلاف أنواعها ، والتي استجدت حديثاً ، واعتماد هذه التصاميم في الأنظمة المحوسبة لتصميم البرمجيات التعليمية ، بما يعطي المعلم القدرة على توظيفها في تصميم دروسه طبقاً لما يقتضيه تصميم التدريس من اشتراطات لم تكن واضحة بما يكفي قبل ظهوره .

- تطور وسائل التقويم والقياس وتنوع أغراضها بما يحقق شروط التصميم الجيد، وديمومة التطوير في النماذج التصميمية وتطبيقاتها بما يحقق التطوير الدائم للموقف التعليمي التعلمي .

- توظيف ما توفره البيئة التعليمية من إمكانات لصالح العملية التعليمية وتعميق صلة التفاعل بين هذه البيئة والموقف التعليمي التعلمي .

- نمو النظرة إلى أن عملية التعليم والتعلم نشاط تتعدد فيه التخصصات ، وإنها عملية لا يتصدى لها المعلم وحده ، إنما تتفاعل فيها خبرات جميع العاملين في هذا الميدان ، من معلمين ومصممين ومتخصصين في البحث والتقويم وإنتاج

الوسائل التعليمية وفي المناهج وطرائق التدريس واستراتيجياته ، بصيغة فريق العمل المتفاعل .

- انطلاق مفهوم المنهاج إلى آفاق أوسع مما تحدده الكتب الدراسية وما تتضمنه من أنشطة ، إلى ما يمكن أن ينتج من تفاعل المتعلم .

- زيادة الاهتمام بالفروق الفردية للمتعلمين وضرورة العناية بالفئات الخاصة من المتعلمين ، كالموهوبين وذوي الاحتياجات الخاصة .

- ظهور أنماط جديدة من التعليم لها تصاميمها الخاصة وأنظمتها ، كالتعليم المبرمج والتعليم عن بعد والتعليم الذاتي والتعلم من أجل الإتقان وحل المشكلات والتعليم المصغر ... وغيرها .

- توفر فرص تعليمية خارج نطاق المؤسسات التعليمية المسؤولة . ومن أمثلة ذلك الجامعات الدولية والجامعات المفتوحة ، التي صممت المواقف التعليمية التعلمية فيها خارج إطار المؤسسات الوطنية أو الإقليمية ، مما جعل التعليم واحداً من جسور التفاهم والتفاعل العلمي والحضاري مع العالم .. رغم ما يكشفه ذلك من مخاطر في بعض الأحيان تمس الثقافة الوطنية أو القومية كما يرى البعض.

النموذج في تصميم التدريس

يمكننا أن نعرف النموذج التصميمي في التدريس بأنه خطة تدريسية متسلسلة الخطوات ، تصف الإجراءات التي ينبغي تطبيقها للقيام بتدريس حصة دراسية واحدة أو مجموعة متسلسلة الحصص ، لتحقيق أهداف تعليمية محددة . وهي خطة جرى فحصها وتجريبها وإقرار فاعليتها في التدريس في مواقف تعليمية تعلمية مشابهة .

على أن أي نموذج من نماذج تصميم التدريس ينبغي أن يأخذ بنظر الاعتبار الإجابة عن ستة أسئلة أساسية :

- **لماذا أدرّس ؟** : وهو سؤال ينبغي الإجابة عنه بتحديد المخرجات المرغوب تحقيقها من الموقف التعليمي التعلمي . وهذه المخرجات يجري توصيفها في صورة أهداف تعليمية لأغراض التحقيق في عند اكتمال تطبيق الموقف التعليمي . وتصاغ هذه الاهداف بعناية فائقة .وهي تتضمن عادة نوعن أساسين على النحو الآتي :

الأهداف العامة General Aims وهي أهداف نهائية تتصف بالعمومية والشمول نسبياً ، وتتطلب زمناً أطول للتحقيق من الأهداف السلوكية . كما ان كل هدف من الاهداف العامة يمكن أن يتحقق من خلال انجاز هدف أو جملة أهداف سلوكية . وسنأتي على ذكرهذا النوع من الأهدف تفصيلا عند الحديث عن الاجراآت التي تتضمنها النماذج التصميمية لاحقا في هذا الفصل.

الأهداف السلوكية Behavioral Objectives وهي أهداف يصف كل منها إجراء يستطيع الطالب القيام به بعد مروره بخبرة تعليمية تعلمية . بمعنى أن مجموع ما يتحقق من أهداف سلوكية يشكل ما يتحقق من الهدف العام . وبهذا يكون التصميم محدد الأهداف ابتداءً . مما يسهل ترشيد بناء التصميم ، أو النموذج ، ومساره، وإمكانية تقويمه بموجب ما تحقق من أهداف عامة وسلوكية في النهاية. وسنتناول هذا النوع من الاهداف تفصيلا عند الحديث عن الاجراآت التي تضمنها النماذج التصميمية لاحقا في هذا الفصل.

- **من أدرّس ؟** : إن تحديد خصائص المتعلم الذي يوضع النموذج التصميمي من أجل توفير أفضل فرصة تعليمية له ، لابد أن تراعى مع بدء التفكير في وضع التصميم . ذلك أن من الضروري معرفة الخبرات التي سبق للطالب الحصول عليها ، وهو ما يعرف بالمعرفة الابتدائية أو المد خلية Entry Knowledge ، والتعرف إلى المؤثرات الاقتصادية والاجتماعية والنفسية والثقافية التي تؤثر فيه، ورغباته ودوافعه للتعليم ، واتجاهه نحوه . علاوة على المعلومات التفصيلية المتعلقة بأعمار الفئة التي يراد تدريسها ، وعددهم داخل الصف أو خارجه . إلى

غير ذلك من معلومات تجعل المصمم على بينة من خصائص الطلبة المستهدفين أفراداً ومجموعة . إذ أن الإجابة عن الأسئلة اللاحقة تعتمد كثيراً على مثل هذه المعلومات .

- **ماذا أدرّس ؟ :** وهنا لابد للمصمم أن يحيط بتفاصيل المادة العلمية التي يراد تدريسها ، وما تتضمنه من حقائق ونظريات وخبرات واتجاهات ، ليقوم بتركيب المحتوى التعليمي وتنظيمه على وفق تسلسل الأهداف السلوكية الموضوعة ، وتحديد الأنشطة والمهام التي سيقوم بها المعلم مع كل جزء من أجزاء المحتوى .

وهنا ينبغي التمييز بين المادة التعليمية ، بوصفها المادة الخام للمنهاج الدراسي ، والمحتوى التعليمي الذي يمثل هيكلية هذه المادة والأنشطة والمهام المرافقة لها ، مصاغة بشكل منظم ومتسلسل ودقيق ، طبقاً لما تتطلبه الخطة الموضوعة (النموذج) . وربما يكون من الضروري التأكيد هنا على أن المادة التعليمية والمحتوى التعليمي لا يعني أي منهما ما يتضمنه الكتاب المدرسي ، بل هو ما يتضمنه المنهاج بمفهومه الواسع .

- **كيف أدرّس ؟ :** هذا السؤال له أرجحية خاصة بين الأسئلة التي يهتم بها مصمم التدريس . ذلك أنه معني باختيار الطرائق والاستراتيجيات التي يراها مناسبة لموقف تعلمي تعليمي محدد . وكذلك الوسائل التي يقترح استخدامها في مثل هذا الموقف . وهي عملية غاية في الدقة ، وتتطلب خبرة واسعة من قبل المصمم في وكيفيات التدريس وآلياته ، ومدى ما يتوقعه من نجاح كل إستراتيجية من الاستراتيجيات أو طريقة من الطرائق التي يختارها ، بناء على تجارب ونتائج علمية سابقة .

ويمكن للمصمم طبعاً تطبيق أكثر من إستراتيجية وأكثر من طريقة، وطيفاً متنوعاً من الوسائل التعليمية . مما يتطلب قدراً كبيراً من الخبرة

والدراية في طبيعة هذه الاستراتيجيات والطرائق والوسائل ، وخصائص كل منها ، وما يمكن أن تحققه من أهداف الموقف التعليمي التعلمي ، ومدى إمكانية تطبيقها في البيئة المتاحة ، ومدى ملاءمتها للفئة المستهدفة من المتعلمين ، والمحتوى المراد إيصاله ، ومهارات المعلم الذي يتحمل عبء تطبيق التصميم ، وكذلك الكلف التي يتطلبها استخدام هذه الاستراتيجيات والطرائق والوسائل . وطبقاً لذلك يحدد المصمم كيفية تدريس الطلبة على هيئة أفراد أو مجموعات أو في صيغة تعلم تعاوني أو حواري أو ذاتي أو غير ذلك، وفيما إذا كان السبورة أو النماذج المصغرة أو الكومبيوتر هي الوسائل التي سيستخدمها في عملية التعليم .. وهكذا .

- **أين أدرّس ؟** : لا يشترط أن تكون غرفة الصف هي مكان الدرس . فالمختبر أو ساحة المدرسة أو المتحف أو حديقة الحيوان كلها ربما تكون مكاناً ملائماً للدرس إذا كانت الفائدة المتحققة تخدم الأهداف الموضوعة للموقف التعليمي التعلمي ، وتسهم في إحداث التغير المقصود في سلوك المتعلم . بل إنه لا يشترط تواجد المعلم والمتعلم في موقع جغرافي واحد ، كما هو الحال في نمط التعلم عن بعد ، وعلى المصمم أن يحدد مكان تطبيق الموقف التعليمي التعلمي بعناية . وقد يختار أكثر من مكان واحد إذا اقتضت ضرورة التعلم ذلك . وهو أمر يرتبط طبعاً بحاجة الموقف التعليمي التعلمي من جهة والإمكانات المتاحة من جهة أخرى ، سواء من حيث توفر المكان المناسب أصلاً ، أو من حيث الكلف التي يتطلبها الانتقال إلى أمكنة بعينها لإتمام عملية التعليم والتعلم .

- **متى أدرّس ؟** : إن زمن الدرس ووقته يرتبطان إلى حد كبير بالوقت المتاح في الحصة الدراسية ، وما إذا كانت هذه الحصة تعطى دفعة واحدة ، كما هو الحال في الجدول المدرسي التقليدي ، أو على دفعات تتفق مع وقت الطالب وسرعته في متابعة الدرس ، كما هو الحال في التعلم الذاتي .

ك

ان تقسيم الخطة من حيث تسلسلها وتفاصيلها ، يقتضي تحديد زمن لكل نشاط أو فعالية يحددها التصميم ، استثماراً للوقت في أفضل صورة ، ودون هدر لوقت المعلم والمتعلم . كما أن عدم تحديد توقيتات لمفردات الخطة التدريسية بشكل دقيق ، قد يفضي إلى عدم إعطاء فرصة كافية للمتعلم لاكتساب الخبرات المطلوبة ، أو الإطالة بما يؤدي إلى الرتابة والتراخي والملل من جانبه . من جانب آخر فإن توقيت جزء ما من عرض المادة أو تقديم نشاط ما ، أو استخدام وسيلة تعليمية ما ، ينبغي أن لا يكون اعتباطياً ، إنما محسوباً من حيث توقيته لصالح تحقيق هدف المحدد في وقت المحدد .

أهم النماذج التصميمية

لقد وضعت نماذج عديدة في تصميم التدريس . وما زالت تصاميم جديدة توضع استجابة للتطورات التي يشهدها ميدان التعليم والتعلم ، والمتغيرات المؤثرة في هذا الميدان ، والتي سبق أن تحدثنا عنها في أكثر من موضع من هذا الكتاب .

وتعد التصاميم التي وضعها كل من كمب (Kemp) ، وجانيه وبرجز (Gagne & Briggs) ، وجيرلاك وأيلي (Gerlack & Ely) وديك وكيري (Dick & Carey) وليشن وزملائه (Leanshin, et. al.) وروبرتس (Roberts) من أهم النماذج المتداولة عالمياً . كما وضعت نماذج أخرى عربية وغير عربية . وهي جميعاً نماذج جرى تجريبها وتطبيقها قبل أن يتم اعتمادها في المؤسسات التعلمية في مواقف تعليمية تعلمية مشابهة .

ويعود اختلاف هذه النماذج عن بعضها إلى طبيعة المحتوى التعليمي المراد تطبيقه، والأهداف التعليمية المطلوب تحقيقها ، والظروف التي تحيط بالبيئة التعلمية التي يجري فيها الموقف التعليمي التعلمي .

لقد اعتمدت هذه النماذج وغيرها ، في تصميم الدروس التعليمية المحوسبة ، سواء تلك التي تستخدم داخل الصف أو خارجه . وأصبح بين يدي المعلم ، وهو يتصفح مواقع الانترنت ، العديدمن التصاميم الجاهزة التي تتسم بالمرونة العالية التي تلائم

مواقف تعليمية تعلمية متنوعة ، ليتمكن المعلم من اعتمادها طبقاً لحاجاته التدريسية ، وظروف الموقف الذي يهيئ لتصميمه . وهي مبوبة بصورة تمكنه من اعتماد استراتيجيات وطرائق منوعة ، وتقترح عليه وسائط صوتية وصورية عديدة ، يمكن استخدامها بحسب متطلبات عمله . بل إن هذه النماذج التي يجري استخدامها عن طريق الحاسوب ، صارت سمة مميزة للجامعات التي تعتمد التعليم المحو سب عن بعد عن طريق الانترنت (On-Line Instruction) .

كما يجري بواسطة هذه النماذج تطبيق الاختبارات ، وتزويد الطالب والمعلم بتغذية راجعة آنية ، تمكن الطالب من اكتشاف أخطائه ونقاط القوة في أدائه ، وتضع أمامه طرائق لمعالجة الأغلاط التي وقع فيها . كما تمكن المعلم من الوقوف آنياً على أداء طلبته ، بغية تقويم ما حققوه من الأهداف الموضوعة ، واقتراح البرامج التكميلية لتحسين ذلك الأداء ، والارتقاء به إلى المستوى الذي خطط له بموجب التصميم الموضوع . ومن أمثلة هذه البرامج برنامج Black Board الذي يأخذ بنظر الاعتبار مفرات التصميم بالطريقة التي أشرنا اليها . وكذلك برنامج White Board وغيره من البرامج .

*** ولكن ما الذي تتضمنه نماذج تصميم التدريس ؟ وكيف توضع ؟**

<u>الإجراءات المشتركة بين نماذج التصميم :</u>

إن كلاً من النماذج التي ذكرناها يتضمن خطوات إجرائية متسلسلة ، ترفق عادة بمخططات ترسم تسلسل الخطوات والتداخلات أو التفاعلات التي تنطوي عليها . على أن جميع هذه التصاميم تشترك بخطوات محددة يجري تقديم أحداها أو تأخيرها أو دمجها مع خطوة أخرى ، بحسب النموذج ، وبحسب الاعتبارات التي اعتمدها هذا النموذج أو ذاك .

ويمكن إجمال أهم هذه الإجراءات التي تعد بمثابة إجابات عن الأسئلة التي سبق ذكرها على النحو التالي ، مع التأكيد على أن التسلسل الذي وضعنا بموجبه هذه

الاجرآت ليس مقصودا لذاته ، ذلك أن هذه الاجراءات تتباين من حيث تسلسلها بحسب طبيعة النموذج المعتمد :

(1) **تحديد أهداف التعلم :** وتقسم هذه الأهداف إلى أهداف عامة وأخرى سلوكية، كما يمكن وضع أهداف متوسطة أيضاً :

(أ) الأهداف العامة General Aims : وهذه تشتق عادة من الأهداف العامة للتعليم في المرحلة الدراسية المعنية وأهداف كل سنة دراسية ، والأهداف العامة لمادة دراسية أو مساق دراسي معين . وهي جميعا تشتق من الفلسفة التعليمية المعتمدة في هذا المجتمع أو ذاك . و تتصف هذه الأهداف بأنها مصاغة لوصف النتائج النهائية للتعلم على مستوى حصة دراسية أو مجموعة حصص .

(ب)

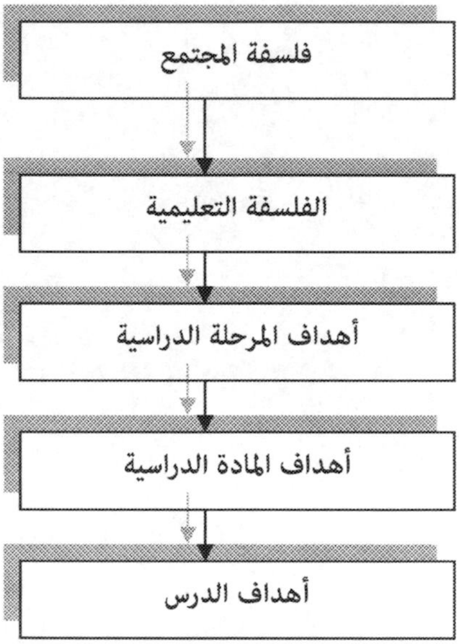

اشتقاق الأهداف التعليمية

(ج) الأهداف السلوكية Behavioral Objectives : يمثل الهدف السلوكي ركيزة أساسية في نجاح الموقف التعليمي التعلمي . وعلى أساس القدرة على تحقيقه يمكن قياس مدى ما حققه المعلم والمتعلم في أداء كل منهما لدوره ، ومدى ملائمة المحتوى المنظم للموقف التعليمي المقصود وخصائص الطلبة ، وفاعلية الاستراتيجيات والطرائق والوسائل في تحقيق ما استخدمت لأجله .

وعلى الأهداف السلوكية تقوم عملية التقويم بجميع ما تتضمنه من اختبارات ووسائل أخرى ، لإطلاق الحكم في النهاية . وعليه فإن صياغة الهدف السلوكي بعناية ودقة ، تعد مهمة أساسية تتطلب خبرة متخصصة، وتدريباً وفهماً عميقين لطبيعة المهمة التعليمية التي نحن بصددها . فالهدف السلوكي يصف الإجراء الذي سيستطيع المتعلم القيام به بعد مروره بخبرة تعليمية تعلمية محددة . وعليه لابد أن تصاغ الأهداف بقدر عال من الدقة ، بما يجعل السلوك المطلوب أداؤه من قبل المتعلم موصفاً بصورة واضحة . وأن تتضمن صياغة الهدف المعيار الذي يحكم جودة الأداء ودرجته . ولا يتضمن الهدف السلوكي عادة أكثر من إجراء واحد . وقد تتطلب صياغة بعض الأهدف السلوكية تحديد زمن الأداء وظرفه ومستوى دقته وطبيعته وتكراره، لتحديد ما يعرف بمستوى الاتقان في أداء الطالب لمهارة عقلية أو حركية .

إلى ثلاثة مجالات ، كما أشرنا في موضع آخر من الكتاب ، وهي :

- المجال المعرفي Cognitive Domain .
- المجال الوجداني Affective Domain .
- المجال النفسحركي Psychomotor Domain .

إن لكل من هذه التقسيمات مستويات عدة . على إننا ونحن نضع أهداف درس ما ، أو مجموعة دروس ، علينا أن نختار من هذه الأهداف ومستوياتها ما يتناسب مع طبيعة الموقف التعليمي التعلمي -أو البرمجية التي نرغب في

تصميمها - والمخرجات المطلوب تحقيقها ، وبحسب الخبرات السابقة للمتعلمين. مع التأكيد على أن هذه المجالات مترابطة فيما بينها ، ويصعب في معظم الأحيان فصل أي مجال منها عن المجالين الأخرين بحدود قاطعة . فالفعل الإنساني مركب بالغ التعقيد والتشعب ، ولا يمكن حصره ضمن حدود واضحة للوعي أو الوجدان أو الحركة ، دون أن يكون هناك تداخل أو مناطق مشتركة.

وفيما يأتي إيجاز بالمجالات المشار إليها ومستوياتها :

- **المجال المعرفي Cognitive Domain** : الذي يتصل بالأهداف ذات الطبيعة العقلية الإدراكية ، وأشهر تصنيف معتمد لمستويات هذا المجال هو تصنيف بلوم Bloom . وهي ستة مستويات يمكن قياسها بقدر عال من الدقة طبقا لمعايير معروفة .

- المعرفة Knowledge : وتشمل التذكر وما يتصل به من قدرة على استدعاء المعلومات والحقائق وغيرها عند الحاجة لذلك.

- الفهم Understanding : ويشمل الاستيعاب ، وما يتصل به من قدرة على التفسير والتأويل وغيرهما .

- التطبيق Application : ويشمل القدرة على استعمال المعرفة ، وحل المسائل ، وتطبيق القواعد وغيرها .

- التحليل Analysis : وهو القدرة على تحليل الكل إلى أجزاء ، كتحليل عناصر مشكلة ما ، أو تحليل نص إلى عناصره على سبيل المثال .

- التركيب Synthesis : وهو القدرة على جمع الأجزاء فيه ، والتأليف بينها في مركب واحد . أي القدرة على الربط بين المفاهيم ، وإيجاد العلاقات بين الأفكار والخبرات وتنظيمها بما يبدع منتجاً عقلياً جديداً ، كوضع خطة أو نظام ، أو اقتراح حلول لمشكلات ، أو تأليف نص جديد .

- التقويم Evaluation : وهو القدرة على إطلاق الحكم وتحديد الموقف من الأشياء طبقاً لاعتبارات ومعايير محددة .

وتسمى المستويات الثلاثة العليا التحليل والتركيب والتقويم في تصنيف بلوم مستويات التفكير العليا ، لأنها تمثل قدرة المتعلم على التفكير الابتكاري وهي أعلى مستويات المجال المعرفي .

- **المجال الوجداني Affective Domain** : الذي يتصل بالجانب الانفعالي أي ما يتعلق بالمشاعر والانفعالات والرغبات والاتجاهات والمواقف والقيم والتذوق وما إليها .

والأهداف التي تقع ضمن هذا المجال يصعب قياسها بدقة لأسباب عدة ، أهمها طبيعة السلوك المتغير ضمن هذا الاتجاه بحكم الظرف والزمن ، وعدم القدرة على قياس درجة هذا السلوك بدقة بحكم اختلاف طبيعة الأفراد في التعبير عن مشاعرهم ومواقفهم وانفعالاتهم . إلا أنه يمكن ملاحظة سلوك المتعلمين إلى حد ما ، ورصد تكرار هذا السلوك وتحليله واستخلاص نتائج أو مؤشرات قد تقترب من الدقة . ويعد تصنيف كراثوول وزملائه من أبرز ما وضع في هذا الخصوص. وهذا التصنيف يقسم هذا المجال إلى خمسة مستويات:

- الانتباه : وهو إبداء الطالب الرغبة في استقبال المثير الذي يتعرض إليه عن طريق الإصغاء أو المبادرة بالسؤال أو التعبير عن الاهتمام أو إبداء الرغبة في المشاركة في نشاط ما ، وما إلى ذلك .
- الاستجابة : وهي شعور الطالب بالاستمتاع أو الرغبة في المشاركة ومتابعة المثير، ومحاولة تكرار النشاط أو تقليد الفعل الذي شاهده أو سمعه ، أو التعبير عن رضاه تجاه ذلك التأثير .

- تشكيل القيمة : وهو تحول الشعور بالرضا والرغبة في المشاركة ، أي الاستجابة ، إلى قيمة ثابتة نسبياً ، يعبر عنها الطالب بالتمسك بما شعر به وأبدى رغبته فيه ، والتعبير عن ذلك بمواقف واضحة وطوعية أكثر تقدماً من مجرد الاستجابة للمثير .

- تنظيم القيم : وهو تشكل مصفوفة قيمية عن المتعلم تتسم بالاتساق والتكامل والتمسك بما يعتقد ، والإيمان بصحة موقفه والدفاع عنه .

- رسوخ القيم : ويقصد به أن تصبح القيم التي يكتسبها الطالب سمة واضحة في سلوكه يتصف بها وغير قابلة للتغير السريع ، بعد أن تكاملت ونضجت وترسخت في بناء شخصيته ومنظومته القيمية . بحيث أصبحت اتجاهاته وقناعاته تتصف بالثبات في رسم المواقف من الظواهر والأفكار والخبرات الجديدة التي يواجهها .

- **المجال النفسحركي Psychomotor Domain** : يتعلق هذا المجال بالمهارات الحركية . وهذه المهارات ، كما تشير التسمية ، لا تنفصل عن المحتوى أو المضمون النفسي. ويمكن الإشارة هنا إلى واحد من أهم التصنيفات التي عرفت في هذا الخصوص وهو تصنيف إليزابيث سمبسون (E. Simpson) ذي المستويات السبعة :

- الإدراك : ويتصل ذلك بمدى إدراك وظيفة أعضاء الجسم والربط بين هذا الإدراك والقدرة على الإفادة من هذه الوظيفة في الوقت المناسب .

- الاستعداد : وهو مدى توفر الاستعداد عقلياً ونفسياً وبدنياً لأداء المهارة أو الحركة .

- الاستجابة الموجهة : وهي البدء بالممارسة الواقعية للمعارف أو الحركة ، وإتباع الخطوات اللازمة لمحاكاتها بالشكل المطلوب .

- تلقائية الأداء : وهنا يتحول الأداء من استجابة أولية تتصف بالتقليد والمحاكاة، إلى أداء مهاري يتسم بالمبادرة والتلقائية والسلاسة والدقة والإجادة.

- الاستجابة الظاهرة المعقدة : وتشير التسمية إلى أن نوع الاستجابة هنا بينة وأرقى وضوحاً وتتسم بالتعقيد ، أي القدرة على أداء المهارات ذات الطبيعة المعقدة والدقيقة ، والتي تتطلب أداءً مها ريا يتسم بالإتقان والسرعة ، ويتطلب قدراً من الحرفية والثقة بالنفس .

- التركيب (التكييف) : وهنا يمكن للمتعلم إعادة تنظيم أدائه المهاري وتكييفه ليلائم موقفاً جديداً ، مما يتطلب قدرة على التطوير في الأداء والتناسق والدقة والسرعة والتعديل .

- الإبداع : وهو قمة ما يصل إليه المتعلم في أدائه المهاري ويتميز به عن الآخرين ويتفوق عليهم بما هو مبتكر في الأداء من حيث الأصالة والمرونة والطلاقة ، بحيث يصل إلى مرحلة الإبداع في الأداء ، والتفرد في ما يقدمه من جديد ، بمعنى التميز عن الآخرين.

أهداف معرفية (بلوم)
Cognitive Domain

- المعرفة
- الفهم
- التطبيق
- التحليل
- التركيب
- التقويم

أهداف وجدانية (كراثوول)
Psychological Domain

- الانتباه
- الاستجابة
- تشكل القيمة
- التنظيم القيمي
- الاتصاف بالقيمة

أهداف نفسحركية (سمبسون)
Psychomotor Domain

- الإدراك
- الاستعداد
- الاستجابة الموجهة
- تلقائية الأداء
- الاستجابة الظاهرة المعقدة
- التركيب
- الإبداع

مجالات الأهداف التعليمية

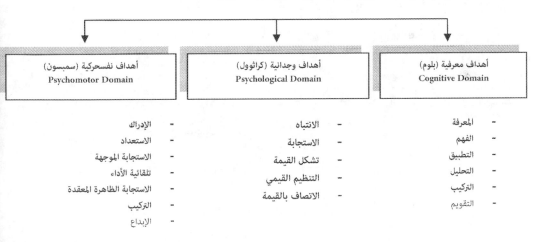

إن جميع التصانيف التي تناولت تقسيم الأهداف التعليمية إلى مجالات عدة لا تذكر - كما أشرنا سابقاً - التداخل بين هذه المجالات ومستوياتها . وما الاختبارات التي تجريها والأحكام التي تصل إليها بخصوص ما تحقق منها على صعيد التعلم لا يغفل وجود مناطق مشتركة بهذا القدر أو ذاك سواء بين المجالات الثلاثة أو بين مستويات هذه المجالات . وهو ما ينبغي أن يدركه القائمون على التعليم عند وضعهم للأهداف السلوكية بما يعينهم على وضع أهداف تتسم بالوضوح والدقة قدر الإمكان بحيث يمكن قياس ما تحقق من هذه الأهداف بحسب المجال الذي اشتقت منه .

(2) **تحليل المحتوى التعليمي وتنظيمه :** وهو خطوة تعنى بدراسة المادة العلمية وتجزئتها إلى مهام وأنشطة ، بما يحقق الأهداف الموضوعة ووضعها بشكل متسلسل يتناسب مع تسلسل تلك الأهداف ، أخذاً بنظر الاعتبار خصائص المتعلم و تسلسل العمليات الإدراكية وكيفية حصول الإدراك والتعلم لديه . فالمعرفة تبنى هرمياً، من السهل إلى الصعب ، ومن المحسوس إلى المجرد ، ومن المعرفة المد خلية إلى المعرفة المكتسبة ، وهكذا .. ومثال ذلك تسلسل العمليات الحسابية من الجمع والطرح إلى الضرب ثم القسمة .. أو تسلسل العمليات أو الإجراءات ' عند حل المشكلات من تحديد المشكلة إلى جمع المعلومات عنها ، ثم وضع حل تجريبي يخضع للاختبار أو مجموعة حلول بديلة ، ثم إقرار الحل النهائي .

(3) **تحديد الخبرات السابقة Prerequisites/Entry Knowledge :** ويقصد بها المعارف والخبرات والمهارات والقدرات الفعلية أي الاستعداد للتعلم عقلياً ونفسياً وبدنياً لدى المتعلم قبل أن يبدأ التعلم . ويعمد هنا إلى تنظيم اختبار يسمى الاختبار القبلي للكشف عن هذه القدرات ، وذلك الاستعداد . كما يستعان بما يتوفر من بيانات ومعلومات موثقة أو ميدانية عن طريق الملاحظة والاستبيان والتحري ومراجعة سجلات العلامات والأداء ، لتقدير الخبرات السابقة لدى المتعلم قبل المباشرة بعملية التصميم. ونشير هنا إلى أن تعبيرات كالسلوك المدخلي أو المعرفة

القبلية أو الابتدائية أو المتطلبات السابقة تستخدم في الأدبيات التربوية للدلالة على المفهوم نفسه .

إن تقدير مستوى الطالب قبل البدء بعملية التعليم والتعلم يعد عاملاً أساساً من عوامل نجاح المصمم في وضع مخطط دقيق ، يقلل من الأخطاء في المراحل اللاحقة سواء في وضع التصميم أو في أثناء تطبيق الموقف التعليمي وإدارته ، ومن ثم إمكانية تحقيق الأهداف الموضوعة سلفاً .

(4) **تحديد الاستراتيجيات والطرائق Defining Strategies & Methods:** تختلف الآراء الواردة في الأدب النظري في تحديد مفهوم واضح لكل من الإستراتيجية والطريقة . وبعضها يضم إليهما الأسلوب والنمط أيضاً دون وضع حدود قاطعة بينها. ونحن إذ نقر بصعوبة هذا الأمر فعلاً فإننا هنا سنجتهد في تحديد التعريف الإجرائي لكل منها لأغراض هذا الكتاب ، على غرار ما هو معمول به في البحوث العلمية ، دون أن نبتعد عن مجمل ما تناوله الأدب النظري في هذا الإطار . وعليه فإننا سنقصد بهذه المفردات ما يأتي :

- الإستراتيجية Strategy : هي المنهج أو التصور العام أو الخطة العامة التي توضع بقصد استخدام الإمكانات المتاحة (من طرائق ووسائل وعناصر البيئة التعليمية التعلمية) لتحقيق أهداف الموقف التعليمي التعلمي بصورة تتسم بالشمولية والمرونة والتكامل . ومن أمثلتها : حل المشكلات ، الاستقراء ، الاستنتاج ، المنحى التكاملي ، وغيرها .

- الطريقة Method : هي مجموعة الإجراءات المتسلسلة التي يطبقها المعلم في تدريسه والتي تصف دور كل من المعلم والمتعلم في الموقف التعليمي التعلمي . ومنها طريقة المحاضرة ، والحوار ، والتعلم الذاتي ، والتعلم باللعب ،والتعلم التعاوني ، وغيرها .

- الأسلوب Style : هو الكيفية التي يتبعها كل مدرس بذاته لتطبيق الإستراتيجية التي اختارها أوالطريقة التي اختارها في التدريس . فطريقة المحاضرة مثلا معروفة الخصائص لكنها تختلف من حيث التطبيق من مدرس لآخر . بمعنى أن الاسلوب يمثل المتغير الشخصي في إدارة الموقف التعليمي التعلمي ، والذي يختلف من مدرس لآخر ومن ظرف لآخر في تطبيق الإستراتيجيات والطرائق المختارة .

- النمط Model : وهو تصور يجمع بين الطريقة والاستراتيجية ، ارتبط بأحد علماء التربية وسمي باسمه ، وجرى تقليده من بعده . ومن أمثلة ذلك نمط "تيسير التعلم " لكارل روجرز(Carl Rogers) ونمط " التحري الجماعي "لهربرت ثيلين (Herbert Thelen) وغيرهما.

وطبقاً لهذا الفهم لكل من الإستراتيجية والطريقة والأسلوب والنمط ، فإنه يمكن للمدرس أن يستخدم جملة من الاستراتيجيات عند إتباعه طريقة ما ، أو جملة من الطرائق عند استخدامه لإستراتيجيته ما .

وبناءً على ما تقدم فإن تصاميم التدريس لا غنى لها عن تحديد الإستراتيجيات والطرائق ، على اعتبار أنها تمثل الكيفيات والسياقات التي يجري بموجبها التواصل المنظم والفاعل بين المعلم والطالب أثناء الموقف التعليمي التعلمي، وصولاًُ إلى تحقيق الأهداف المقصودة . وعلى هذا الأساس اختلفت طبيعة التدريس بين المحاضرة والتدريس المصغر والتعليم التعاوني والتعلم الذاتي والتعليم المبرمج وغيرها ، وأصبحت لكل منها أصولها وقواعدا وسياقاتها وظروف تطبيقها.

وبقدر تعلق الأمر بالبرمجيات التعليمية واستخدام الحاسوب في التعليم ، فإن المعرفة التفصيلية بأنواع الإستراتيجيات والطرائق ، ومعرفة كيفية استخدامها، وتنوع هذا الاستخدام بما يتفق والأهداف المقصودة والمحتوى التعليمي وطبيعة الفئة المستهدفة من المتعلمين وخبراتها المد خلية ، تمثل عنصراً بالغ الأهمية في الكيفية

التي تصمم بموجبها البرمجيات التعليمية ، وفي مدى نجاح البرمجيات المنتجة في تحقيق الأغراض التعليمية التي تستخدم من أجلها . إذ لا يكفي - كما أشرنا في موضع آخر من الكتاب - إتقان مهارات الحاسوب لوحدها في تصميم المواقف التعليمية المعتمدة على استخدام الحاسوب .

إن دقة اختيار الإستراتيجيات والطرائق المناسبة في بناء أي تصاميم المواقف التعليمية التعلمية ، من شأنه أن يضمن دافعية الطالب نحو التعلم ، ويحدد نوع المثيرات وطرائق عرضها ، وعناصر التشويق المتتابعة المطلوبة ، في إطار مدروس يحقق التعلم التفاعلي والرغبة الدائمة في التعلم . وإليه يرجع الفضل في نجاح وضع التصاميم الناجحة للمواقف العليمية التعلمية ،وكذلك نجاح فريق العمل في اعداد أو كتابة سيناريو البرمجية التعليمية أو تنفيذها .

(5) **تحديد الوسائل التعليمية Instructional Aids** : إن من أبرز ما أكدت عليه نظريات التعليم والتعلم - وهو ما أكدته نظريات الاتصال كذلك - ضرورة الاهتمام الجدي باستخدام الوسائل التعليمية القادرة على إيصال المحتوى التعليمي، وتحقيق التفاعل بين طرفي عملية التعليم والتعلم - المعلم والمتعلم - وضرورة العناية الفائقة بتصميم الوسائل التعليمية وإنتاجها وكيفية استخدامها بما يحقق التواصل ، وبالتالي التعلم ، التفاعلي .

لقد مر زمن طويل من الاستخدام الاعتباطي للوسائل التعليمية والمرتبط بمزاج المعلم وميوله نحوها ، دون وعي بخطورة الوسيلة ومعايير تصميمها أو اختيارها واستخدامها في الموقف التعليمي التعلمي . فالنماذج والصور والأصوات والشرائح واللوحات والخرائط والأفلام وغيرها ، كل له دور وزمن وكيفية في الاستخدام. وكل له فعله في إتمام التعلم . وعندما يجري تحديد الأهداف التعليمية والمحتوى التعليمي وفئة المتعلمين وظروف الموقف التعليمي التعلمي والإستراتيجيات والطرائق بشكل واضح ودقيق ، يكون تحديد الوسائل التعليمية المستخدمة في العملية التعليمية وكيفية استخدامها ، مبنياً على أسس منهجية واضحة

الأغراض ، ويكون تحديد زمن استخدامها وكيفية هذا الاستخدام غير خاضع لمزاج المعلم ، وإنما لدور كل من هذه الوسائل في تحقيق ما تستخدم من أجله .

ولأن الحاسوب وسيلة مركبة ، بمعنى أنه يوظف طيفاً واسعاً من الوسائل، تصبح كيفية تنظيم هذا المركب بما يحقق أغراضه أمراً غاية في الأهمية ، ويتطلب خبرات مركبة أيضاً ، تربوية وفنية وتقنية واتصالية وجمالية . وبغير تحقيق ذلك يصبح استخدام هذه الوسائل داخل النشاط المحوسب ضرباً من التنويع ، القصد منه توفير الإثارة وحسب دون التزام منهجية علمية تؤمن الوصول إلى الأهداف التعليمية الموضوعة ، ويصبح استخدامها مثيراً للإمتاع الذي قد يفضي الى التشتت . بمعنى أن الامتاع هنا يصبح عبئا على الموقف التعليمي ولا يؤدي دوره في خدمة التعلم .

(6) **التقويم Evaluation** : إذا كانت التربية إشكالية فلسفية أزلية ، بدأت مع بدء الخليقة ولن تنتهي إلا بانتهائها ، فإن التعليم هو الآخر، بوصفه ميداناً ومنجزاً تربوياً يشكل جزءاً من هذه الإشكالية . ذلك أن أهداف التعليم والتعلم لا يمكن أن تكتمل أو تتحقق بصورتها النهائية أو المطلقة . فهي بحاجة دائمة إلى الفحص والتقويم والتطوير وإعادة النظر في مجمل مراحل الموقف التعليمي التعلمي لتبدأ عملية التصميم من جديد .. وهكذا دون توقف .

وفي تصميم التدريس قلنا أن هناك ضرورة لفحص وتقويم مدخلات الموقف التعليمي والتعلم - الطالب وخبراته السابقة ، الموارد المادية المتاحة ، مهارات المعلم - وقد أشرنا إلى ذلك في هذا الفصل عند الحديث عن الاختبارات القبلية . ولكن تبقى هناك حاجة ماسة إلى إجراء نمطين آخرين من التقويم ..

- التقويم التكويني : وهو ما يتصل بالفحص الدوري المستمر لمستويات الطلبة مع تقدم الموقف التعليمي التعلمي ..

• التقويم النهائي : وهو ما يتصل بالفحص النهائي لمخرجات الموقف التعليمي التعلمي .

ومن جملة ما نطبقه من اختبارات وعمليات ملاحظة واستبيانات وغيرها ، يمكننا أن نتوصل إلى أحكام تتسم بقدر من الدقة والموضوعية هي ما نسميه التقويم . ومن التقويم نحصل على مؤشرات التغذية الراجعة التي تحدد ما ينبغي لإعادة النظر في مجمل ما وضعناه في التصميم الذي اعتمدناه . وفي البرمجيات التعليمية يمكن إدراج أشكال عديدة من التقويم والتقويم الذاتي ، التي تمد المعلم والطالب بمؤشرات التغذية الراجعة وتحدد الأنشطة الإثرائية أو مراجعة بعض الخبرات التي لم يجر اكتسابها بصورة صحيحة . وعملية التقويم هنا لا يقصد بها الحكم على أداء الطالب حسب، إنما الحكم على صلاحية جميع ما تم التخطيط له ابتداءً من أهداف ومحتوى وإستراتيجيات وطرائق ووسائل .

إن وضع الاختبارات بوصفها جزءا من عملية التصميم ، يؤكد أن عملية التقويم وتحديد إجراءاتها بدقة وتفصيل ، قبل المباشرة بتنفيذ الموقف التعليمي التعلمي ، هو لضمان سير هذا الموقف على وفق الخطة المرسومة ، وطبقاً للمعايير التي تستند إليها عملية التقويم نفسها .

إن الإجراءات التي ذكرناها أعلاه هي عناصر أساسية في أي من النماذج التصميمية المعروفة . غير أنها ترد في صيغة خطوات متسلسلة بالصورة التي يجدها النموذج مناسبة لموقف تعليمي تعلمي محدد يمكن أن يتكرر لاحقاً باستخدام النموذج نفسه . كما يمكن أن ترد بعض هذه الإجراءات مجزأة في أكثر من خطوة ، أو منفصلة في صيغة إجراءات فرعية لتحديد المكان والزمان ، وتوزيع الطلبة إلى مجموعات بحسب طبيعة أطراف العملية التعليمية وطبيعة الموقف الذي وضع من أجله التصميم .

وهكذا فإن نماذج تصميم التدريس التي ذكرنا بعضها ، وهي نماذج سبق أن تم فحصها وتجريبها ، يمكن تطبيقها في مواقف مشابهة . ولنا أن نختار منها ما يناسب الأغراض التي نسعى إلى تحقيقها . وتعدد هذه النماذج يعزى إلى تعدد أنماط التعليم وتنوعها . وهو أمر يؤكد لنا أن هناك نماذج جديدة ستظهر مستقبلاً ، تبعاً للتطور الحاصل في ميدان التعليم والتعلم . فنماذج التعلم الذاتي تختلف حتماً عن تلك التي يجري فيها التعلم بشكل مباشر داخل غرفة الصف . والتعلم المهاري مختلف عن تعلم الاتجاهات... وهكذا .

ولابد من الإشارة هنا أن هذه النماذج تعد ضرورية في بناء الحقائب التعليمية المحوسبة والبرمجيات التعليمية ، والمواقف التعليمية التي يستخدم فيها الحاسوب بوصفها وسيلة تعليمية مساعدة . ذلك أن الموقف التعليمي الذي يعتمد الحاسوب وحده ، أو يستخدمه إلى جانب وسائل أخرى بوجود المعلم .. فإن استخدام الحاسوب فيه في كل الأحوال يأتي في سياق عملية منظمة متفاعلة الأجزاء ، وذات أهداف محدد ومحتوى محدد ، وتخضع لتقويم ذي إجراءات محددة . مما يتطلب في النتيجة اعتماد نموذج مناسب في عملية التنظيم هذه .

المنحى النظامي في تصميم التدريس ... والحاسوب

لقد ذكرنا في أكثر من موضع في هذا الكتاب أن العملية التعليمية التعلمية مركب بالغ التعقيد والتشعب ، تتداخل فيه عناصر كثيرة وتؤثر فيه عوامل عديدة ، وتحكمه أنظمة وآليات اشتغال متنوعة . ومما يزيد الأمر تعقيداً ، وربما إثارة، أن الحاسوب هو الآخر مركب بالغ التعقيد ، من حيث كونه وسيلة اتصال فردية وجماعية ، يمكن أن تستخدم في التعليم عن بعد ، وفي التعليم المباشر والتعلم الذاتي . ومن حيث كونه وسيلة تعليمية جامعة لأكثر من وسيلة بسبب تعدد وسائطها، علاوة على كونه مستودعاً لمعارف ووثائق وخبرات هائلة السعة والتنوع .

وعلى ذلك فإن من الضروري أن يطلع القارئ والدارس على كيفية التعامل مع هذه الوسيلة الاتصالية والمعلوماتية ، وأنظمة اشتغالها في حقل التعليم والتعلم . وهو ما يستلزم ابتداء معرفة ماهية النظام system وما يعرف بمنحى النظم Systematic Approach ، ذلك أن منحى النظم قد استخدم في وضع نماذج عديدة في تصميم التدريس Instructional Design . وهذه النماذج أمكن تطبيقها في الحاسوب مستفيدين من خصائصه الاتصالية والمعلوماتية ، مما ساعد في استحداث و تطوير نماذج تصميمية أكثر دقة وأكثر انسجاما مع العصر .

في أثناء الحرب الكونية الثانية نهاية العقد الرابع ومطلع القرن الخامس من القرن العشرين ، اشتدت الحاجة لتطوير الصناعات العسكرية والنظم الإدارية للنهوض بأعباء الحرب ، وما ينتج عنها من متطلبات اجتماعية واقتصادية . في الجانب الآخر كانت نتائج البحوث العلمية في مجال علم النفس ونظريات التعليم والتعلم تؤكد ضرورة الاهتمام بتطوير العملية التعليمة التعلمية على أسس جديدة التخلص من العشوائية ، وعدم الاعتماد الكامل على خبرات التربويين المجردة فقط ، وضرورة اعتماد الأسس العلمية والنفسية ونتائج البحث العلمي في هذا الميدان ، وبصورة خاصة في مجال تطوير الوسائل التعليمية ، والاستجابة للفروق الفردية بين المتعلمين ، وتنظيم عملية التعليم والتعلم بما يضمن تحقيق مخرجات محددة وواضحة طبقاً لما هو مخطط له .

وهكذا ظهر ما عرف بالمنحى النظامي Systematic Approach بوصفه طريقة للتفكير لها أسسها وخصائصها ، لتسود ميادين التخطيط الحياتية المختلفة ومنها الأوساط العلمية والاجتماعية والاقتصادية ، والتعليمية كذلك . لذلك فقد اعتمد في إجراء البحوث العلمية والتخطيط للمشروعات ، وفي مجال التعليم والتعلم أيضاً .

ولكن ما المنحى النظامي ؟ وما أسسه وعناصره وخصائصه .؟ وكيف يمكن أن يشكل طريقة في التفكير ؟ وقبل ذلك ماذا نقصد بالنظام ؟

يمكن أن نعرف النظام ، استناداً إلى جملة من التعاريف التي يتناولها الأدب النظري ، بأنه مجموعة من الأجزاء المترابطة عضوياً والمتفاعلة فيما بينها ، والتي تعمل معاً لتحقيق غرض مشترك . وأن من صفات أي نظام أن يكون قابلاً للتطوير وأن يعمل في ظل ظرف أو بيئة محددة المواصفات .

وهناك ما يعرف بالأنظمة المغلقة التي تتمتع باستقلالية أو انفصال نسبي عن البيئة الخارجية ، كمحرك السيارة مثلاً ، الذي يمكن أن يعمل بمعزل عن أنظمة السيارة الأخرى فهو ، نسبياً ، مستقل عنها ، وكذا الأنظمة الآلية الأخرى . أما الأنظمة المفتوحة فهي تتداخل من حيث التأثر والتأثير مع أنظمة عديدة أخرى ، ولا يمكن أن تشتغل بمعزل عنها . من أمثلة ذلك الأنظمة الاجتماعية كالأسرة والعشيرة ، والاقتصادية كالبنوك والأسواق والنظام المالي ، والتربوية كالمدرسة والصف وأنظمة الامتحانات واستعارة الكتب ... وما إلى ذلك ، مما يعكس جوانب النشاط الإنساني بمختلف فعالياته .

أما المنحى النظامي فهو اتجاه تخطيطي شمولي لتوظيف مجموعة من النظم المتفاعلة طبقاً لآليات اشتغال خاضعة للتقويم والتطوير الدائمين ، وفي ظل بيئة موصفة، لتحقيق أهداف محددة . وعلى هذا الأساس فإن كل نظام من النظم المستخدمة في إطار المنحى النظامي له عناصره المتفاعلة في داخله والتي تتبادل التأثير مع عناصر الأنظمة الأخرى . ويمكن لنا أن نتصور شبكة من الأنظمة المتداخلة على نحو كبير من التشابك والتعقيد بالصورة التي يرسمها لنا الحديث الشريف :

"مثل المؤمنين في توادهم وتراحمهم كمثل الجسد إذا اشتكى منه عضو تداعى له سائر الجسد بالسهر والحمى" .

لقد أثبتت نظريات التعليم والتعلم ونظريات الاتصال وعلم الاجتماع ذات الصلة، بأن العملية التعليمية التعلمية ينبغي أن ينظر إليها من هذا المنظار الشامل والدقيق ، الذي يدرك مدى الترابط والتفاعل بين أجزائها وعناصرها ، وبالتالي

أنظمتها المتشابكة والمعقدة . وهو ما يجد القارئ الكريم إشارات إليه في أكثر من موضع من هذا الكتاب . على أن ما يهمنا هنا ونحن نتحدث عن طبيعة المنحى النظامي، أن نحدد مواصفاته كي نعرف طبيعة عمله . ويمكن أن نجمل مواصفات أو خصائص المنحى النظامي على النحو الآتي :

الشمول : فالمنحى النظامي شمولي من حيث النظرة إلى جميع العناصر والعوامل والآليات الداخلة فيه دون إهمال أي منها .

الانفتاح : إذ أن المنحى النظامي بوصفه مركبا لمجموعة أنظمة ، لا يعمل بمعزل عن البيئة المحيطة بهذه الأنظمة ، التي تظم هي الأخرى أنظمة تكميلية لها عناصرها وآلياتها الخاصة ، وبالتالي تأثيراتها .

المرونة : فالمنحى النظامي يتمتع بمرونة عالية في تقبل التغييرات أثناء اشتغال عناصره وتفاعلها على نحو يبعده عن الانغلاق ، ويجعله قابلاً للتكيف مع المتغيرات الطارئة وسرعة معالجة تأثيراتها .

العلمية : إن تصميم التدريس يعد علما فرعيا من العلوم التربوية . وعليه فإن استخدام المنحى النظامي في وضع تصاميم التدريس يأتي في سياق التوظيف العلمي للمنحى . ذلك أن منح النظم يستند إلى منطق النتيجة والسبب ، ويوظف نواتج البحث العلمي ونظرياته في أكثر من ميدان في خطواته وتطبيقاته ، ويلجأ إلى دراسة المفردات والظواهر على وفق مناهج البحث العلمي في تحديد المشكلات ، وتحليل عواملها طبقا لمعايير معتمدة علميا . ويتخذ التقويم المستند إلى معايير علمية أساسا لعمليات التطوير اللاحقة.

الواقعية : أن المنحى النظامي لا ينطلق من تصورات مسبقة لم تخضع للفحص والتدقيق، بل أنه يقوم على دراسة الواقع ومدى الإمكانات التي يتيحها هذا الواقع في مختلف المراحل ، وما الحقائق التي ينبغي أخذها بنظر الاعتبار .

الانتظام : لا يقر المنحى النظامي العشوائية في التخطيط . بل أن ظهوره كان رد

فعل على تلك العشوائية والفوضى واعتماد الخبرة الشخصية التي كانت تسود عملية التخطيط ، ذلك أنه يتسم بالانتظام وتسلسل العمليات والمهام والخطوات .

التفاعل : أن المنحى النظامي لا يقوم على أساس التسلسل الخطي للمهام والعمليات . وإنما على أساس تفاعل جميع العناصر مع بعضها في أية لحظة من مراحل عمله .

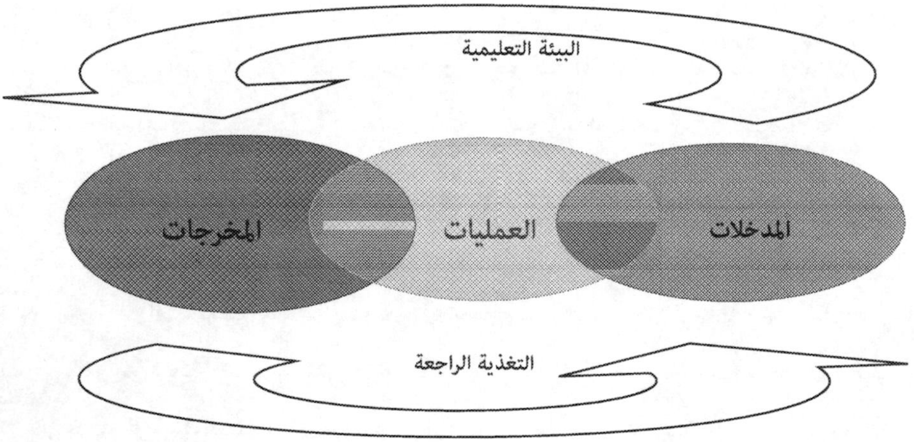

تبادل الأدوار : على الرغم من وجود أنظمة رئيسية وأنظمة فرعية تعمل تحت مظلة المنحى النظامي إلا أن طبيعة اشتغال المنحى النظامي قد تفرض أحياناً تحول نظام فرعي إلى مركز جذب للأنظمة الأخرى بحيث تسعى جميع الأنظمة حتى الرئيسية منها ، إلى خدمة النظام الفرعي في لحظة ما من مراحل العمل . ولتوضيح ذلك يمكن لنا أن نتصور كيف تتحول أنظمة الجسم ضمن آلية متفاعلة ومتضامنة لإنقاذ عضو من أعضاء الجسم عند إصابته بعارض ما إذ يتحول هذا العضو في لحظة أخرى إلى نظام داعم للأعضاء أو الأنظمة الأخرى عندما يحصل العكس .

مستقبل تصميم التدريس

لقد بات في حكم المؤكد أن التفجر السكاني والمعرفي والتقني الذي ألقى بظلاله على التعليم ، وأظهر الحاجة الماسة لعلم تصميم التدريس وتطبيقاته ، سيواصل نموه بوتائر متصاعدة كلما مر بنا الزمن . بل إن القفزات التي نشهدها في حجم السكان والتدفق الغزير للمعلومات والتقدم التكنولوجي ، تظهر أننا سنكون بحاجة أكبر من الوقت الحاضر بكثير، إلى ابتكار نماذج تستجيب لنتائج هذه الظواهر - من حيث الكم والنوع - بحكم ما يفتحه أمامنا هذا التفجر من حاجات للتنويع والتوسيع والتطوير في ميدان التعليم والتعلم . بل إن التغيرات الكبيرة الحاصلة في طبيعة حياة المجتمعات المختلفة - على الرغم من التباين في حجم هذه التغيرات من مجتمع لآخر- ستضعنا مستقبلا أمام متطلبات تعليمية قد لا يمكننا تخيلها في الوقت الراهن .

وبقدر تعلق الأمر بالحاسوب والتطور الحاصل في تقنيته وتطبيقاته التي تدهشنا بتنوعها وسرعة تطورها ، فإن الآفاق المتوقعة مستقبلاً هي الأخرى تتجاوز حدود التصور المتاح حالياً . وعليه فإننا نجد أن تصميم التدريس سيكون سمة أساسية وضرورة لازمة تطبع ميدان التعليم والتعلم ، بحيث لا يمكن أن تستمر عملية التعليم والتعلم بدونها ، وبدون وجود نماذج مبتكرة مؤهلة لمواكبة ما يمكن أن يخبئه لنا المستقبل من تحولات .

وتبقى المراهنة في كل الأحوال على قدرة علم تصميم التدريس - بما انطوى عليه من مرونة وتكامل وتطوير دائم يستند إلى نواتج العلم وما يفرزه الواقع من متغيرات - على التواصل مع هذه المتغيرات لتقديم إجابات ملائمة لما يبرز من حاجات . وبذلك يمكن لهذا العلم أن يحول هذه الانفجارات المتنامية إلى عنصر قوة لنشر التعليم وتوفير فرص أوسع للتعلم باستمرار .

من جانب آخر فان انحسار حالة الانبهار التي رافقت الاطلالة المبكرة للحاسوب، وسنوات استخدامه الاولى في التعليم ، قد أسهمت في انتشار الدعوة الى

دمج الحاسوب بعناصر عملية التعليم والتعلم الاخرى ، دون تحميله المسؤولية الاكبر في هذه المهمـة . وفي ذلك ما يدعو الى القول بأن المرحلة المقبلة ستشهد مزيدا من التركيـز عـلى صياغة دور الطالـب بمـا يعـزز استخدام الحاسوب ضمن سياق التكامل مع عناصرالتعليم الاخـرى ولـيس النسـياق نحـو عمليـات الـتعلم الذاتي ، الا في حالات الضرورة التي تلجئ الطالب الى مثل هذا النوع من العلم.

الفصل التاسع

إدارة نظم المعلومات التربوية

- مقدمة
- الإدارة
- مهام الإدارة
- ضرورة نظم المعلومات في المؤسسة التعليمية
- نظم المعلومات المحوسبة
- تطبيقات نظم المعلومات في الإدارة التربوية
- التفكير النظمي
- صيغ حفظ البيانات
    - مرحلة التنظيم اليدوي
    - مرحلة التنظيم شبه التقني
    - مرحلة التنظيم التقني الكامل
- أوعية المعلومات
- برامج إدارة المعلومات
- نظم المعلومات واتخاذ القرارات
- نظم المعلومات والنظم الخبيرة
- تطبيقات نظم المعلومات على مستوى المدرسة
- الحاسوب و الإدارة المعاصرة

الفصل التاسع

إدارة نظم المعلومات التربوية

مقدمة

تحتل نظمن المعلومات موقع الصدارة في اهتمامات الإدارات الحديثة بصورة عامة، والمؤسسات التعليمية الرسمية والخاصة بصورة خاصة ، سواء على مستوى الوزارات والإدارات التعليمية العليا ، أو المنظمات ذات الطابع التربوي ، أو الجامعات والمعاهد و المدارس على اختلاف أنواعها ودرجاتها في السلم التعليمي . وليس من شك في أن حسن اختيار هذه النظم ، والقدرة على توظيفها بفاعلية ، يمكن أن يقدم خدمات كبيرة للنشاط التعليمي التعلمي ، بما يوفره من ظروف عمل منظم ودقيق ، وقرارات إدارية مرشدة ، تضمن الاستثمار الأفضل للطاقات والموارد المتاحة وللجهد والوقت والمال أيضاً .

وإذا كانت البيئة التي يمارس فيها المعلم والمتعلم جزءاً مهماً في نجاح الطرفين ، بالتعاون مع أطراف عملية التعليم والتعلم الأخرى ، في تحقيق أغراض الموقف التعليمي التعلمي ، وبالتالي أغراض المؤسسة التعليمية على اختلاف مستوياتها ، فإن العمل الإداري التربوي مكمل للموقف التعليمي التعلمي . بل هو في كثير من الأحيان عنصر أساس في تقرير مدى نجاح الموقف التعليمي أو فشله في تحقيق أغراضه. ذلك أن استخدام نظم المعلومات المحوسبة في الإدارة التعليمية يعد الاستخدام الأساس لنمط التعليم المدار بالحاسوب الذي سبق لنا أن تحدثنا عنه .

ومع التقدم الحاصل في الميدان التعليمي ، والمتطلبات التي فرضتها عوامل زيادة السكان ونمو المعرفة وتفجر التكنولوجيا على النظام التعليمي ، ودخول الحاسوب بقوة إلى الساحة التعليمية في جميع مفاصلها ، يصبح من الضروري لمن يدرس استخدامات الحاسوب في التعليم ، الإحاطة بتطبيقاته في الإدارة التعليمية ، ومدى ما

يمكن تحقيقه في هذا السياق من خدمة لعملية التعليم والتعلم في النهاية . وهو ما دفعنا إلى إفراد فصل خاص من هذا الكتاب لمعنى نظم المعلومات ، وما يتصل بها من مفاهيم واستخدامات ، وكيفية الإفادة منها في الإدارة التعليمية .

أننا في التعليم أمام منتج هو الأسمى بين كل ما تنتجه المؤسسات الأخرى ، والأكثر تعقيداً ، والأصعب تحقيقاً .. وهو الإنسان . كما أن المؤسسة التعليمية ربما تكون الأكثر تعقيداً وتشعباً ، مقارنة بالمؤسسات الأخرى من حيث الاهتمامات والتأثير والاتساع والعمق ، لمساسها بكل مكونات النسيج الاجتماعي ، وما يتعلق به وما ينضح عنه ، ولتعاملها مع واقع دائم التغير والحركة ، بالغ التحسس لما يطرأ من حوله من متغيرات ، متعدد الشرائح والاهتمامات وبعيد الأهداف والطموحات . ولكي يتضح ما ذهبنا إليه من أهمية إدارة نظم المعلومات لابد أن نفهم أولاً معنى الإدارة ، وما يتعلق بعملها ، وما يتصل بمعنى نظم المعلومات وكيفية الإفادة منها .

<u>الإدارة :</u>

ويقصد بها هنا ، ذلك المنهج الذي تتبعه المؤسسة بجميع العاملين فيها لتحقيق أهداف تلك المؤسسة . وهو منهج تنتج عنه قرارات وأعمال وإجراءات تحددها طبيعة المؤسسة وتوجهاتها ، والبيئة التي تعمل فيها .

وطبقاً لهذا المعنى فإن الإدارة لابد أن تستند إلى ما يأتي :

- أن يكون لها منهج واضح للقائمين عليها ، تعرف به ويميزها عن غيرها من الإدارات ، وكفيل بتحقيق أهدافها على نحو من الدقة والكمال ، وأن يكون هذا المنهج واضحاً كذلك للعاملين في المؤسسة ، ويمثل هويتها وطريقة أدائها والتعامل مع المستفيدين منها .
- أن يكون لكل من العاملين في المؤسسة دوره في إتمام مهام المؤسسة من خلال المنهج الذي اختطته لعملها ، بحيث لا تتقاطع بينهم المهام ولا الصلاحيات ولا

حدود النشاط الذي يقومون به ، إلا حيثما يقتضي الأمر من تعاون أو تشاور أو تفاعل .

- أن تكون للمؤسسة أهداف واضحة يسعى المسؤولون عنها والعاملون فيها إلى تحقيقها من خلال المنهج الذي تسير عليه .
- أن تكون الإدارة والعاملون فيها قادرين بموجب المنهج المعتمد على إصدار قرارات تتسم بالدقة وبما ينسجم مع مصالح المتعاملين معها ورغباتهم.
- أن تستطيع الإدارة والمتعاملون معها على اتخاذ الإجراءات التي يتطلبها عمل المؤسسة وبما يحقق انجاز الأعمال التي تتصدى لها .
- أن تأخذ المؤسسة من خلال إدارتها والعاملين فيها بنظر الاعتبار متغيرات البيئة التي تعمل فيها ، وما تفرضه هذه البيئة ومتغيراتها على عمل المؤسسة ، من مرونة وقدرة على التكيف مع المستجدات ، وبما يحافظ على توجهاتها ويحقق أهدافها في خدمة المستفيدين منها .

مما تقدم يمكن تحديد مهام المؤسسة التعليمية على مستوى الإدارات العليا أو الوسطى أو المدرسة والبيئة التي تعمل فيها ، والأهداف التي تسعى لتحقيقها لمصلحة الطلبة والمجتمع الذي تتعامل معه من أولياء أمور ومؤسسات مساندة أو مستفيدة .

*** مهام الإدارة :**

لقد صنفت مهام الإدارة بأشكال عدة . فمن المتخصصين من حددها بمهام التخطيط ، والتنظيم ، والتوجيه ، والتنسيق ، والضبط . ومنهم من توسع فيها لتكون التخطيط ، والتنظيم ، وإدارة العاملين ، والتوجيه ، والتعاون ، وتقديم التقارير (أو المواقف) ووضع الميزانيات . ومنهم من اجتهد في تصنيفها بشكل آخر ليضيف إليها عنصر الاتصال ، وتبادل المعلومات ، والتقويم . وفي كل الأحوال ، فإن ما يهمنا هنا هو توضيح أهم تلك المهام بما يميز بينها من حيث التطبيق :

- التخطيط Planning : ويقصد به قيام الإدارة بوضع الخطط قصيرة المدى والخطط المتوسطة والبعيدة ، التي ترسم مسار اهتمام المؤسسة وعملها ، وتحدد مراحل كل خطة وزمنها ، والموارد المادية والبشرية ، والإجراءات التي تتطلبها.

- التنظيم Organization : وهو ما يتطلبه عمل المنظمة من تنظيم في إجراءاتها ، وتقسيم مهامها ، وصلاحيات العاملين فيها ، بما يضمن انسيابية الإجراءات ودقتها واختصار الزمن والجهد في تطبيق خططها ، بموجب ما هو موضوع من مراحل للعمل ، وعلى وفق المديات التي حددت لها .

- التوجيه Directing : إن أية إدارة لأية مؤسسة ، حتى تلك المؤسسات التي بلغت مستوى متقدماً من اعتماد المنهج المؤسسي في عملها ووضوح أدوار العاملين فيها ، بحاجة إلى التوجيه الدائم من قبل الإدارة ، حيثما كان ذلك ضرورياً ، لتحديد مسارات العمل اليومي ، وتجاوز الاختناقات أو الإشكالات التي تواجهه ، بحكم تغير عوامل المحيط الاجتماعي أو الاقتصادي مثلاً وإرشاد العاملين إلى ما ينبغي عمله في الوقت المناسب لحل مشكلة ، أو مواجهة تطور ما في مرافق العمل ومهامه وأنشطته .

- التعاون Coordinating: إن إدارة المؤسسات تستدعي فتح المجال دائماً للتعاون بين المؤسسة والمستفيدين منها ، وبين المؤسسة والمؤسسات الأخرى المساندة ، وبين العاملين في المؤسسة أنفسهم، بما يخدم أهداف المؤسسة ويؤكد منهجها. وهو منهج يبتعد بالمؤسسة عن ما يعرف بسياسة الصندوق الأسود (الصندوق المغلق الذي يحتفظ بالأسرار) ، أو ما يعرف بسياسة الدوائر المغلقة (إذ يحجب كل قسم أو وحدة في المؤسسة معلوماته عن الأقسام والوحدات الأخرى) .

- التوثيق Documentation : وهي مهمة تغفلها الكثير من المؤسسات التقليدية . إذ إن من مهام الإدارة توثيق إجراءاتها وتجاربها بغية مد الإدارات الأعلى

بمؤشرات العمل الميداني ونتائجه ، من خلال تزويدها بتقارير دورية عن العمل . وكذلك مد الأقسام ذات الصلة بما أنجزته الأقسام المتعاونة معها ، لتكون على بينة من ما هو مطلوب لاحقاً ، ضماناً للتنسيق بينها ، واعتماد منهج متوازن الخطوات والإجراءات في التنفيذ .

- الضبط Control: لاشك أن من مهام الإدارة ضبط الشروط الواجب توفرها في نواتج العمل والإجراءات المؤدية إليها . ومن ذلك وضع معايير الجودة ، ومستوى إنتاجية الأفراد ، والإنتاج الكلي للمؤسسة ، وآليات تقويم العمل الفردي والجماعي للأفراد والوحدات والأقسام التي تعمل بمعية الإدارة في تحقيق أهداف المؤسسة . ويمتد مفهوم الضبط إلى وضع الإجراءات الكفيلة بانضباط إجراءات العمل ، والالتزام بها من قبل العاملين كل حسب اختصاصه ، وبيان مدى دقة الإجراءات والتزام الصلاحيات وجودة المنتجات وغير ذلك .

- وضع الميزانيات Budgeting: وهي مهمة تتطلب حساباً دقيقاً للموارد المادية والبشرية المتاحة ، وكيفية استثمارها في أفضل صورة ، بما يحقق للمؤسسة التجارية الأرباح التي تسعى إلى تحقيقها ، دون هبوط مستوى الإنتاج . أما في المؤسسة التربوية فهو حساب أفضل المخرجات بما هو متاح من إمكانات .

ولا تقتصر مهمة وضع الميزانيات على المؤسسات الخاصة أو الإدارات العليا في المؤسسات الرسمية ، بل قد تمتد لإشراك الإدارات الوسطى والقاعدية في تقدير الكلف ، وحسابات النمو المستقبلية لأخذها بنظر الاعتبار عند وضع الخطط المستقبلية للمؤسسة ، وتقليل الهدر في إنفاقها ، واختصار الإجراءات بما يحقق العائد الأفضل أو الاستثمار الأمثل للموارد .

- الاتصال Communication: إن التفاهم والتفاعل بين العاملين في أية مؤسسة على المستويين الأفقي والعمودي ، مهمة تتطلب توفير القدرة على الاتصال السريع والمرن بين أطراف العمل في المؤسسة الواحدة جميعاً ، وبين المؤسسة

والمؤسسات الأخرى ذات الصلة بعملها ، وبين المؤسسة والمستفيدين منها . وكلما كان هذا الاتصال مؤمناً بشكل فاعل كان تبادل المعلومات والخبرات بين هذه الأطراف متحققاً بمستويات متنوعة بحسب طبيعة الحاجة إليها . وهو ما يضمن وحدة التصور ، وتلا قح الأفكار والخبرات ، وتناسق الحركة في المؤسسة الواحدة . وعليه فإن طبيعة المخاطبات المتبادلة داخل المؤسسة وخارجها ، وسرعتها ودقتها وتنوعها، تؤشر واحداً من أهم عناصر نجاح الإدارة الحديثة في إنجاز أعمالها وتحقيق أهدافها .

إن الإدارة التربوية بمختلف مستوياتها ، وكأية أدارة أخرى ، بحاجة إلى أخذ هذه المهام بنظر الاعتبار . ذلك أن أي إهمال لإحدى هذه المهام سينعكس سلباً على قدرة تلك الإدارة في تحقيق أغراضها . وهو ما سينعكس حتماً على قدرة هذه الإدارة على تطوير المخرجات التعليمية في نهاية المطاف . ذلك أن الاعتقاد بأن مخرجات التعليم تتوقف على أطراف الموقف التعليمي التعلمي حصراً هو اعتقاد خاطئ قطعاً .

نظم المعلومات :

يقصد بالنظام هنا ذلك التفاعل الذي يحصل بين عدد من العناصر بصورة متناسقة لأداء مهمة ما في إطار بيئة محددة . وطبقاً لذلك فإن هناك آلية محددة يشتغل بموجبها النظام ، ويتفاعل أيضاً من خلالها مع مكونات البيئة أو الأنظمة الأخرى المجاورة أو المكملة . وعلى ذلك فإن محرك السيارة يعمل طبقاً لنظام محدد ، وكذلك عمل المؤسسات ، ومنها المؤسسة التعليمية . بل أن الكون كله يعمل طبقاً لنظام بالغ التعقيد والتشعب .

أما نظم المعلومات فهي آليات محددة تحكم خزنها ومعالجتها واسترجاعها ، طبقاً لأنساق محددة تحقق الأغراض التي أنشئت من أجلها ، والتي سبق لنا استعراضها. وبالرغم من أن تعبير نظم المعلومات شاع كمصطلح بعد ظهور الحواسيب وشبكاتها ، ليعني كيفية تبادل المعلومات طبقاً لأنساق محددة ولأغراض محددة عن

طريق الحواسيب ، إلا أن نظم المعلومات من حيث التطبيق كانت موجودة منذ عصور . فخارطة العالم التي وضعها الإدريسي كانت نظاماً معلوماتياً ، وبحور الشعر التي أحصاها الخليل بن أحمد الفراهيدي شكلت نظاماً أيضا ، والمعاجم والفهارس على مر التاريخ هي أنظمة معلوماتية كذلك . الفرق بين هذه الأنظمة والأنظمة الحديثة ، أن الأولى اعتمد جهوداً فردية يدوية في إنشائها واستخدامها ، أما الثانية فهي أنظمة آلية بالغة السرعة والدقة ، تعتمد الحواسيب وشبكات الحواسيب في عمليات الحفظ والتنظيم والاستدعاء .

ويمكن القول أن عقد الستينات من القرن العشرين شهد بدايات نشأة نظم المعلومات الحديثة مع استخدام الحواسيب ، ثم اتسع استخدامها في عقد السبعينيات مع تطور البرمجيات وقدراتها الخزنية وظهور نظم إدارة قواعد البيانات Data Base Management Systems (DBMS) التي طورت كثيراً طاقة الحواسيب في الخزن وإجراء عمليات المعالجة واسترجاع المعلومات ، مما ساعد كثيراً على استثمار الوقت والجهد والكلف . حتى إذا بدأ عقد الثمانينات كانت نظم المعلومات قد بلغت مستوى عال من التقدم . وما تزال أنظمة المعلومات تشهد حتى اليوم قفزات واسعة على طريق تأمين المعلومات السريعة والدقيقة والتفصيلية للعاملين في إدارة المؤسسات المختلفة حتى أصبح استخدامها سمة من سمات الإدارات الحديثة ، وعنواناً للإنجاز الأمثل في حقل اختصاصها . وأصبحت نظم المعلومات تصمم خصيصاً لتلائم مؤسسات بعينها . كما تنتج بعض الشركات المتخصصة في أنظمة المعلومات أنظمة تصلح لأنماط من المؤسسات أو الأعمال ، كالأعمال المصرفية أو المؤسسات الصحية أو التعليمية .

ضرورة نظم المعلومات في المؤسسة التعليمية

لقد ساعدت نتائج التطبيق على توفير أسباب عدة لاعتماد أنظمة المعلومات في مختلف مستويات العمل الإداري وأنواعه وازدياد الاهتمام بها ، نذكر من أهمها :

1) التنظيم عالي الجودة للمعلومات المتعلقة بالطلبة ، والمناهج ، والإدارة ، وحسابات الدائرة التربوية أو المدرسة والعاملين الإداريين والمدرسين .

2) تقليل الوقت والجهود التي يبذلها المديرون والعاملون الإداريون والمدرسون في إنجاز أعمالهم ، مما يتيح لهم الفرصة للاهتمام بالتخطيط والتطوير والسيطرة على حركة العمل والتفاعل مع العاملين والطلبة وكذلك أولياء الأمور .

3) القدرة على اتخاذ القرار وتقويم احتمالات المستقبل ، والتنبؤ بأعداد الطلبة المسجلين ونسب النجاح والتسرب والإنفاق وما إليها ، طبقاً لتوقعات وحسابات أكثر دقة .

4) الاقتصاد في تداول المعلومات بحيث يحصل كل من المستويات الإدارية التربوية وفروعها على ما يخصه من المعلومات اللازمة لعمله .

5) الاقتصاد في النفقات التي يمكن أن تتكبدها المؤسسة التعليمية بحثاً عن المعلومات الدقيقة والصحيحة .

6) توثيق جهد المؤسسة التعليمية عبر سنوات بصورة تسهل الرجوع إليها ، وإجراء المقارنات وتقويم مستويات النمو والتطور الحاصل في عملها.

7) القدرة على مواجهة المتغيرات في بيئة العمل وظروفه ، وتحديد الإجراءات اللازمة لمواجهتها .

8) تحقيق انسيابية أفضل في عمليات الاتصال المتفاعل عمودياً وأفقياً بين العاملين، والتنسيق بين إدارة المؤسسة التعليمية والمؤسسات الأخرى المتعاونة معها .

9) الاستثمار الأمثل للأيدي العاملة .

10) مرونة تنظيم واستخدام المعلومات بحسب حاجة المؤسسة التعليمية ومستواها، وطبيعة واجباتها .

<u>تطبيقات نظم المعلومات في المؤسسة التعليمية :</u>

تتنوع مجالات استخدام نظم المعلومات في الإدارة التربوية بحسب نوع النظم المستخدمة ، ومدى الإيمان بضرورتها أو القناعة بجدوى استخدامها في الإدارة التعليمية. ويمكننا تناول أهم هذه المجالات على النحو الآتي :

- تقديم المعلومات للمديرين والمتخصصين والباحثين وأولياء أمور والطلبة عن عمل المدرسة أو الدائرة التعليمية وتخصصاتها ، وأجور الدراسة فيها ، وتوقيتات الفصول الدراسية .

- الحصول على وثائق الدراسة والتخرج ، وما إلى ذلك من خدمات .

- منح المؤسسة التعليمية القدرة على تقويم عملها وإجراءاتها بصورة مستمرة ، من خلال مراجعة أدائها عبر مرحلة زمنية معنية ، وتصحيح مسارات هذا العمل بشكل دائم .

- منح الفرصة للمديرين لاتخاذ القرارات المناسبة تأسيساً على معلومات دقيقة موثقة .

- منح الفرصة للإدارات المدرسية أو الإدارات العليا على التنبؤ الأقرب إلى الدقة عند التخطيط لمراحل لاحقة ، كالتنبؤ بأعداد الطلبة واتجاهاتهم والتسرب الدراسي ، أو الاندثار بالوسائل التعليمية والكتب الدراسية وغيرها .

- مساعدة الإدارات المدرسية والإدارات الوسطى في تزويد الإدارات العليا بتقارير دورية دقيقة تتسم بالثبات والوضوح ، عن سير عملها والإحصاءات ذات الصلة بأنشطتها .

- توثيق البيانات والخطط المتعلقة بعملها وحفظها والرجوع إليها عند الحاجة .

- البث الإنتقائي للمعلومات ، أي نشر معلومات مختارة للتعريف بطبيعة عمل المؤسسة التعليمية ، بحسب حاجة المستخدمين من باحثين وأولياء أمور وغيرهم.

- الرد على استفسارات المتعاملين مع المؤسسة التربوية بما يوفر إجابات جاهزة وسريعة دون إشغال الإدارة بتفاصيلها .

التفكير النظمي

إن استخدام أنظمة المعلومات في المؤسسة التعليمية يتطلب اقتناعا بمدى جدوى هذه الأنظمة في تطوير عمل هذه المؤسسة . بل إن ذلك يتطلب وعيا بأهمية النظم ، وقدرة على التفكير النظامي أيضا . و يمكن وصف التفكير النظامي بأنه ذلك النمط من التفكير الذي يمارس التخطيط واتخاذ القرارات طبقاً لحقائق البحث العلمي ، واستناداً إلى معلومات دقيقة وموثقة . أي أنه نوع من التكنولوجيا العقلية ، التي تساعد في رسم الخرائط الذهنية القادرة على رسم مسارات العمل ، وإطلاق الأحكام الصائبة. وهو ما يستدعي التفكير المنظم ومنطق المحاججة العقلية للمعلومات والوقائع والظروف المحيطة بها ، وضرورة فهم شبكة العلاقات والتأثيرات المتبادلة بين مكونات النظام والأطراف العاملة عليه والمستفيدة منه ، بشكل متوازن وشمولي ، دون إغفال متغيرات الواقع المحيط بعمل المؤسسة .

إن هذا النمط من التفكير هو ما تتطلبه الإدارة الحديثة ، التي لم تعد قائمة على الملكات الفردية للقائمين على الإدارة ، ولا الأمزجة الشخصية ، ولا حتى الخبرات التي اكتسبوها عبر سني عملهم . ذلك أن تلك الخبرات ليست إلا رافداً واحداً من الروافد التي يمكن الاسترشاد بها عند التخطيط أو اتخاذ القرار أو التصدي لأية مهمة من مهام الإدارة التي سبق ذكرها . أما الجانب الأكثر أهمية اليوم فهو مدى دقتها وسرعة توفرها وشموليتها ، بما يوفر لمتخذ القرار القدرة على النظرة الشاملة والواقعية لطبيعة المؤسسة ووظيفتها ، والقدرة على معالجة المشكلات التي تعترض عمل المؤسسة التعليمية ، والتنبؤ باتجاهاتها المستقبلية وما يمكن أن تحققه من انجازات أو تواجهه من إخفاقات .

ولاشك أن استخدام نظم المعلومات يوفر مثل هذه الشروط الملائمة لعمل الإدارة الحديثة ويؤمن القاعدة المطلوبة لنجاحها . على أن ذلك يتطلب توفر ثلاثة عوامل أساسية :

1) أن تكون كمية المعلومات وطبيعتها التي يغذى بها نظام المعلومات الذي تعتمده المؤسسة التربوية كافياً لاحتياجات الإدارة التعليمية .

2) أن تتوفر لدى القائمين على المؤسسة التعليمية والعاملين فيها الخبرة الكافية والرغبة في للتعامل مع نظم المعلومات المعتمدة فيها .

3) أن يتوفر لدى المستفيدين من هذه النظم أو المتعاملين مع المؤسسة التعليمية كأولياء الأمور أو الباحثين أو المؤسسات ذات الصلة بها الرغبة والوعي والقدرة على التفاعل مع هذه الأنظمة .

صيغ حفظ البيانات

لقد مرت صيغ حفظ البيانات (أو ما يسمى أوعية المعلومات) وتنظيمها بسلسلة من المراحل قبل ظهور الحواسيب . فكانت قوائم الكشف والسجلات والفهارس والقواميس والكشافات والخرائط وغيرها ، بعض أشكالها التي اعتمدت إنشاءها وتنظيمها يدوياً . ثم أدخلت بعد ذلك الحواسيب على نطاق ضيق ، ليجري خزن تلك البيانات بصورة متفرقة في ملفات متعددة . وهي مرحلة اعتمدت العمل اليدوي والإلكتروني معاً . غير أن المرحلة الثالثة التي استخدمت فيها برامج الحاسوب المتقدمة شهدت إنشاء قواعد البيانات الواسعة ، ذات القدرة على ربط البيانات ببعضها والسهولة في البحث عنها أفقياً وعمودياً ، إذ اعتمدت التكنولوجيا في جميع مراحل هذا النشاط بصورة شبه كاملة . وفيما يلي عرض لطبيعة كل مرحلة من مراحل حفظ البيانات وخصائصها بحسب تطبيقات كل مرحلة في المؤسسات التربوية :

- **مرحلة التنظيم اليدوي** : اعتمدت المؤسسات التربوية والمدارس منذ وقت مبكر طريقة الحفظ اليدوي للبيانات المتعلقة بأعداد المعلمين والعاملين والطلبة

ومرتباتهم وأهم البيانات الخاصة بكل منهم ، وموجودات الدائرة أو المدرسة من أثاث وكتب ووسائل تعليمية ، في سجلات متعددة تكون في عهدة موظف أو عدة موظفين للرجوع إليها وقت الحاجة . ويمكننا أن نحدد الخصائص التالية لهذه المرحلة :

- بطء عملية حفظ البيانات كونها تعتمد الجهد اليدوي .
- صعوبة تحديث سجلات البيانات بشكل مستمر ، أو تصحيح الأخطاء التي ترد فيها .
- إمكانية تعرض البيانات للتلف بسبب طبيعة الاستخدام أو تقادم المدة ، أو تعرضها للفقدان .
- تكرار البيانات في السجلات بأشكال مختلفة .
- صعوبة المحافظة على سرية البيانات التي يتم حفظها .
- صعوبة استرجاع البيانات أو العثور عليها ، وبخاصة عند الحاجة للربط بين بيانات موزعة على أكثر من سجل من سجلات الحفظ ، وذلك لعدم تكاملها.
- حاجة العمل في حقل المعلومات في هذه المرحلة إلى عدد غير قليل من العاملين لإنجاز مهام محدودة .
- تفاوت السجلات من حيث طبيعة تنظيمها ، وعدم وجود معايير دقيقة تلتزم بها جميع هذه السجلات ، ويتسبب بعدم توافق البيانات مع بعضها . وهو ما يزيد من صعوبة الرجوع إلى المعلومات التي تحفظ فيها .
- عزل بيانات السجلات عن بعضها بحيث يحتاج الباحث عن البيانات على الرجوع إلى عدة سجلات في آن واحد .

- استقلالية عمل العاملين على هذه السجلات عن بعضهم ، مما يتسبب في عدم شيوع أو تبادل المعلومات بينهم بصورة دائمة ، واحتكار معرفة ما فيها من قبل بعضهم .

- صعوبة حفظ السجلات ، وبخاصة في الدوائر أو المدارس الكبيرة ، بحيث يخصص بعضها غرفاً بكاملها لهذه السجلات .

- **مرحلة التنظيم شبه التقني** : وهي مرحلة اعتمدت تنظيم البيانات في سجلات محوسبة (Files) بديلاً عن السجلات الورقية . وتميزت هذه المرحلة بعدة خصائص أهمها :

- اعتماد طريقة الحفظ بالسجلات نفسها ولكن باستخدام الحاسوب .

- إمكانية المحافظة على البيانات من التلف أو الضياع .

- السهولة النسبية في الرجوع إلى البيانات بسبب سرعة العثور عليها في السجلات المحفوظة ، ولكن دون توفر إمكانية الربط بين البيانات أفقياً ، وذلك لاستقلال البيانات عن بعضها وعدم الوصول المتزامن لها .

- اختصار أماكن الحفظ وعدد العاملين .

- تكرار البيانات في أكثر من سجل بأشكال مختلفة .

- توفير فرصة أفضل نسبياً لتبادل البيانات والمعلومات بين العاملين ، وبينهم وبين الإدارات العليا ، وعدم احتكارها من قبل العاملين عليها فقط .

- سهولة إدامة البيانات وتحديثها .

- ظهور بعض المعايير في تنظيم السجلات والملفات وتحديد حقولها ومداخلها .

- إمكانية المحافظة على سرية البيانات بصورة أفضل من المرحلة الأولى وحمايتها من التلاعب أو إساءة الاستخدام .

- **مرحلة التنظيم التقني الكامل** : وهي مرحلة تميزت بها الإدارة الحديثة. واعتمدت فيها برامج متقدمة لحفظ البيانات على الحواسيب بشكل كامل ، مع استخدام نظم المعلومات المحوسبة في إدارة المعلومات . وقد تميزت هذه المرحلة بالخصائص الآتية :

- عدم تكرار البيانات ، وذلك لاستخدام برامج قواعد البيانات المتقدمة كبرنامج مايكروسوفت أكسس Microsoft Access مما يحدد ذكر المعلومة مرة واحدة يمكن الوصول إليها من مداخل متعددة أفقياً وعمودياً .

- استخدام أوسع لشبكة الانترنت بما يساعد على تنظيم عمليات الاتصال على أوسع نطاق بين مستخدمي النظام والعاملين عليه ومتخذي القرار .

- اتساع قدرات خزن البيانات ، إذ يمكن إعداد جداول هائلة السعة ، كما يحصل في برنامج Excel مثلاً الذي يضم ملايين الخلايا .

- إمكانيات أوسع للمحافظة على سرية المعلومات ، وخاصة بعد ظهور استخدام شبكات الانترانيت (ذات الطبيعة المحلية أو المغلقة) والاكسترانيت (ذات الطبيعة السرية) .

- سهولة وسرعة الوصول إلى البيانات بحسب متطلبات عمل كل شخص أو مستوى من مستويات العمل الإداري .

- اختصار عدد العاملين إلى حد كبير ، إذ يمكن لمتخصص واحد التعويض عن فريق كبير من العاملين .

- تنافذ البيانات في السجلات والقواعد المختلفة على بعضها بما يؤمن تكامل البيانات .

- تجانس معايير الحفظ والمعالجة والاسترجاع بما يؤمن عدم تباين البيانات التي يحصل عليها المستخدم . وقد ساعد في ذلك إنشاء أنظمة معلومات متخصصة

كأنظمة المعلومات الخاصة بالحسابات المالية أو أنظمة الصلاحيات الإدارية وغيرها .

- الوصول المتزامن إلى البيانات بما يعطي المستخدم على تكوين معلومات تتسم بالدقة والشمولية في آن واحد .

- تعدد وتنوع مستويات أوعية البيانات ، كما سنرى لاحقاً ، ووضعها في صيغ مختلفة كالملفات والقيود والحقول والبنوك والشبكات المعلوماتية التي تشكل هيكلية كاملة .

- إمكانية احتواء البيانات لأشكال وصيغ واسعة التنوع كالأصوات والصور الثابتة والمتحركة والألوان والمخططات والأشكال البيانية .

- إمكانية تصرف المستخدم نفسه في تشكيل هياكل البيانات بالصورة التي يرغبها ، كما يحصل مثلاً في إنشاء الأشكال البيانية لمجموعة معقدة من البيانات .

- إمكانية تضمين حقول البيانات ملاحظات تكميلية تساعد العاملين والمستخدمين على فهمها ، دون ظهور هذه الملاحظات في النسخ المطبوعة منها .

أوعية المعلومات Data Vessels :

لكي تتمكن أية إدارة تربوية ، سواء على مستوى الإدارات العليا أو الوسطى أو على مستوى المدرسة ، لابد من خزن البيانات في "مكان" خاص على الحاسوب، بموجب نظام خاص يعتمد لهذا الغرض . ويسمى ذلك "المكان " قاعدة البيانات Data Base . وهي حصيلة من البيانات التي يحتفظ بها بصورة يسهل معالجتها واسترجاعها، لغرض مساعدة الإدارة في إنجاز أعمالها بصورة سريعة ودقيقة عند الحاجة إليها . ذلك أنه لكي تتمكن الإدارة من استخدام نظام المعلومات الخاص بها ، فإنها تحتاج إلى قاعدة واسعة من البيانات الخاصة بالمعلمين والعاملين والطلبة وأولياء أمورهم .

ومعلومات تتصل بالميزانية وأوجه الإنفاق ، والموجودات من مواد عينية وكتب وجداول الدروس والوحدات الدراسية .. إلى غير ذلك .

وعلى هذا الأساس فإن العلاقة بين قاعدة البيانات ونظام المعلومات هي علاقة المحتوى بالمنطق يسهل الإفادة منه عند الخزن والمعالجة والاسترجاع . لذلك لا يمكننا تصور كيفية الإفادة من نظام ما للمعلومات ، دون وجود قاعدة بيانات منظمة ، قادرة على تجسيد التركيبة المتشعبة للبيانات التي تتوفر عليها الإدارة التعليمية .

وتتشكل قاعدة البيانات عادة طبقاً للمنطق الذي تعتمده من مجموعة من :

- **الملفات** Files : والملف هو مجموعة مركبة من البيانات المخزونة في أوعية أصغر تسمى القيود . فإذا أردنا أن نفتش عن بيانات تتعلق بالمناهج الدراسية مثلاً ، يمكننا أن نفتح الملف الخاص بهذا النوع من البيانات الذي يتضمن مجموعة من القيود ، كل منها يحتفظ بجانب من البيانات المتعلقة بالمناهج .

- **القيود** Records : والقيد هو مجموعة من البيانات ذات طبيعة مشتركة تشكل فرعاً من فروع البيانات التي يتضمنها ملف ما . فلو أردنا مثلاً بيانات عن القوة البشرية في مؤسسة تربوية والتي يحتويها ملف القوى البشرية ، يمكننا البحث في القيد الخاص بالمعلمين أو الموظفين أو العمال .. وهكذا .. ويتكون القيد من مجموعة حقول .

- **الحقول** Fields : وتمثل الحقول الحلقة الأصغر في هذا التقسيم بين حلقات أوعية البيانات . ويحوي الحقل بيانات أولية تفصيلية عن جزئية من جزئيات القيد الذي يضمه . وهكذا فالبحث عن بيانات تتعلق بالدرجات الوظيفية أو العلمية للتدريسيين ، يمكن أن يتم في الحقل الخاص بذلك داخل قيد شؤون العاملين أو القوى البشرية الذي يتضمنه ملف يضم بيانات أوسع .. وهكذا ..

وعلى ذلك فإن مجموعة الحقول تشكل قيداً ومجموعة القيود تشكل ملفاً ومجموعة الملفات تشكل قاعدة بيانات كما هو موضح في الشكل الآتي :

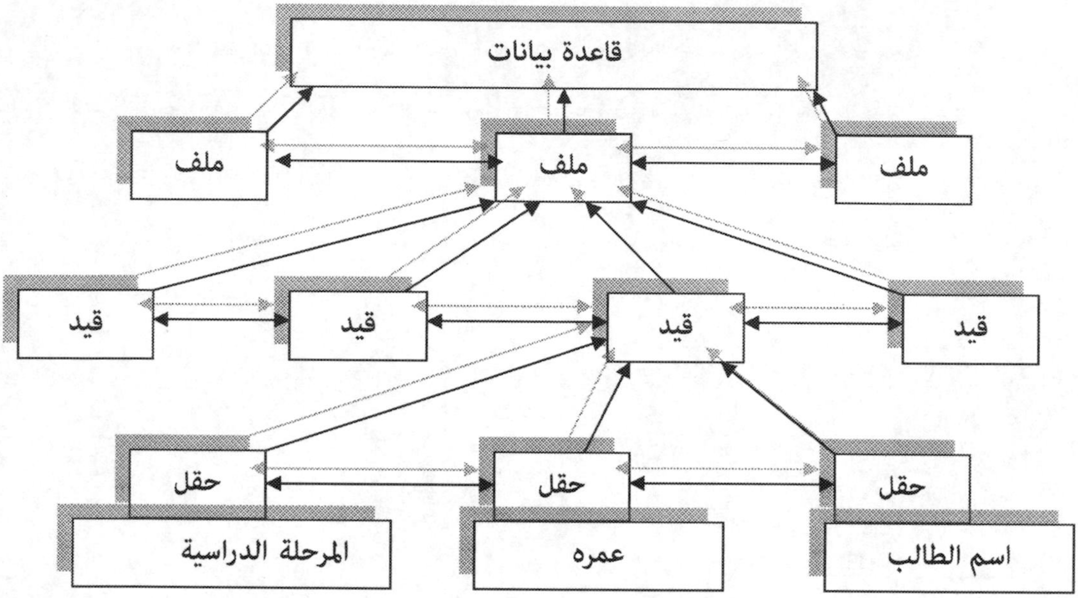

هيكلية بناء قاعدة بيانات مدرسية

ولاستكمال الصورة .. لابد من معرفة أن مجموعة قواعد البيانات تشكل بنكاً متكاملاً للمعلومات Data Bank وهو ما يستخدم عادة على مستوى مجموعة من المؤسسات على المستوى الوطني . كأن يكون هناك بنك للمعلومات التربوية على مستوى دولة يضم قواعد بيانات تخص التربية والتعليم والتعليم العالي والمؤسسات والمراكز المرتبطة بها .

أما الإطار الأوسع في هذا المجال فهو شبكات المعلومات Data Networks أو Information Networks . فهي شبكة من بنوك المعلومات التي تضع مخزونها الهائل من البيانات والمعلومات تحت تصرف المستخدمين على مستوى الإقليم أو العالم . وتستخدم فيه شبكة واسعة من المحطات الطرفية ووسائل التراسل عبر الانترنت .

برامج أدارة المعلومات (Data Management Software)

مع التقدم الذي تسجله الشركات المصممة لبرامج الحاسوب والمصنعة لأجهزته وملحقاته ذات الصلة ببرامج إدارة قواعد المعلومات عبر ما يقرب من نصف قرن ، يمكن تحديد نوعين من هذه البرامج :

1) نظم إدارة قواعد البيانات Data Base Management Systems : وهي برامج جاهزة يمكن لأية مؤسسة شراؤها والإفادة منها في إدارة قواعد بياناتها بحسب حاجتها إليها وطبيعة عملها . ومن هذه البرامج :

Microsoft Access

Oracle

Smart

Data Base II

Data Base III

Data Base III +

وهذه البرامج وغيرها مصممة بطرائق تسهل تنظيم قواعد واسعة للبيانات، بحيث يمكن بواسطتها خزن ومعالجة المعلومات واسترجاعها بسرعة وسهولة ودقة عالية ، وربط البيانات أفقياً وعمودياً ، بما يجعل تداول البيانات مرناً وقابلاً للمراجعة والتحديث المستمرين ، على مستويات إدارية عدة في الوقت نفسه ، وبصورة مشتركة، وإنشاء قواعد بيانات متكاملة أي موحدة Integrated Data Base فيما بينها . بمعنى أنه يمكن بواسطة هذه البرامج إنشاء قاعدة بيانات بين الأقسام أو الإدارات المختلفة من مستوى إداري واحد ، أو مستويات إدارية متباينة ، تتشارك فيما بينها بالبيانات وتتخاطب . وبذلك يمكن لمدير مدرسة كبيرة أو جامعة متعددة الكليات والأقسام والمراكز مثلاً ، أن يطلع على ما يتوفر من معلومات لدى هذه الكليات والأقسام بمختلف مرافقها وهو في مكتبه . وأن يتابع حركة العمل والعاملين ، ونمو أعداد الطلبة بحسب تخصصاتهم . وكذلك الإطلاع على الكشوفات المالية لمؤسسته أو آخر

ما استجد في مقتنيات المكتبة . كما يمكنه أن يعكس هذه البيانات والمعلومات إلى الإدارات العليا ويزودها بتقارير أو بخلا صات عنها من خلال جهاز حاسوب صغير (محمول) يكون معه أثناء الاجتماعات معهم . كما يمكن لولي الأمر أو الطالب أو الباحث أن يستخدم قواعد البيانات هذه عن بعد لمتابعة مواعيد التسجيل ، ونتائج الامتحانات وتفاصيل المواد الدراسية ومناهجها ، وكلف الدراسة وغير ذلك .

بمعنى آخر فإن قنوات الاتصال والتزود بالمعلومات المطلوبة يمكن أن تكون بواسطة هذا النوع من البرامج متاحةً لجميع المتعاملين مع تلك المدرسة أو الجامعة ، مسؤولين إداريين أو مشرفين أو من أفراد المحيط الاجتماعي ، كل بحسب احتياجه وبحسب ما يسمح له أن يطلع عليه من بيانات ومعلومات .

2) برامج التطبيقات Application Software وهي برمجيات يستفاد من خصائصها التطبيقية في التصميم واستخدام الأصوات والصور والخرائط والأشكال البيانية والهندسية والرسوم والحركات لأغراض نظم إدارة قواعد البيانات المبينة في (1) آنفاً ومن هذه البرامج :

Micro Soft Spread Sheets

Micro Soft Access

Micro Soft Word

Micro Soft Windows

PhotoShop

3D Studio Max

Auto Cad

وغيرها من البرامج التطبيقية ذات الصلة بتنظيم النصوص والرموز ودعمها بوسائل تجسد البيانات وتوضحها على نحو عالٍ من الدقة والجمالية .

ومما تجدر الإشارة إليه هنا أن النوعين المشار إليهما من البرامج - برامج إدارة قواعد البيانات ، والبرامج التطبيقية - هي برامج متجددة ، وتخضع إلى التحديث

الدائم بحسب حاجة المؤسسات وطبيعة الخدمات التي تقدمها . ولذلك نجد العديد من هذه البرامج التي تبتكر في هذا السياق بصورة تعكس من جانب آخر التنافس بين الشركات المبتكرة لها .

نظم المعلومات واتخاذ القرارات

يعد اتخاذ القرار مهمة أساسية من مهام مدير المدرسة أو المؤسسة التربوية . ولاشك أن توفر معلومات دقيقة وشاملة في الوقت المناسب ، تعد العامل الأساس في قدرة المدير على اتخاذ أي قرار يخص معالجة مشكلة ما ، أو البت في أمر ما من الأمور الكثيرة التي يواجهها في خلال عمله . ونظم المعلومات كفيلة بتأمين مثل هذه المعلومات بالسرعة المطلوبة إذا كانت عملية تخزين البيانات وطريقة معالجتها وتنظيمها قد تمت بصورة صحيحة . وهناك أساليب عديدة فاعلة يمكن للمدير - أو الإدارة عموماً - الاستعانة بها لاتخاذ القرار الصائب . وهو ما يعرف في علم الإدارة بـ (بحوث العمليات) .

لقد تطورت إمكانات الإدارات كثيراً في مجال القدرة على اتخاذ القرارات تبعاً لتطور نظم المعلومات الإدارية . وبات من الممكن في السنوات الأخيرة إعداد قواعد بيانات خاصة باتخاذ القرار ، أو إعداد نماذج مصممة خصيصاً للمساعدة في اتخاذ القرارات في ميادين عديدة كالصناعة والتجارة والزراعة وغيرها .. والإدارات التعليمية الحديثة واحدة من مجالات التطبيق التي أصبح استخدام مثل هذه النماذج أمراً شائعاً للقرار الذي يمكن أن يتخذ في النهاية بناء على قاعدة المعلومات المتوفرة والخبرة التي تمتلكها الإدارة أو المدير في الاختيار ، بما ينسجم مع الظرف المحيط باتخاذ القرار .

وتجري نمذجة القرارات على الحاسوب بحيث يقوم نظام المعلومات بشكل تلقائي بتقديم خيارات متعددة ، وعرض مبررات كل منها دون تدخل من المبرمج أو المدير اعتماداً على ما يتوفر من معلومات ، وما ينشئه نظام المعلومات من علاقات بين البيانات المخزنة .

إن من أهم ما توفره نظم المعلومات التي تحدثنا عنها في مجال اتخاذ القرار أنها تبني البدائل المقترحة ، استناداً إلى المتغيرات العديدة التي تؤثر في طبيعة القرار المتخذ ونتائجه ، والتي قد يغفلها متخذ القرار لأسباب عديدة تتعلق بقدرته على الإحاطة بتفاصيلها وتأثيراتها في اللحظة التي يتخذ فيها القرار .

إن نظم المعلومات التي سبق أن اعتمدت في خزن بيانات تفصيلية عن كل مرافق العمل وظروفه بصورة متراكمة ، يمكن أن تضع أمام متخذ القرار جميع الاحتمالات التي يمكن أن يؤدي إليها القرار المتخذ ، وتحدد نقاط القوة والضعف لكل بديل من البدائل المطروحة ، ليكون متخذ القرار على بينة منها قبل إصدار حكمه أو قراره النهائي . فلو أرادت إدارة جامعة ما أو مؤسسة تعليمية ما فتح باب القبول لعدد أكبر من الطلبة في السنة اللاحقة مثلاً ، فإن ذلك يستدعي توفر العدد الكافي من المدرسين والقاعات الدراسية ومستلزمات الدراسة من وسائل تعليمية وظروف تعلم سليمة .. الخ . ولكي تحضر البيانات عن كل هذا أمام متخذ القرار في هذا الأمر في الوقت المناسب ، لابد أن يكون هناك نظام معلوماتي فاعل يربط بين جميع هذه المعلومات ليقدم مقترحاته بشأن ما تنوي الإدارة القيام به أو بجزء منه أو تأجيله إلى وقت آخر .

وهكذا الحال عن التفكير بتغيير المناهج أ و طبع الكتب الدراسية أو تعيين معلمين أو عاملين إضافيين ، أو إضافة تخصصات جديدة أو فتح أقسام أو مراكز إضافية ، أو توسيع المختبرات الدراسية ، إلى غير ذلك مما تتطلبه حركة العمل والنمو في المؤسسة التعليمية . وهكذا فإن أية خطوة في العمل تتطلب قراراً يستجيب للتحولات الاجتماعية والاقتصادية التي تشهدها بيئة المؤسسة التعليمية ، لابد أن تستند إلى قاعدة معلوماتية فاعلة ، قادرة على مساعدة إدارة المؤسسة في أن يكون قرارها صائباً ولا يؤدي إلى انتكاسات أو مضاعفات تؤثر سلباً على أداء المؤسسة وما هو متوقع منها من نمو وتطور .

نظم المعلومات والنظم الخبيرة

يمكن تحديد مفهوم النظم الخبيرة (Expert Systems) بأنها تلك الأنظمة المعلوماتية التي تستطيع محاكاة الخبير المتخصص في تقديم المشورة لمستخدم الحاسوب . وهي نظم قادرة على تحليل البيانات وإنشاء العلاقات بينها بطرائق رياضية معقدة ، تمكنها من الاستنتاج وتوليد المعلومات وتقديم إجابات ذكية ، وربما القيام بشكل ذاتي بفعاليات تلقائية ، كما هو الحال عند استخدام الإنسان الآلي (الروبوت).

وتعد هذه النظم من تطبيقات الذكاء الاصطناعي وأكثرها استخداماً في الميدان العلمي . وهي نظم متقدمة توظف خزيناً هائلاً من المعلومات والخبرات النظرية المتراكمة طبقاً لمنهج علمي ، بحيث تستطيع الارتقاء إلى مستوى الخبير أو العالم المتخصص ، وربما تتفوق عليه من حيث سرعتها ودقتها واعتمادها على مخزون كبير من المعلومات ، بحكم الطاقة الكبيرة التي تمتلكها الحواسيب المتقدمة في هذا المجال ، بما يمكنها من تقديم طيف كامل من المعلومات المترابطة والنصائح ومقترحات القرارات ، أخذاً بنظر الاعتبار المشكلات والمتغيرات التي تحيط بها .

وإذا كانت نظم المعلومات الإدارية التي شاع استخدامها تعتمد أنواع الحواسيب ذات القدرات المتوسطة والعالية لإنشاء قواعد بيانات تساعد في اتخاذ القرارات وانجاز مهام إدارية محددة ، فإن هذه النظم لا تمتلك إمكانية التفسير والاستدلال المنطقي المبني على المعلومات والخبرات المتراكمة ، كما هو الحال في الأنظمة الخبيرة . ذلك أن الأنظمة الخبيرة تعتمد الحواسيب ذات الإمكانات العالية فقط ، وهي مصممة بقصد الحصول منها على حلول لمشكلات وقرارات قد تتجاوز من حيث دقتها وحساباتها القرارات التي يمكن أن يتخذها العالم المختص ،وذلك لسعة المعلومات والخبرات التي تستند إليها . ولذلك فإن هذا النوع من الأنظمة ما يزال محدود الاستخدام ومقتصراً على حقول علمية محدودة فهي أنظمة عالية الكلفة ، وما تزال البحوث من أجل تطويرها وإشاعتها في بداياتها ، رغم وجود تطبيقات ناجحة عديدة لها في السنوات العشر الأخيرة .

تطبيقات نظم المعلومات على مستوى المدرسة

إن المدرسة بوصفها منظومة إدارية ، لها خصوصيتها من حيث التكوين والمهام، ومن حيث علاقتها بالبيئة الاجتماعية أيضاً ، وتعدد الفئات التي تتعامل معها . وعليه فإن نظم المعلومات التي تصلح للمدرسة لها خصوصيتها أيضاً . ولابد لأنظمة المعلومات المستخدمة على مستوى المدرسة أن تكون في خدمة الأطراف المشاركة في إداراتها وإنجاز أعمالها ، وكذلك الأطراف ذات الصلة بها . ويمكن عرض ذلك بصورة ملخصة على النحو الآتي :

الإدارة المدرسية : يمكنها الإفادة من نظم المعلومات في عمليات التخطيط والتنظيم والاتصال والرقابة والتقويم واتخاذ القرار وتوثيق مسيرة عملها وقياس مدى نموها وتطورها . فبدل الاحتفاظ بالسجلات الورقية التقليدية لرواتب العاملين ومشتريات المدرسة وتقنيات المكتبة والتعليمات الصادرة عنها وغيابات الطلبة وعلاماتهم ووثائقهم وما يتعلق بمواعيد الدراسة وسيرها وغير ذلك من فعاليات ، يمكن أن تعوض عنه أنظمة المعلومات بفاعلية أكبر ودقة أعلى وكلف أرخص وجهد أقل . وبدل المراجعات المستمرة لأولياء الأمور والصعوبات التي تواجه المدرسة في عقد اجتماعات دورية لأولياء أمور الطلبة ، يمكن أن تؤمن إدارة المدرسة صلات دائمة معهم عن طريق أنظمة معلومات يستطيع ولي الأمر أن يحصل بواسطتها على إجابات عن استفسارات عديدة تخص سيرة أبنائهم الدراسية وتسديد أجور دراستهم وما إلى ذلك .

الإدارات العليا : إن صورة العمل بكل تفاصيله في المدرسة في حال تطبيق نظم المعلومات الإدارية فيها ستكون متاحة للمشرفين وللإدارات الوسطى والعليا بما يعينهم على أخذ تصور كامل عن المدارس التابعة لهم وسير عملها ، وطبيعة المشكلات التي تواجهها ، والنمو الحاصل في أدائها ، مما يعين أصحاب القرار في اتخاذ قرارات تتسم بالدقة والصواب بشأنها لغرض دعمها وتطوير عملها .

الحاسوب والإدارة المعاصرة :

إذا كانت نظم المعلومات هي تلك البرامج المحوسبة التي تساعدنا في تخطيط العمل الإداري وانجازه ، واتخاذ القرار في المؤسسة التعليمية ، وتوثيق الصلة المتفاعلة مع المتعاملين معها ، فإنها تعد من النواتج الحديثة لتكنولوجيا المعلومات . فتكنولوجيا المعلومات لا تعني فقط الآلات والأدوات أو المعدات والأجهزة التي يتم عن طريقها خزن المعلومات ومعالجتها واسترجاعها ، أنما هي كذلك جميع الآليات التي تحكم هذه العملية المعقدة بكل تفاصيلها . وهي القاعدة التقنية والمنطقية التي أنتجت نظم المعلومات وتسعى بتطويرها إلى تطوير هذه النظم باضطراد .

أما تكنولوجيا الاتصال فليس من شك في أنها المجال الأوسع الذي تتحرك داخله تكنولوجيا المعلومات ووليدها نظم المعلومات . فتكنولوجيا الاتصال بمعناها الواسع تتضمن هندسة التفاعل بين أطراف عملية الاتصال بجميع آلياته وأدواته . وهو ما يطبع طبيعة نظم المعلومات في النهاية . ذلك أن أهم عنصر في نجاح فاعلية نظم المعلومات هو توفرها على ذلك النوع من التفاهم المتفاعل بين مستخدمي هذه النظم جميعاً ، من خلال تداول المعلومات على أتم وجه .

وهكذا تصبح التعبيرات الثلاثة " نظم المعلومات " و" تكنولوجيا المعلومات " و "تكنولوجيا الاتصال " حلقات مترابطة من حيث المفهوم والاشتغال لا انفصام بينها ولا غنى لأي منها عن الحلقتين الأخريين . ولابد للإدارة التربوية التي تنشد المعاصرة في أساليب عملها والجودة في تحقيق أهدافها ، أن تدرك بعمق ما تعنيه هذه المفاهيم وما يمكن الإفادة منه في تطبيقاتها .

وبناء على ما تقدم يصبح من الضروري لأية إدارة تربوية تنشد التطور المضطرد أن تحيط بالمعارف والخبرات اوالمهارات ذات الصلة باستخدام الحاسوب بغية الارتقاء بعملها وأنشطتها الإدارية. ويبدو أن حجر الزاوية في هذا الأمر هو الحاسوب ، وما

يحيط به من بنى علمية مجاورة وبخاصة علوم الاتصال وتكنولوجيا الاتصال والمعلومات.

إن التغيير الذي تنعقد عليه الآمال من خلال إدخال الحاسوب في صلب العملية التعليمية ، لا ينبغي أن يحصر داخل إطار الموقف التعليمي التعلمي ، وما يتصل منه بالتحصيل العلمي بصورة مباشرة فقط . بل إن تطبيقات الحاسوب في الإدارة التعليمية ، وما يمكن أن تحدثه مثل هذه التطبيقات من تطوير في بيئة التعليم والتعلم ينبغي أن تحظى هي الأخرى باهتمام المخطط التربوي ، ليس باتجاه تغيير البيئة المادية من أجهزة حاسوب ومعدات خدمية ملحقة بها فحسب، إنما باتجاه إعادة تشكيل البنية الفكرية ومنهج التخطيط والتفكير والطرائق التي تحكم النشاط التربوي على المستويات كافة .

الفصل العاشر

الحاسوب التعليمي

بين حاضر التعليم ومستقبله

- مقدمة
- التحديات التي تواجه التعليم مستقبلا:
  - الحاسوب
  - الطالب
  - المعلم
  - المنهاج
  - المؤسسة التعليمية
- أخلاقيات الحاسوب
- أخلاقيات الحاسوب والتعليم

الفصل العاشر

الحاسوب التعليمي

بين حاضر التعليم ومستقبله

مقدمة

في الفصل الأخير من هذا الكتاب لا بد من وقفة نستخلص فيها جملة ملاحظات عن واقع استخدام الحاسوب في التعليم بعامة ، وفي البلاد النامية بخاصة ، ومن نظرة إلى المستقبل نجتهد فيها في استشراف آفاقه التعليمية . وأخيراً المشكلات القانونية الناشئة عن استخدامه وآفاقها المستقبلية .

إن دخول الحاسوب تفاصيل الحياة اليومية ، بوصفه أداة لخزن المعلومات ومعالجتها وتداولها ، علاوة على كونه وسيلة اتصال فاعلة ، ووسيلة إنتاج لوسائل تعليمية أخرى ، قد وضع البلدان النامية أمام واحد من أبرز تحديات العصر. وما يزيد هذا الأمر جدية هو أن المجتمعات النامية سواء على صعيد الحياة العامة أو على مستوى المؤسسة التعليمية ، لم تتهيأ بما يكفي للتعامل مع هذا التحدي الحضاري . ونحسب أن دراسة متعمقة لهذا الأمر تكشف عن ثلاثة خيارات أمام هذه المجتمعات يمكن تلخيصها على النحو الآتي :

1) إغلاق الباب أمام هذا التحدي الجديد ، وقطع الطريق عليه ، والتمسك بما يمنع تسلله إلى حياة المجتمع وتفاصيلها ، تحت ذريعة ما يمكن أن ينتج عنه من مخاطر . وهو خيار لن يصمد طويلاً ، لأنه يتقاطع مع حركة الحياة وتقدمها . ويعني الحكم على المجتمع بدوام التخلف . بل يعني أن مثل هذا المجتمع ، عندما سيكتشف متأخراً خطأ هذا الخيار، سيكون قد خسر فرصا كثيرة للتقدم ، ولم يعد أمامه من هذه الفرص إلا القليل . وسينهار فجأة ، وسيكون انهياره سريعا وشاملا ، أمام التيار الجارف للتغيرات التي

يشهدها العالم في ظل ما يفرزه الانفجار السكاني والمعلوماتي والتقني من تحديات ، وما تفرضه ثورة الاتصالات من اختلالات وتباينات في المعادلات التقليدية التي تحكم الحياة اليومية للأوطان والشعوب.

وفي التعليم ستسجل هذه المجتمعات طبقاً لهذا الخيار خسارة كبيرة لتقنية أثبتت فاعليتها الواضحة في تحقيق كثير من أحلام المعلمين في الارتقاء بمهمتهم في التخلص من الطرائق والوسائل التقليدية .

2) الاستسلام لهذا التحدي بكل ما يعنيه ويحمله من مخاطر، وفتح الأبواب والنوافذ على جميع مصا ريعها أمامه ، تحت ذريعة مواكبة العصر. والأخذ بنتائج تطبيقاته في بيئات أخرى سبقتهم إليه ، دون الأخذ بنظر الاعتبار خصوصيات حداثة التطبيق في المجتمعات الجديدة ، وطبيعة التحولات التي يمكن توقعها من جراء ذلك التطبيق المفاجئ ، على المستويات الثقافية والتربوية بشكل خاص . وهو أمر يشهد منذ سنوات جدلا حادا يعكس عمق المخاطر التي يمكن أن تحدث في البنية المعرفية والقيمية في المجتمعات النامية، وبخاصة تلك التي احتضنت حضارات عريقة عبر العصور ، فيما لو اكتسح تيار العولمة تلك المجتمعات قبل أن تلتقط أنفاسها .

وفي التعليم فان هذا الأمر يمس صميم عمل المؤسسة التربوية في أي مجتمع ، بوصفها الراعية الأساس لمهمة نشر المعرفة في أي مجتمع ، والمحافظة على المنظومات القيمية فيه .

3) التعامل الواقعي مع الحاسوب بوصفه تطوراً حضارياً مهماً ، شأنه في ذلك شأن الكهرباء ووسائط النقل الحديثة وغيرها ، مما يتطلب توفير مستلزمات هذا التعامل ، وتدريب الكوادر البشرية للتعامل الكفء معه ، ووضع الخطط والبرامج المرحلية وبعيدة المدى ، للإفادة منه بأقصى ما يمكن ، مع المحافظة على الهوية الذاتية (وبخاصة عناصرها الثقافية والتربوية) كي لا تفقد هذه المجتمعات فرصتها في الجمع بين المعاصرة والأصالة . فالتمسك بأي منهما

(المعاصرة أو الأصالة) دون الأخرى ، يشكل خسارة يصعب تعويضها ، في زمن بات فيه استثمار الوقت حجر الزاوية في ما تحققه الأمم من منجزات على طريق النهوض والتقدم الحضاري .

وفي التعليم فان هذا الأمر تتحمل المؤسسة التعليمية الجزء الأوفر من مهمة التصدي له والاضطلاع بمسؤولية أساسية في توفير مستلزماته .

إن من الواضح أن السبب الأساس في عدم انتشار استخدام الحاسوب في البلدان النامية يعزى إلى الموارد الاقتصادية التي ينبغي تأمينها في هذه البلدان لتوفير القاعدة الأساسية لاستخدامه ، من منظومات تقنية وتدريب وتغير نظم عمل وتفكير.

كما إن السنوات العشر الأخيرة التي شهدت دخول الحاسوب والانترنت إلى العديد من الدول النامية ، وانتشاره بنسب متفاوتة فيها ، قد كشفت أن الحاسوب لم يزل - مع استثناءات قليلة - محدود الاستخدام في المؤسسات الثقافية والتعليمية . وأن نسباً عالية من حالات الاستخدام العام ، تقتصر على استخدام خدمة التخاطب (Chatting) بين فئات الشباب عن طريق الانترنت والبريد الالكتروني . وأن جل التحادث الذي يجري يتعلق بموضوعات لا قيمة معرفية لها ، ذلك لأنها تجري بعيداً عن الاهتمامات العلمية والتعليمية أصلا ، كما تشير إلى ذلك أكثر من دراسة استطلاعية. وبالمقابل فإن مهام الحاسوب في خزن المعلومات ومعالجتها واسترجاعها لا تحظى إلا بنسب ضئيلة من الاهتمام ، وإن الحاسوب يقدم خدماته المعلوماتية للمؤسسات أكثر من الأفراد ، إذ لم يتعد استخدام الحاسوب في هذه البلدان بعد مهماته الاتصالية التقليدية بين الناس عدا استثناءات بسيطة .

أما على صعيد المؤسسة التعليمية ، فما تزال الدول النامية تتأرجح بين الانبهار بتجربة الحاسوب التعليمية العالمية ، وتقليدها دون مراجعة دقيقة لآثارها ، ومحاولة إدماج الحاسوب في العملية التعليمية بكثير من التردد أو القسر ودون تهيؤ مستلزمات هذا التحول ، لا على صعيد توفير البيئة الفكرية لاستخدامه ، ولا على صعيد تطوير

المهارات اللازمة للعاملين والعلمين ، ولا توفير استخدام الحاسوب في مرافق التعليم الأخرى ، الإدارية منها والتدريسية . والمتتبع للنشريات والمؤتمرات التي تعقدها المؤسسات التربوية في هذه البلدان ومنها البلدان العربية ، وكذلك المنظمات الإقليمية والدولية ، كاليونسكو والمنظمة العربية للتربية والثقافة والعلوم وغيرهما ووزارات التربية والتعليم العالي في هذه البلدان ، يدرك مدى الصعوبة التي تواجه هذه البلدان في ولوج هذه الطريق ، بسبب ضعف الموارد البشرية أو المادية ، أو كلاهما .

أما على صعيد ما حققه الحاسوب ، والحاسوب التعليمي بصورة خاصة ، في البلدان المتقدمة صناعياً ، فقد تحدثنا عن ذلك في مكان آخر من هذا الكتاب ، بما يوضح أنه حقق نتائج كبيرة في توفير بيئة تعليمية تعلمية أقدر على تحقيق أهداف العملية التعليمية بمستوييها الإداري والتدريسي. ولكن تجدر الإشارة هنا إلى أن هذه البلدان قد مرت في البداية بمرحلة الانبهار بالحاسوب ،والآمال التي علقتها عليه في ما يمكن أن يفعله الحاسوب من أجل توفير بيئة تعليمية تعلمية أفضل . واندفعت الدعوات الأولى إلى التعويل عليه لدرجة التعويض عن المعلم والصف والمدرسة والمنهاج مرة واحدة. وذهب البعض إلى تخيل عالم تختفي فيه مظاهر المدرسة التقليدية تماماً ليتولى الحاسوب إدارة العملية التعليمية عن بعد في كل شؤونها . وكان من شأن ذلك التسليم لبرامج التعلم الذاتي بمختلف أنواعها وعلى نطاق واسع ، حتى استقر الأمر تدريجياً على الاعتراف بفضل المعلم وأهمية دوره ، وضرورة أن يكون تصميم المواقف التعليمية التعلمية أكثر تأنياً في إقرار أرجحية الحاسوب على العوامل الأخرى في إنجاح العملية التعليمية . وأن الحاسوب ليس إلا أداة بيد المؤسسة التعليمية لتحقيق أغراضها ، دون إهمال دور العوامل الأخرى ، وفي مقدمتها المعلم .

إن الاختلاف الأساس بين الدول النامية والدول الصناعية من حيث واقع استخدام الحاسوب وتطور استخداماته ، أن الدول النامية تمثل الطرف المستهلك للتكنولوجيا التي تصنع في الدول الصناعية ، علاوة على كونها مستهلكا لنواتج التطور العلمي والمعلوماتي بشكل عام . لقد ظهرت التكنولوجيا الحاسوبية في الدول

الصناعية استجابة لحاجاتها العسكرية والاقتصادية والصناعية والاجتماعية . وانتقلت إلى ميدان التعليم بشكل تدريجي ، استوعب تطورات استخدامه في الميادين الأخرى . بمعنى أن استخدام الحاسوب في البلدان الصناعية جاء متساوقاً من حيث النشوء والاستخدام والتطور مع ما حصل من نمو في ميادين الحياة الأخرى . فالقاعدة الصناعية وفرت إمكانات تصنيع أجيال من الحاسوب ، تبعاً للحاجات والتحديات المحلية المتجددة التي واجهها ، علاوة على توفير الملاكات البشرية المطلوبة للعمل في هذا الميدان والسعي إلى تطويره .

أما في البلدان النامية فالحاسوب يمثل نمطا من التكنولوجيا المستوردة ، التي دخلت على بيئة هذه البلدان دون أن تتوفر المقدمات الحضارية لاستيعابها . مما ألجأها إلى البحث في تطبيقاتها في البلدان التي سبقتها ، ،وتقليد تلك التطبيقات لزمن يطول في هذا البلد ويقصر في ذاك ، لحين التحامها بالنسيج الفكري والتطبيقي للحياة العامة في هذه البلدان . وهي مرحلة تشبه في معطياتها ونتائجها ما نتج عنه دخول وسائل الاتصال الحديثة لأول مرة كالإذاعة والتلفزيون وغيرهما إلى بلداننا . مرحلة محفوفة بالكثير من التردد والأخطاء والاختناقات في الفهم والتطبيق ، وربما الكثير من المخاطر أيضاً ، كما يرى البعض ، قبل أن يكتمل الالتحام الذي أشرنا إليه . ويصح ما قلناه عن استخدام الحاسوب على تطبيقاته في الميادين المختلفة في البلدان النامية ومنها ميدان التعليم .

إن ما يهمنا هنا هو كيف ستنعكس مثل هذه التحولات ، مع تقادم الزمن وتطور هذه التكنولوجيا ، على العملية التعليمية وأطرافها وميادين عملها ؟ ولكي نجيب عن هذا السؤال ، لا بد من النظر إلى المستقبل محاولين تشكيل بعض التنبؤات أو التوقعات في هذا الإطار .

التحديات التي تواجه التعليم مستقبلاً :

لننظر إلى الموضوع من الزوايا الخمس الآتية :

- الحاسوب
- الطالب
- المعلم
- المنهاج
- المؤسسة التعليمية

- **الحاسوب :**

إن ما أنجزه الحاسوب من تطور كبير حتى الآن في مستوى التصنيع والتطبيقات الميدانية ، يرسم خطاً بيانياً متصاعداً باضطراد .وهوما يجعلنا نعلق عليه آمالاً عريضة في المستقبل . بل الدراسات التي تناولت الذكاء الاصطناعي وبحوث الدماغ وتنظيم برمجيات الحاسوب بما يجعله قادراً على محاكاة التفكير البشري ، واعتماد كم هائل من مخزون المعلومات والخبرات في تقديم مقترحات لحلول المشكلات وفي اتخاذ القرار ، كل ذلك وغيره زاد من حجم المتوقع من النجاحات التي يمكن أن يحققها للحاسوب مستقبلاً ، والتغلب على ما اعترض طريقة من مشكلات في التطبيق بصورة سريعة ، لم يعد معها بإمكاننا اللحاق بكم البرامج والتطبيقات والتحسينات التي يشهدها ميدان الحاسوب كل يوم . . هذا فضلاً عن تمكن الحاسوب من تحقيق أهداف أعلى وأكثر تعقيداً في ميدان التعليم والتعلم ، و نجاح استخدامه في تعليم ذوي الاحتياجات الخاصة من المتعلمين ، وفي تعليم الكبار، وتمكنه من الوصول إلى المتعلمين أينما كانوا.

إن كثيراً من أن الدراسات تجرى اليوم على كيفية تطوير عمل الحاسوب باتجاه الحاسوب مزيد من التقدم في مجال مخرجات العملية التعليمية ، وبخاصة في

الميدان المهاري . فما زال الحاسوب غير قادر مثلاً على تعليم المهارات كقيادة السيارة أو السباحة أو تعليم الكتابة أو الجراحة الطبية مثلاً أو الخط ، إلا بحدود معلومة .

كما أن تحولات سوق العمل ستفرض على الحاسوب أن يتكيف لتقديم طيف واسع من الخدمات في الميادين الجديدة . ولن يقتصر الحاسوب على ما يحققه بذاته فحسب ، بل سيكون الحاسوب مستقبلاً جزءاً من جل المنظومات التقنية إن لم نقل كلها مستقبلاً . ومقدمات ذلك شاخصة الآن من خلال ما نشهده من تطبيقات الحاسوب بوصفه جزءا من تكنولوجيا أوسع تتفاعل لتسير القطارات والسفن والمصانع والعمليات الجراحية في المستشفيات وبحوث الفضاء وغيرها .

ومما ينبغي ذكره هنا أن التوقعات بهيمنة الحاسوب على المواقف التعليمية التعلمية قد تراجعت في السنوات الأخيرة ، بعد أن بالغ كثيرون في مثل هذه التوقعات . ولذلك كان انتشار التعليم المدمج أوالمتمازج Blended Learning على نحو واسع ، كما شرحنا سابقاً ، تعبيراً عن الإحساس بأن الحاسوب لا ينبغي أن يسلب من أطراف العملية التعليمية التعلمية الأخرى أدوارها .

- **الطالب :**

إن الهدف الأبعد من التطوير الحاصل في تطبيقات الحاسوب في حقل التعليم هو تنمية معارف الطالب وخبراته ومهاراته واتجاهاته بما يساعد في تغيير سلوكه، وجعل النشاط التعلمي الذي يمارسه أكثر جدوى وأكثر سهولة ومتعة ، وأقل كلفة ، ويستجيب لرغباته واستعداداته . وديدن التطور الذي يشهده الحاسوب هو تحقيق هذه الأهداف . وما يحمله المستقبل - كما نتوقع - مزيد من الخطوات باتجاه تحقيق هذه الأهداف ، وبخاصة ما يتعلق بتعليم الإناث ، وذوي الاحتياجات الخاصة ، سواء من الموهوبين أو بطيئي التعلم أو المعاقين ، وبالإسهام في تعليم أكثر من 700 مليون أمي في العالم ، وفي تطوير خبرات إضافية يحتاجها سوق العمل في العالم ، الذي باتت سمته الأساسية التغير الدائم في المهن والكفايات المطلوبة للعاملين في مختلف الميادين .

إن جميع المؤشرات التي يمكن استخلاصها من تجارب الطلبة مع الحاسوب عبر السنوات الثلاثين الماضية ، تؤكد اتجاهاً متنامياً لرغبتهم في التفاعل مع الحاسوب ، ونجاحهم في تحقيق أهداف أعلى من الأهداف التي تتحقق بالطرائق والأساليب الأخرى غير الحاسوب ، فيما عدا استثناءات محدودة أشرنا إليها في أكثر من موضع في هذا الكتاب . فالتعلم باللعب ، وممارسة حل المشكلات ، والتفكير الابتكاري تحققت بنجاح باهر بوجود الحاسوب . كما أن التعلم الذاتي ينتشر باضطراد مانحاً الطلبة كثيراً من فرص التعلم خارج المدرسة . وهذا لا يتقاطع مع العودة التي شهدتها السنوات الأخيرة إلى أن يكون الحاسوب جزءاً مكملاً وليس مهيمناً على الموقف التعليمي . فالحاجات المستقبلية ، بحدود المستقبل المنظور في الأقل، تؤكد وجود الحاجة للاتجاهين في الوقت نفسه .

باختصار فإن الطالب سيجد نفسه مع الحاسوب أمام خيارات تعليمية عديدة، لم تعد المدرسة قادرة على توفيرها . وسيجد أن فرص التعلم أصبحت أوفر وأسهل ، ليس بمعنى الجهد الأقل بل بمعنى توفر الفرصة ، وإمكانية تحقيق ناتج أعلى تعليمياً، بجهد أقل وكلفة أقل . غير أن جاهزية المعرفة التي يتوفر عليها الحاسوب - فيما نظن - ستكون مشكلة يحتاج المربون إلى مواجهتها مستقبلاً . إذ أن من المعلوم أن جاهزية المعرفة تتناسب عكسياً مع ناتج التعلم ومقدار ما يتبقى منه في الذاكرة .

- **المعلم :**

لقد شهدت العقود الثلاثة الأخيرة في الدول المتقدمة صناعياً ، والسنوات القليلة المنصرمة في العديد من الدول النامية ، مؤشرات مهمة على بدء تحول المعلم من التلقين والهيمنة على الموقف التعليمي التعلمي وممارسة دور المصدر الوحيد أو الأساس للتعلم ، إلى الإرشاد والتوجيه والبحث ، بمساعدة الحاسوب . وازدادت فرصة المعلم للتفاعل مع طلبته ، في جو اتصالي ثنائي الاتجاه . وهو ما تطرقنا إليه بشيء من التفصيل في أكثر من موضع في هذا الكتاب . وما يتوقع في السنوات المقبلة أن يتعمق هذا الدور بما يجعل المعلم بحاجة ماسة إلى التدريب على مهارات متنوعة ، ليس في استخدام الحاسوب

وإتقانه ، وإنما في كيفية استخدامه بكفاءة عالية ، وتطوير إمكاناته في تصميم البرمجيات التعليمية وإنتاجها ،واستثمار الحاسوب في دعم إستراتيجيات التدريس وطرائقه داخل الصف وخارجه على حد سواء . وسيتمكن المعلم كذلك من استخدام أنظمة المعلومات المتطورة في تعزيز دوره كباحث في ميدان تخصصه ، وكعنصر فاعل في البيئة الاجتماعية ، بما تتيحه هذه الأنظمة وشبكة الانترنت من إدامة صلته بأولياء الطلبة ، وكذلك مع المؤسسات ذات الصلة بعمله ، والمدرسين في ميدان تخصصه في أكثر من بلد لتبادل المعلومات معهم ، وإثراء خبراته وتطويرها .

من جانب آخر فإن الاعتماد المتزايد على شبكة الانترنت ، وانتشار الحاجة إلى ممارسة التعليم عن بعد ، سيضطر المعلم إلى تطوير مهاراته الاتصالية والتعليمية في نمط تعليمي حديث نسبياً ، وبخاصة في البلدان النامية ، قوامه استخدام البريد الإلكتروني والتخاطب بالصوت والصورة مع طلبته لتصحيح أوراق عملهم أو بحوثهم ومساعدتهم في حل مشكلاتهم التي يواجهونها في مثل هذا النوع من التعلم . ورغم أن ذلك يمارس على نطاق ضيق جداً في البلدان النامية في الوقت الحاضر إلا أن نجاح هذا التوجه - كما نرى - سيعزز انتشاره بسرعة خلال المرحلة المقبلة .

الأمر الآخر الذي يتوقع أن يشهده المستقبل القريب جراء التنافس الشديد بين شركات إنتاج البرمجيات التعليمية ، وابتعاد العديد منها عن الأسس النفسية والعلمية والتربوية التي ينبغي إتباعها عند تصميم البرمجيات التعليمية وإنتاجها ، هو دخول المعلم بزخم واسع ميدان التصميم والإنتاج. ومع توفر مؤشرات عن عدم قدرة المؤسسات التربوية على المنافسة في سوق الإنتاج هذه ، فإن المعلم سيكون مصدر الخبرة لتلك الشركات ، بحيث يستعان به في مراحل الإنتاج المختلفة ، مما يساعد في اعتماد علم تصميم التدريس بشكل أوسع في تصميم هذه البرمجيات .

وربما يكون الدور الأكبر المنتظر من المعلم ، بعد أن راهن كثيرون على مغادرته موقعه لصالح الحاسوب ، أن يبرهن أنه لا يمكن للحاسوب القيام بذلك لوحده ، وأن إغفال دور المعلم وعلاقته بذوي الطالب ، وتلك الرابطة الإنسانية الحميمة

التي تربطه بطلبته ، لا يمكن أن تعوض عنها أية تقنية مهما بلغت من التأثير والإدهاش. كما أن المخاطر الثقافية والتربوية التي يمكن أن ينزلق إليها الطالب عبر الانترنت من خلال تعرضه لملايين الرسائل المعدة على غير ما تطمح إليه المؤسسة التعليمية ، لا يمكن أن نجد لها مخرجاً إلا عبر استثمار دور المعلم الاستثمار الأمثل بما يعين الطالب على بناء قيمة الروحية وثوابته ، وتعزيز قدرة الطالب في اختيار الطريق الصحيح في التعامل مع هذه التكنولوجيا بثقة ودون خوف ، وبحصانة ذاتية تحميه من تلك المخاطر .

- **المنهاج :**

سبق أن تحدثنا في أكثر من موضع ، أن دخول الحاسوب إلى بيئة العملية التعليمية قد أحدث تحولاً في العلاقات التي تربط أطراف العملية برمتها ، مما تتطلب إعادة النظر في الكيفيات والآليات التي تستند إليها عملية التعليم والتعلم . هذا علاوة على بروز الحاجة إلى مهارات جديدة على مستوى الطالب والمعلم ، لا غنى عنها عندما نفكر بتطوير التعليم وتحسين مخرجاته . هذه التحولات في بيئة التعليم والتعلم تتطلب مناهج دراسية أكثر مرونة وانفتاحاً على متغيرات العصر ـ ومنها الحاسوب ، بحيث تأخذ بنظر الاعتبار طاقة الخزن المعلوماتي الممكنة الآن ، والقدرة على معالجتها بما لم يسبق للبشرية أن جربته من قبل .هذا فضلاً عن الإمكانات الهائلة في سرعة استرجاع المعلومات وانخفاض كلف الحصول عليها . كل ذلك باستخدام وسيلة تخاطب تختصر المسافات وتوفر فرصة الاتصال التفاعلي بوسائط متعددة لأول مرة في التاريخ .

على الجانب الآخر فإن التحولات الفكرية والعلمية المرافقة ، أشرت ضرورة مواكبة المناهج الدراسية لحركة العصر، ومنح أطراف العملية التعليمية هامشاً أوسع في تقرير طبيعة المنهاج واتجاهاته ومحتواه ، بحيث يستجيب لحاجات المجتمع ومتطلبات التنمية الاجتماعية ، ويعنى بصورة أفضل بالفروق الفردية بين الطلبة .. وقد شهدت الدول المتقدمة صناعياً تطبيقات مثيرة للاهتمام ، باتجاه بناء مناهج دراسية لها من

الخصائص التي أشرنا إليها الكثير . غير أن بعض الدول النامية لم تزل في طور المحاولة ومعظمها بحاجة إلى جهود أكبر للتهيؤ للدخول إليها بالفعل . ذلك أن مثل هذا التحول يتطلب اعتماد مصادر أخرى للمنهاج ، وليس الكتاب المدرسي حسب وما يقترحه على المعلم أو الطالب من وسائل وأنشطة إضافية ، كما هو حاصل حالياً . بل أن ما يتوقع أن تكون عليه مناهج الغد هو كل ما يستطيع الطالب الحصول عليه أو ممارسته من حقائق ونظريات وخبرات ومشاعر وقيم ومهارات - سواء ما أشار إليه المنهاج وحدده أو ما ترك الباب مفتوحاً للطالب ليبحث عنه - بمساعدة المعلم وتوجيهه ، تحقيقاً لأهداف المنهاج .

ويقيناً أن غزارة المعلومات التي تتوفر تحت تصرف الطالب عبر آلاف المواقع في الانترنت تشكل معيناً واسعاً للمنهاج بالمعنى المشار اليه ، لا يمكن للمنهاج الموضوع من قبل المؤسسة التعليمية الإحاطة به ، ولا حتى مواكبته . ذلك أن المناهج الدراسية في العادة يجري تحديثها كل 3-5 سنوات في حين أن المعلومات المتوفرة على الانترنت دائمة التحديث ، ولابد للمنهاج الحديث أن يأخذ ذلك بنظر الاعتبار، وأن يمنح الطالب الفرصة للانطلاق عبر هذا الكم من المعلومات لحل المشكلات المطروحة عليه ، وممارسة التفكير الابتكاري في المقارنة بين الأفكار والمعلومات والبحث للوصول إلى الحقائق عبر الاختيار الصحيح للمواقع ، واستخدام المهارات التي يبغي أن يتدرب عليها، وهي مهارات لابد للمناهج الدراسية أن تعنى بها مستقبلاً بوصفها متطلباً جديداً تفرضه طبيعة التعامل مع الحاسوب .

إن ما سبق أن قيل عن أن عالم الغد سيكون عالماً بلا ورق قد بدأت ملامحه تظهر بشكل جلي في الدول الصناعية . ورغم أن الورق لم يختف فعلاً ، ولا يتوقع له ذلك بشكل كامل مستقبلاً ، غير أن عملية التعليم باتت أكثر اعتماداً على ثقافة الصورة التي توفرها أجهزة الاتصال ، ومنها الانترنت والحاسوب . وهو ما يحتم التفات واضعي المناهج إلى ضرورة السعي إلى ألا تحل جاهزية المعلومات وقدرتها على الإمتاع والاقناع مستقبلاً ، محل الجهد المطلوب بذله من المتعلم كجزء من ضرورات التعلم

والاستبقاء في الذاكرة . وبعد هذا وذاك فإن صياغة المناهج مستقبلاً لابد أن تأخذ بنظر الاعتبار التوسع الحاصل في أنماط التعليم الحديثة ، وانتشار التعلم بالتراسل ، والتعلم التعاوني متعدد الأماكن ، وشيوع نمط الجامعات المفتوحة .

- **المؤسسة التعليمية :**

لاشك أن المستقبل سيكشف أن الإدارات التعليمية ستكون أكثر اعتماداً على أنظمة المعلومات المحوسبة وإتباع نظم العمل وآلياتها في الإدارة الحديثة ، سواء أكان ذلك على مستوى الإدارة المدرسية أم الإدارات التعليمية الوسطى والعليا . إن اهتمامات العالم في المدى المستقبلي المنظور ، كما تشير ذلك أدبيات منظمة الأمم المتحدة للتربية والثقافة والعلوم اليونسكو، تنصب على محاولة خفض نسبة الأمية إلى 50% مما هي عليه الآن ، والتوسع في تعليم الإناث ، وفتح آفاق أوسع أمام ذوي الاحتياجات الخاصة من الموهوبين والمعاقين و بطيئي التعلم ، والتوسع في تطبيق التعليم الإلزامي وتوفير فرص أوسع للمتعلمين . هذا إضافة إلى ما يفرضه الواقع المحلي لأية دولة أو مجتمع من اهتمامات تعليمية اخرى .

وعلى هذا فإن أهداف الإدارات التعليمية وسياقات عملها ستتجه إلى مزيد من التعاون الإقليمي والدولي بما يساعد في الإفادة من تجارب العالم في هذه الاتجاه . وسيتيح الحاسوب والانترنت فرصة ثمينة للإطلاع على هذه التجارب ، ومعرفة نتائج تطبيقاتها بصورة أوسع تساعد هذه الإدارات في اتخاذ القرارات الصائبة بشأن تطوير التعليم في بلدانها . وسيكون على الادارات التعليمية من جهة اخرى ، أن تبذل مزيداً من الجهود لتزويد المعلمين والإداريين بمهارات استخدام الحاسوب وتطوير مهاراتهم فيه بما يمكنهم من مواكبة التطورات التي يشهدها . هذا علاوة على دعم جهود تطوير المناهج بما يخدم هذا التوجه . كما أن عليها الاهتمام الواسع بحوسبة التعليم ، ورعاية البحث العلمي لتقويم تجارب استخدام الحاسوب لديها والوقوف على الإخفاقات الناشئة واتخاذ القرار الصائب بي هذا المجال بغية معالجتها قبل أن يؤدي ذلك الى ردود أفعال سلبية في أوساط المعلمين والطلبة وأولياء الأمور تسهم في إفشال التطبيقات أو التجارب

اللاحقة ، وتضعف الإيمان بإمكانية استثمار هذه التكنولوجيا وما يمكن أن تقدمه للعملية التعليمية ، وبالتالي التمسك بالأساليب القديمة في الإدارة التعليمية .

أخلاقيات الحاسوب

يثير استخدام الحاسوب على نطاق واسع جملة من الإشكاليات الأخلاقية والقانونية . ذلك أنه لا يمكن وصف المخزون المعرفي لهذه التقنية المعاصرة على أنه مخزون هائل من المعلومات والوثائق والخبرات التي يشكل تشويهها أو التلاعب بها أو حجبها أو إطلاقها ، ما يمكن أن يضع القائم بأنشطة من هذا النوع في موضع الاتهام بوصفه مرتكباً لعمل يضر بالآخرين (المستخدمين أو المنشئين لتلك المعلومات) قد يصل إلى حد الجريمة . وهذا الخزين الهائل ينتج ملايين المرات ما تنتجه أو تنشره دار عملاقة للنشر في العالم من الأعمال والأفكار . كما ينشر معلومات أو مشاهد أو دعوات تضر كثيراً بالمستخدمين . وهو ما يجعل التعامل مع الملكيات الفكرية والفنية والعلمية وحمايتها وضمان حقوقها أمراً غاية في الصعوبة ، بالنظر لصعوبة حصر المخالفات القانونية المرتكبة يومياً في مختلف دول العالم .

وقد أضاف ظهور الانترنت لهذا الموضوع خطورات متنوعة تجاوزت حقوق الأفراد إلى حقوق الدول والشعوب والحضارات . وهو أمر يأخذ أبعاداً سياسية واقتصادية واجتماعية ودينية وحضارية واسعة النطاق وعميقة التأثير . وفي عالم تتدفق فيه المعلومات باتجاه واحد - عدا استثناءات قليلة - من دول الشمال إلى دول الجنوب ، أو من البلدان المتقدمة صناعياً إلى البلدان المستهلكة لنواتج التكنولوجيا ، يصبح تأثير هذا التدفق مرتبطاً بطبيعة المصالح المتشابكة ، ومحفزاً وحامياً لهذه المصالح . وهو ما يجعل الدول والمجتمعات المستهلكة تقف عاجزة عن حماية نفسها من التأثيرات السلبية الكثيرة التي يمكن أن يحملها لها هذا التدفق ،مع الإقرار بالفوائد الكثيرة أيضاً بالمقابل لانتشار - الحاسوب والانترنت - والتي يرى كثيرون أنها يمكن أن تعرض البناء الروحي والأخلاقي والنسيج الاجتماعي والهوية الثقافية والحضارية للأمم المستهلكة للتكنولوجيا ونواتج الثورة المعلوماتية لمخاطر جمة .

ومما يزيد الأمر تعقيداً حداثة هذا الميدان ، وسعة انتشاره ، وسرعة نموه بصورة تفوق القدرة على ملاحقته وتأطير نشاطه بموجب تشريعات قانونية قابلة للتطبيق . ذلك أن الدساتير والقوانين الوطنية والدولية على حد سواء تواجه واقعاً غير مسبوق ، مما يتطلب استحداث تشريعات جديدة ، وابتكار وسائل لرصد ما يخالفها في التطبيق اليومي هائل الحجم . كما أن امتداد ساحة المخالفة للأعراف التي بدأت تتشكل في هذا الميدان لتشمل مساحة العالم كله ، تجعل الأمر من الناحية العملية خارج حدود السيطرة وإمكاناتها المتاحة .

ومما يذكر هنا أن ساحات القضاء الدولية لم تشهد حتى الآن إلا حالات معدودة من محاسبة ما يظهر من خروقات بغية محاسبة المسؤولين عنها . وحتى ما اطلعنا عليه من مثل هذه الحالات لم يحقق القضاء نجاحاً يذكر في إصدار عقوبات ذات تأثير في الحد من تلك الجرائم ، ناهيك عن القدرة على منعها أو إيقافها . وكان حجم الدمار الذي تلحقه مثل هذه الجرائم بالأفراد والمؤسسات والمجتمعات أكبر بكثير من مقدار العقوبة التي يوقعها القضاء في مرتكبيها .

لقد درس هذا الموضوع من قبل الباحثين والمعنيين في شتى أنحاء العالم ، وجرت محاولات لتحقيق شيء ما في هذا المضمار ، لكن ما تحقق حتى الآن ما يزال دون المستوى الضروري المطلوب للمحافظة على الاستخدام الصحيح لشبكات الحاسوب وشبكة الانترنت . ولم يتعد ما شرع حتى الآن في هذا المجال ،فيما عدا استثناءات قليلة ، غير جملة منطلقات مبدئية تشبه لوائح حقوق الطفل ، وحقوق الإنسان ، وحقوق المرأة التي لم تغادر في واقع الحال الورق الذي دونت عليه ! ومن ذلك ما أقره معهد أخلاقيات الحاسوب Computer Ethics Institute (CEI) تضمن جملة قواعد قانونية في هذا المجال :

- عدم استخدام الحاسوب بما يؤذي الآخرين .

- عدم اختراق حقوق الآخرين في حفظ المعلومات أو السرقة منها أو تشويهها أو عدم إتلافها.
- عدم استخدام أجهزة الآخرين دون موافقتهم .
- عدم استخدام برمجيات الآخرين بوصفها ممتلكات فكرية دون دفع أثمانها أو الحصول على موافقة مسبقة منهم .

إن مستخدم الحاسوب سواء أكان مستهلكاً لبرامجه والمعلومات المخزنة فيه ، أم كان منتجاً للمعلومات والخبرات التي يودعها الحاسوب لابد أن يلتزم بقواعد التعامل السليم ، إذ ان استخدام الحاسوب من أي من هؤلاء لا يعد استخداماً فردياً محظا ، بل هو استخدام يمس أفراداً آخرين . وعلى ذلك فإن من الضروري احترام المجتمع لتلك القواعد التي أصبحت أعرافاً وتقاليد شائعة ، تنظم التعامل بين الأفراد والمؤسسات ، وتوسع أفق التعاون بينهم . ويمكن في هذا السياق التطرق إلى بعض التطبيقات ذات الصلة بأخلاقيات الحاسوب :

- **حق الملكية الفكرية :**

إن ما ينشر على شبكة الانترنت من نتاج أدبي أو علمي أو فكري ، أو ما يحتفظ به من هذا النتاج على الحاسوب الشخصي شأنه شأن النتاج المطبوع ، المنشور وغير المنشور ، لا يحق للآخرين استخدامه أو التصرف به إلا بموافقة المؤلف الخطية ، أو بالإشارة إلى مصدره في الأقل عند الاستخدام . أما تناوله بشكل محرف أو منقوص ، وعدم أخذ موافقة المؤلف في استخدام نتاجهي فأنه يعد اعتداء على الملكية الفكرية تحاسب عليه القوانين في الكثير من بلدان العالم .

المشكلة الأساسية هنا هي أنه يصعب الكشف عن المستخدم الذي يرتكب اعتدءات من هذا النوع وملاحقته . كما أن الاعتداء يأخذ بعداً عالمياً تصعب الإحاطة به أو تطبيق قانون محدد عليه ،بالرغم من توفر بعض المؤشرات على

امكانية ذلك في الأونة الأخيرة ولكن قفي نطاق ضيق ومحدود . ولذلك فإن سوق تداول المعلومات على الانترنت يشهد الكثير من الاعتداءات من هذا القبيل ، ولم تستطع القوانين والمواثيق المدونة أن تحد منها إلا بحدود ضيقة جداً . ويشمل ذلك سرقة الأفكار والألحان الموسيقية كما يشمل النتاج العلمي البحثي وغيرها على حد سواء .

- **حماية البيانات الشخصية والمعنوية :**

إن الكثير من البيانات التي تحفظ في ملفات الحاسوب في المؤسسات التي يتعامل معها المستخدم ، كتلك التي تحتفظ بها في البنوك أو الشركات أو غيرها من حسابات أو أرقام هواتف أو وثائق شخصية ، تخضع لإجراءات حماية أمنية تحافظ على سريتها . ويعد الإطلاع عليها دون اذن من مستخدمها ، أو التلاعب بها بأية صورة كانت ، اعتداء بموجب الأعراف السائدة ، اذ لا يحق لأحد التصرف بها . ويمتد ذلك إلى البيانات التي تتعلق بمؤسسة معنوية كالشركات والمؤسسات المالية والمصرفية ومراكز الأبحاث وما إليها التي ينطبق عليها ما ينطبق على البيانات والمعلومات الشخصية .

- **ملكية البرمجيات :**

إن البرمجيات المختلفة المستخدمة في نظام الحاسوب تخضع لشروط عديدة من حيث نسخها وعدد مستخدميها وترخيص استخدامها ونشرها والاقتباس منها، سواء كان ذلك متعلقاً بالأشخاص أو المؤسسات التجارية . ويفترض أن يلتزم المستخدمون باحترام هذه الشروط لأن ذلك يتصل بحقوق النشر والتصرف بها ، والتي يعد تجاوز ضوابطها أيضاً من أنواع الاعتداء على مصالح منتجيها . وعلى هذا الأساس فان جل ما يتداوله المستخدمون من هذه البرمجيات يعد خرقا لهذه الضوابط ، اذ ان معظم المتداول منها هو منسوخ عن النسخ الأصلية دون اذن من الجهة المنتجة ، وهو ما يفسر رخص أسعارها ورداءة نوعيتها .

- **الفايروسات :**

لقد شهدت ساحة تبادل الاتصالات وتداول المعلومات عبر الانترنت حوادث عديدة لانتشار الفايروسات التي تعدها هي الأخرى نوعاً خطيرا من أنواع الجرائم الحاسوبية . والفايروسات على اختلاف أنواعها هي برامج يجري إدخالها عمداً إلى الحواسيب بقصد تشويه البيانات أو البرامج المخزنة ومسحها أو تدميرها ، أو لإيقاف عمل الحاسوب عن طريق تعطيل بعض أجزائه كالذاكرة الرئيسية أو البريد الإلكتروني . وقد يؤدى بعض هذه الجرائم الى تعريض عشرات الألوف من الحواسيب على امتداد عدة قارات في وقت واحد الى التلف أو التوقف أو اتلاف ما تحتويه من ملفات كلا أو جزءا ، كما تفعل الفايروسات التي تعرف بالقنابل الموقوتة ، أو تلك التي تنتقل تريجيا من جهاز لآخر عبر البريد الإلكتروني وغيره.

لقد عملت الشركات المنتجة للبرمجيات على تتبع مثل هذه الفايروسات وابتكار برامج مضادة لها ، أو اتخاذ إجراءات تكفل حماية الحواسيب من هجوم مثل هذه الفايروسات . كما توصي هذه الشركات المستخدمين بالوقاية من هذه الفايروسات بعدم فتح أي ملف أو رسالة ترد من جهة غير معروفة عن طريق البريد الإلكتروني ، وعدم استخدام الأقراص بمختلف أنواعها إلا بعد التأكد من خلوها من الفايروسات ، وأن تكون مصادرها موثوقة ، وكذلك الاحتفاظ بنسخ احتياطية من الملفات المخزنة لتجنيب المستخدم فقدان البيانات المخزنة في حالة تعرضها لمثل هذه الخروقات .

لقد شهدت ساحات القضاء أكثر من قضية من قضايا الخرق المتعمد من قبل بعض مستخدمي الحاسوب والانترنت . غير أن ما هو قائم من هذه الخروقات يتعدى كثيراً ما اكتشف منها حتى الآن . وتتنافس الشركات المصنعة للحواسيب والبرمجيات في ابتكار وسائلها لمعالجة هذه المعضلة ، غير أن حجم الخروقات كما يبدو أوسع بكثير من قدرة هذه الشركات أو إمكانات المستخدمين على الحد منها . كما أن التشريعات القانونية ، والقدرة على تطبيقها عملياً ، لم تزل

أضعف من حجم التأثيرات التي أحدثتها وتحدثها الجرائم الحاسوبية على امتداد خارطة العالم .

ويبقى الأخطر من ذلك كله هو ما تفرضه العولمة من تدفقات فكرية وأخلاقية واسعة النطاق ، تمس كل مناحي الحياة ونشاطاتها تجرف في طريقها الكثير من ما تتمسك به الشعوب المستهلكة للتكنولوجيا والمعلومات من ثوابتها الاجتماعية والأخلاقية والفكرية . وهو ما لم تتناوله التشريعات القانونية بصورة جادة حتى الآن .

أخلاقيات الحاسوب والتعليم :

إن جل ما تسعى إليه المؤسسات التربوية والتعليمية بقدر تعلق الموضوع بها المجال هو البناء القيمي والروحي والمعرفي والمهاري للمتعلمين ، بما يكفل لهم النمو المتوازن والمطرد لشخصياتهم وسلوكياتهم ، وبما يخدم مجتمعاتهم بخاصة ، والمجتمع الإنساني بعامة ، بكل ما هو جميل ونافع ، ومن شأنه تقدم الحياة وتطورها وتغيير صورة العالم الذي شهدناه ونشهده ، إلى عالم تتظافر فيه الجهود لمواجهة المشكلات الكبرى التي يعاني منها الإنسان عموماً ، وما يواجهه من تخلف وجهل وأمراض عضوية واجتماعية ومشكلات اقتصادية ، وأخرى تتصل بتسخيرالطبيعة وثرواتها وظروفها لخدمته .

وما ذكرناه بخصوص أخلاقيات الحاسوب والخروقات التي يعاني منها المستخدم والمنتج للنشاط المحوسب له تطبيقاته العديدة في الميدان التعليمي والعلمي فسرقة النتاج العلمي أو إتلافه أو تعطيل الإفادة منه وتشويه المنظومات القيمية الفردية والاجتماعية والحضارية ، والحيلولة دون تحقيق المناهج الدراسية والتربوية لأهدافها ، هو ضرب من ضروب تلك الخروقات ،والتي قد لا تظهر في صيغة اعتداءات واضحة ومشخصة ، كلها يمكن أن تؤثر في ضياع جهد المؤسسة التعليمية وفشلها في تحقيق أهدافها .

ورغم كل ما ذكرناه تفصيلاً عن فوائد الحاسوب والانترنت في تبادل المعلومات والتعليم والبحث العلمي ، فإن التعامل مع هذه التكنولوجيا يتطلب وعياً عالياً من القائمين على التعليم بما يحدق بهذا التعامل من أخطار محتملة ، بغية العمل على تحصين الأجيال الجديدة ضد هذه الأخطار، وما ينتج عن الاستخدام السيئ لنواتج هذه التكنولوجيا ، سواء على الصعيد العلمي والمعرفي ، أو على الصعيد القيمي والاجتماعي والحضاري . وهي مهمة ليست باليسيرة لما تتسم به من تعقيد وتشابك ، وما تتطلبه من جهود وحرص ودراية وتمكن . هذا عدا ما ذكرناه من خروقات تقليدية تمس الميدان التعليمي كما تمس غيره من ميادين .

المراجع

المراجع العربية

- أبو جبارة ، إسلام مصطفى (2006) . **عقلك الجميل استخدمه أو اخسره** . عمان : دار الوضاح للنشر والتوزيع .
- أبو زيد ، فاروق (1991). **انهيار النظام الإعلامي الدولي** : من السيطرة الثنائية إلى هيمنة القطب الواحد .القاهرة : مطابع أخبار اليوم .
- أحمد ، محمد مصطفى (1994).**الاتصال في الخدمة الاجتماعية**. الإسكندرية
- ألان ، روبرت (1991) . **التلفزيون والنقد المبني على القارئ** . ترجمة محمد ، حياة جاسم . المنظمة العربية للتربية والثقافة والعلوم . تونس .
- بابان ، بيير (1995) . **لغة وثقافة وسائل الاتصال بين الأبجدي والسمعي البصري** . ترجمة القري ، إدريس . المغرب – فاس : الفارابي للنشر .
- بو علي، نصير(2000) البث التلفزيوني المباشر والحضارة القادمة.**مجلة الإذاعات العربية**.اتحاد الإذاعات العربية.تونس.العدد(4)ص 9- 15
- التميمي ،عبد الفتاح , أبو عبيد ، عماد (2002) .الانترنيت وشبكات الحاسوب : تطبيقات عملية .عمان : دار اليازوري .
- الجابر ، زكي (1991) . **الإعلام والتربية** . المغرب : منشورات رمسيس .
- جانبيه ، روبرت م . (2000) . **أصول تكنولوجيا التعليم** . ترجمة المشيقيح ، محمد بن سليمان والشاعر ، عبد الرحمن بن إبراهيم والصالح ، بدر بن عبد الله و الفهد ، فهد بن ناصر . الرياض : جامعة الملك سعود : النشر العلمي والمطابع .
- جيتس ، بيل (1998) . **المعلوماتية بعد الانترنيت (طريق المستقبل)** . ترجمة رضوان ، عبد السلام . الكويت : المجلس الوطني للثقافة والفنون والآداب .

- جيتس ، بيل و مايرفولد ، ناثان و رين رسون ، بيتر (1998) . **المعلوماتية بعد الانترنيت (طريق المستقبل)** ترجمة رضوان ، عبد السلام . الكويت : سلسلة عالم المعرفة (231)
- الحسيني ، عبد الحسن (1987) . **معجم مصطلحات المعلوماتية** . لبنان – بيروت . دار القلم .
- الحموز ، محمد (2004) **تصميم التدريس** . عمان : دار وائل للنشر
- الحيلة ، محمد محمود (2004) . **تكنولوجيا التعليم بين النظرية والتطبيق** . عمان : دار المسيرة للنشر والتوزيع والطباعة .
- الحيلة ، محمد محمود (2005) ، **تصميم التعليم نظرية وممارسة** . الأردن – عمان : دار المسيرة للنشر والتوزيع والطباعة .
- الخولي ، محمد علي (1981) . **قاموس التربية** . بيروت : دار العلم للملايين.
- الرامي، عبد الوهاب (2002) الغرب والعالم العربي : جدلية الأنا والآخر.**مجلة الإذاعات العربية**. اتحاد الإذاعات العربية ، تونس العدد(2) ص75- 81
- الرفاعي ، إسماعيل خليل (2006). **الحاسوب في التعليم والتعلم**.الرياض، سلسلة كتاب الرياض رقم 142 : مؤسسة اليمامة الصحفية.
- الزعبي ، "محمد بلال" والشرايعة ، أحمد وقطيشات ، منيب وعبد الله ، سهير والزعبي ، خالدة محمد (2004) . **الحاسوب والبرمجيات الجاهزة** عمان: دار وائل للنشر .
- زيتون ، حسن حسين (1999) . **تصميم التدريس : رؤية منظومية .** بيروت : عالم الكتب .
- السالمي ، علاء و الكيلاني ، عثمان و البياتي ، هلال (2006) . **أساسيات نظم المعلومات الإدارية** .عمان : دار المناهج للنشر والتوزيع
- سعادة ، جودت والسرطاوي ، عادل فايز (2003) **. استخدام الحاسوب والانترنيت في ميادين التربية والتعليم** . عمان : دار الشروق للنشر والتوزيع

- سلامة ، عادل أبو العز (2005) . **تخطيط المناهج وتنظيمها بين النظرية والتطبيق** . عمان : دار ديبونو للنشر والتوزيع .
- سلامة ، عبد الحافظ (2004) **وسائل الاتصال وتكنولوجيا التعليم** . عمان : دار الفكر للطباعة والنشر والتوزيع .
- سلامة ، عبد الحافظ وأبو ريا ، محمد (2002) **الحاسوب في التعليم** . عمان . الأهلية .
- السوداني ، عبد الكريم حسين (1996). **وظيفة اللغة الصورية في البرامج التلفزيونية** ، أطروحة دكتوراه غير منشورة .جامعة بغداد.كلية الفنون الجميلة
- الصباغ ، عماد (2000) **تطبيقات الحاسوب في نظم المعلومات** . عمان : دار الثقافة والنشر والتوزيع .
- الصمادي ، أحمد محمد و فريحات ، خالد محمد (2005) **. عمان : مكتبة المجتمع العربي**
- طوالبة ، محمد (2003) وخير جليس في الزمان حاسوب : ادوار متغيرة للمعلمين والطلبة وأولياء الأمور . **مجلة رسالة المعلم** . المجلد (42) العدد (1) ص 20-22 .
- عبد المنعم ، منصور أحمد وعبد الرزاق ، صلاح عبد السميع (2004) **. الكومبيوتر والوسائط المتعددة في المدارس** . القاهرة : مكتبة زهراء الشرق
- عبد النبي ، عبد الفتاح (1990) **تكنولوجيا الاتصال والثقافة بين النظرية والتطبيق** . القاهرة : المكتب العربي للنشر
- عبيد الله ، محمد (2004) . موسم الهجرة الى الحاسوب **. مجلة أفكار** ، العدد(193) ، ص 7-20 .
- علي ، نبيل (2001) **. الثقافة العربية وعصر المعلومات** . الكويت : مطابع الوطن .

- عيادات ، يوسف أحمد (2004) . **الحاسوب التعليمي وتطبيقاته التربوية** . عمان : دار المسيرة للنشر والتوزيع والطباعة .
- غنايم ، محمد فريد (1986) . **قاموس الكومبيوتر العربي** . تكساس : دار النشر العالمية المحدودة .
- فؤاد ، منال محمد أبو الحسن (2003) . **وواقع استخدام الأطفال للحاسبات الآلية وعلاقتها بالجوانب المعرفية** . القاهرة : دار النشر للجامعات .
- الفار ، إبراهيم عبد الوكيل (2000) **تربويات الحاسوب** . دار الكتاب الجامعي .
- الفار ، إبراهيم عبد الوكيل (2002) . **استخدام الحاسوب في التعليم** . عمان : دار الفكر للطباعة والنشر والتوزيع .
- فطيم ، لطفي (1992) .**المدخل إلى علم النفس الاجتماعي** . القاهرة : مكتبة النهضة المصرية
- فوده ، ألفت محمد (2002) . **الحاسب الآلي واستخداماته في التعليم** . الرياض - جامعة الملك فهد .
- القافي ، زياد (1994) **أساسيات الحاسوب** . عمان : دار الصفاء .
- قطامي ، يوسف وأبو جابر ، ماجد وقطامي ، نايفة (2001) . **أساسيات في تصميم التدريس** . عمان : دار الفكر .
- قنديلجي ، عامر إبراهيم والجنابي ، علاء الدين عبد القادر (2005) . **نظم المعلومات الإدارية وتكنولوجيا المعلومات** . الأردن - عمان : دار المسيرة للنشر والتوزيع والطباعة .
- كانداو ، ديبي ودوهرتي ، جنيفر ويوسف ، جودي وكوني ، بيج (2002) . **التعليم للمستقبل** .الأردن : وزارة التربية والتعليم .
- الكيلاني ، تيسير(2004) . **معجم الكيلاني لمصطلحات الكومبيوتر والانترنيت** . بيروت : مكتبة لبنان ناشرون .

- الكيلاني ، عثمان والبياتي ، هلال والسالمي ، علاء (2000). **المدخل إلى نظم المعلومات الإدارية** . عمان : دار المناهج للنشر والتوزيع .
- محمد ، مصطفى عبد السميع ومحمود ، حسين بشير ويونس ، إبراهيم عبد الفتاح وسويدان ، أمل عبد الفتاح والجزار ، منى محمد (2004) **تكنولوجيا التعليم . مفاهيم وتطبيقات** . عمان : دار الفكر .
- محمود ، منال طلعت.(2002).**مدخل إلى علم الاتصال** . الإسكندرية : المكتب الجامعي الحديث
- مرزوق ، يوسف (1988) . **فن الكتابة للإذاعة والتلفزيون** . القاهرة : مطبعة الانتصار .
- مكاوي ، حسن عماد (1993) . **تكنولوجيا الاتصال الحديثة** .القاهرة : الدار المصرية اللبنانية .
- مكاوي ، حسن عماد و السيد ، ليلى حسين (2003) . **الاتصال ونظرياته المعاصرة** . القاهرة : الدار المصرية اللبنانية .
- مكتب التربية العربي لدول الخليج (1994) . **التعليم والحاسوب في دول الخليج العربية : الواقع وآفاق التطوير** . الرياض : مكتب التربية العربي لدول الخليج .
- مهنا ، فريال الإعلام الفضائي العربي ووقائع العولمة(2000).**المجلة المصرية لبحوث الإعلام .جامعة القاهرة ، كلية الإعلام .العدد(7) ص53-80**
- موسى ، عصام سليمان (1994) . **المدخل في الاتصال الجماهيري** . الخليل : مؤسسة الوطن للإعلام
- النجار ، عبد الفتاح والهرش ، عايد ، والغزاوي ، محمد (2002) **الحاسوب وتطبيقاته التربوية** . الأردن – أربد : شركة النجار للكومبيوتر والإلكترونيات .
- نصر الله ، عمر عبد الرحيم (2001) **مبادئ الاتصال التربوي والإنساني** . عمان : دار وائل للنشر

- النقري ، معن (1999) . **الثورة التكنولوجية المعاصرة ومستقبل الدراسات والأبحاث العربية .** بحث مقدم إلى ندوة : "البحث العملي في المجالات الاجتماعية في الوطن العربي" وزارة التعليم العالي . دمشق 5-6 كانون الأول 1999
- الهاشمي ، عبد الرحمن والعزاوي ، فائزة (2006) . **المنهج والاقتصاد المعرفي** . عمان : دار المسيرة للنشر والتوزيع والطباعة .
- هدبرو ، غوران (1991) . **الاتصال والتغيير الاجتماعي في الدول النامية** . ترجمة الجوهر ، محمد ناجي . بغداد – دار الشؤون الثقافية العامة .
- هيلاندر ، أ. و منديس ، ب. و نلسون ، ج. و جوردت ، أ. (1990). **تدريب المعوقين في إطار المجتمع** . الإسكندرية : منظمة الصحة العالمية، المكتب الإقليمي لشرق البحر المتوسط .

المراجع الأجنبية

- Apple, M. (1991). **The New Technology : Is it part of the solution or part of the problem in education?** Computers in the Schools. V. 8 No. 1 pp. 59-81.

- Billings, K. (1986). **Evaluating Computer Education Programs in the Schools.** Sigcue Bulletin, V. 18. No 4 pp. 22-35.

- Cooper, J. (1999). **Classroom Teaching Skills** USA: Honghton Mifflin .

  Curriculum .Boston : Ally & Bacon

- Druin, A. & Solomon, C. (1996).**Designing Multimedia Environments for Children,** John Wiley & sons.

- Gange, R.M., Briggs, L. J. and Wager, W.W. (1988). **Principles of Instructional Design.** N.Y.: Hart & Winston.

- Gayeski, D. M. (1993). **Designing Communication and Learning Environments.** N. J. : Englewood Cliffs.

- Geisert, G. and Futrell, M. (1995) **Teachers, Computers and**

- Hannafin, M.j.& Peck,K.L.(1998) **The Design, Development and Evaluation of Instructional Software,** New York :Macmillan

- Harrington, H. (1991) Normal Style Technology in Teacher Education: Technology and Education of Teachers. **Computer in the Schools.** V.8 No.3 pp. 49-57.

- Heinich, R., M. Molenda and Russel, J. (1989). **Instructional Media and the New Technologies of Instruction.** N.Y. John Wiley & Sons.

- Holsinger, E. (1994). **How Multimedia Works.** Ziff- Davis Press.

- Johanson,K.A.,Foa,L.J.(1998) . **Instructional Design** , New York: McMillan

- Long, L. (1994). **Introduction to Computer and Information Systems.** Hall.

- Maddux, C.D., Johnson D.L. and Willis J.W. (1997). **Educational Computing - Learning with Tomorrow's Technologies.** Allyn & Bacon .

- Monrsund, D. (1983) **Parents' Guide to Computers in Education**. ICCE .
- Norton, N. (1995). **Introduction to Computers** Mc Millan / Mc Graw Hill .
- Page, G. Terry, Thomas, J.B. & Marshall A.R. (1979). **International Dictionary of Education**. London. Billing and sons Ltd.
- Sharp, Vicki (1996). **Computer Education for Teachers**. New York: Mc Graw Hill.
- Stallings, William (2004). **Computer Networking with Internet Protocols and Technology**. New Jersey: Prentice Hall.
- UNESCO, (1991) **Media, Education**. Paris, UNESCO.
- Walker, M. (1997). **How to Use the Internet**. Ziff- Davis Press.

Printed in the United States
By Bookmasters